La Coopération à l'Étranger
Angleterre et Russie

Cours sur la Coopération

AU COLLÈGE DE FRANCE

Décembre 1925 - Mai 1926

par CHARLES GIDE

ASSOCIATION

POUR L'ENSEIGNEMENT DE LA COOPÉRATION

85, Rue Charlot, Paris

La Coopération à l'Étranger
Angleterre et Russie

Cours sur la Coopération

AU COLLÈGE DE FRANCE

Décembre 1925 - Mai 1926

par CHARLES GIDE

**ASSOCIATION
POUR L'ENSEIGNEMENT DE LA COOPÉRATION**
85, Rue Charlot, Paris

AVANT-PROPOS

Je n'ai pas eu la prétention de donner dans une quinzaine de leçons une histoire et un exposé complet du mouvement coopératif dans chaque pays, mais seulement d'esquisser pour chacun d'eux les traits qui m'ont paru les plus caractéristiques et qui marquent sa physionomie coopérative.

Le cours de cette année n'a porté que sur l'Angleterre et la Russie : celui de l'année prochaine portera sur l'Italie, l'Espagne, la Belgique, et peut-être quelques pays d'outre-mer.

Charles GIDE.

LA COOPÉRATION A L'ÉTRANGER

I

UNE REVUE DE LA COOPÉRATION MONDIALE

§1. — La propagation de la Coopération dans le monde

Ceux qui, comme moi, ont connu la Coopération, je ne dirai pas à sa naissance, mais encore toute petite fille, sont émerveillés de voir combien elle a grandi durant le cours, pourtant bien court, d'une vie d'homme.

On compte aujourd'hui 200.000 sociétés coopératives par le monde, mais si je m'en tiens exclusivement aux Coopératives de Consommation, nous en avons aujourd'hui 80.000 avec 36 millions de membres. Chacun de ces membres devant être compté pour une famille, il faut multiplier ce chiffre par 4 en moyenne, ce qui nous donne un peu plus de 140 millions de personnes participant à quelque société coopérative de Consommation.

Il serait intéressant d'avoir des chiffres remontant au siècle dernier pour mesurer la rapidité de cet accroissement ; malheureusement nous n'avons que des statistiques très imparfaites; cependant l'ex-secrétaire de l'Alliance Coopérative Internationale, M. Hans Muller, a publié en 1908 des chiffres qui se référaient à l'année 1905, ce qui nous permet de remonter à 20 ans en arrière. En 1905 il comptait 18.000 sociétés de consommation avec 3.600.000 membres, c'est-à-dire (en multipliant par le coefficient de 4) 14 millions de membres.

Pour mieux se rendre compte de ce que signifient ces chiffres comparons-les avec le mouvement de la population en Europe. Il y a 20 ans, la population était de 360 millions d'habitants, aujourd'hui elle est de 450 millions ; elle a donc augmenté de 90 millions, c'est-à-dire d'un tiers. Comparez cet accroissement de 33 % de la population européenne avec l'accroissement de la population coopérative qui, d'après les chiffres ci-dessus, aurait exactement décuplé.

Si on s'amusait à poser ici le problème d'arithmétique élémentaire qui figure dans tous les examens d'école : « étant donnés deux trains de vitesses inégales, savoir à quel moment l'un de ces trains rattrappera l'autre », et que l'on cherche ainsi à fixer la date à laquelle la population coopérative aura rattrappé la population européenne, c'est-à-dire aura absorbé toute la population de l'Europe, le problème serait facile à résoudre. On verrait que le moment où les deux nombres coïncideront ne serait pas une date très éloignée ; et d'autant moins que dans ces deux mouvements, il y en a un, celui de la population, qui tend à se ralentir — forcément — car l'Europe ne pourra pas nourrir une population illimitée, tandis que jusqu'à présent il n'y a aucun signe de ralentissement de l'accroissement de la population coopérative.

Evidemment il n'est pas dans ma pensée que cette réalisation soit certaine ni même probable — car les mathématiques ne doivent jamais être prises au pied de la lettre quand il s'agit de prévisions sociales. Mais ces chiffres ont pourtant une signification encourageante.

Ce qu'il y a de plus remarquable ce n'est pas tant la rapidité de l'accroissement de la Coopération dans le monde que sa merveilleuse facilité d'acclimatation.

On connaît, dans l'histoire naturelle, des plantes, des végétaux ou des espèces animales dont l'aire, comme on dit, c'est-à-dire l'étendue où elles peuvent se multiplier, est plus ou moins considérable. Mais il n'y a aucune espèce végétale ou animale dans le monde dont l'aire d'acclimatation soit aussi étendue que celle du mouvement coopératif.

Si nous considérons les 28 Etats qui constituent la nouvelle Europe (le nombre des Etats s'est notablement augmenté depuis la guerre) — il n'y en a pas un seul qui ne soit déjà plus ou moins coopératisé, hormis, peut-être, la Turquie, ou ce qui reste de la Turquie en Europe, c'est-à-dire Constantinople, et peut-être même y a-t-il dans cette ville quelque société de Consommation, mais je n'en ai pas entendu parler.

Il va sans dire que la répartition de ces sociétés est extrêmement inégale dans le monde, non seulement d'un Continent à l'autre, mais même entre les différents Etats de l'Europe.

Si nous comparons les vingt-huit Etats de l'Europe, dont je parlais tout à l'heure, nous voyons la proportion de la population coopérative varier depuis 1 %. en Espagne jusqu'à 40 et

45 % dans le Danemark, en Finlande, en Ecosse, en Angleterre, c'est-à-dire près de la moitié de la population.

En dehors de l'Europe la Coopération n'est encore qu'à l'état naissant, du moins en ce qui concerne la coopération de Consommation. Sur les 22 Etats qui constituent les deux Amériques, il n'y en a encore que six qui comptent plus ou moins de Coopératives : les Etats-Unis, le Canada, le Mexique et, dans l'Amérique du Sud, la République Argentine seulement.

Dans l'Asie, où la Coopération n'a pénétré que depuis hier, il n'y a que six nations dans lesquelles elle soit plus ou moins installée : le Japon, qui occupe déjà un rang extrêmement honorable avec 14.000 sociétés; les Indes Anglaises avec 50 ou 60.000 coopératives; la Palestine où les colonies coopératives sionistes se multiplient. Il est vrai que dans ces deux pays la presque totalité sont des coopératives agricoles et surtout de crédit. Mais dans les trois Etats frères de la Transcaucasie, Géorgie, Arménie, Azerbeïdjan, qui relèvent de l'Union Soviétique russe, ce sont bien des coopératives de consommation.

Les deux grands dominions de l'Australie et de la Nouvelle-Zélande ont tous les deux des coopératives.

En Afrique, qui est naturellement le pays le moins coopératisé à l'heure actuelle, il n'y a que l'Afrique du Nord, c'est-à-dire l'Afrique française, et l'Afrique de l'extrême sud, c'est-à-dire l'Afrique anglaise avec le Cap, qui comptent quelques sociétés coopératives.

En somme, si la Société des Nations groupe 52 Etats, l'Alliance Coopérative Internationale en compte déjà 34.

Cette inégalité dans la répartition des coopératives nous amène à nous poser ce problème : à savoir s'il y a une loi qui régit cette répartition des sociétés coopératives dans le monde ?

Y a-t-il quelque facteur, soit la race, soit l'évolution industrielle, soit l'organisation démocratique, la religion, l'instruction, la densité de la population, qui puisse expliquer ces inégalités ? Un professeur serait inexcusable, toutes les fois qu'il étudie un sujet quelconque au point de vue scientifique, de ne pas essayer de dégager quelques lois, alors même que cet essai devrait être impuissant.

Reprenons ces facteurs et voyons si l'un ou l'autre, ou tous ensemble, peuvent nous donner l'explication cherchée ?

Est-ce la race ?. Longtemps, j'ai été séduit par cette explication et l'ai proposée moi-même. Il faut avouer qu'elle a pour elle bien des arguments frappants.

Si nous avions sous les yeux une carte, qui fait encore défaut à l'enseignement de la Coopération, indiquant par des teintes la plus ou moindre grande densité de la population coopérative, laissant de côté la carte du monde et considérant seulement celle d'Europe, nous verrions que ces différences de couleurs semblent coïncider avec les différences de race. Nous verrions que les cinq nations dites latines : Italie, Espagne, Portugal, France et Belgique, ne donnent dans leur ensemble qu'une moyenne de 13 % de coopérateurs par rapport à la population. Et encore, cette proportion n'est-elle obtenue que grâce à ce que nous rangeons dans ce premier groupe la France et la Belgique qui ne sont qu'à demi latines; si on les retranchait, la proportion tomberait à presque rien.

Au contraire, les pays de race anglo-saxonne, germanique et scandinave donnent une proportion de 30 % relativement à la population, c'est-à-dire beaucoup plus du double.

Les races slaves elles-mêmes donnent une proportion de 25 %.

En dehors de ces chiffres, il y a d'autres considérations qui rendent séduisante cette explication par la race.

Si l'on prend tel ou tel pays isolément, par exemple, la France, on voit que la partie méridionale, la vraie France latine, les anciennes provinces romaines, la Narbonnaise et la Provence, est presque un désert coopératif. Au contraire, au fur et à mesure que l'on monte vers l'est et vers le nord, c'est-à-dire vers la France gauloise et la France franque, le nombre des sociétés coopératives devient beaucoup plus considérable.

J'ai eu la curiosité de faire une petite vérification pour la Suisse. C'est un bon terrain d'expérimentation car ce pays comprend trois nationalités : Suisses allemands, Suisses français (dits romans) et Suisses italiens. J'ai prié le rédacteur du journal « Le Coopérateur Suisse » de chercher quelle était, dans les cantons de chacune de ces nationalités, la proportion des coopérateurs relativement à la population.

Voici les chiffres qui m'ont été donnés et qui ont été relevés avec le plus grand soin.

Dans les cantons de langue allemande, le nombre des coopérateurs (y compris les membres des familles) relativement à la population, est de 43,1 %; dans les cantons de langue française de 34,9 %; et dans les cantons italiens 35,6 %.

Au lieu de prendre le nombre de tous les membres des coopératives, prenons le nombre des abonnés aux journaux ; ce sont les coopérateurs qui s'intéressent à la Coopération et, par conséquent, ils fournissent un critérium plus sûr : nous trouvons dans les cantons de langue allemande 30,6 % d'abonnés; dans ceux de langue française 21 %; dans ceux de langue italienne 22,10 %.

Il y a donc une inégalité, pas très considérable, mais qui n'est pas contestable, entre les trois nationalités, et c'est bien dans les cantons de nationalité allemande que le mouvement coopératif est le plus marqué.

Mais il faut se défier des solutions simples, même quand elles semblent s'appuyer sur des faits.

En effet, notre explication séduisante se heurte à un certain nombre d'autres faits qui ne nous permettent pas de retenir cette première explication, tout au moins comme explication générale et suffisante.

Car si de la Suisse nous passons à un autre pays, comme la Belgique qui comprend aussi des nationalités différentes, la Belgique flamande et la Belgique wallonne, y trouvons-nous, comme en Suisse, une supériorité des provinces flamandes sur les provinces wallonnes, au point de vue coopératif ? Point du tout !

Il y avait à l'Exposition de Gand une carte coopérative de la Belgique. Or elle montrait les plus grandes densités coopératives dans le Hainaut, autour de Mons et de Charleroi, et dans la province de Liège, c'est-à-dire, dans le pays wallon. Dans les villes flamandes, au contraire, même à Gand, qui est cependant la ville natale du mouvement coopératif en Belgique, la proportion est beaucoup moins considérable. Il y a donc quelque autre facteur que celui de la race.

Eh bien, j'aime mieux qu'il en soit ainsi ! Je renonce volontiers à voir dans la race l'unique ou même le principal facteur du mouvement coopératif. J'aime mieux penser qu'il n'est pas déterminé par la fatalité de l'hérédité. J'aime mieux croire que dans la grande famille coopérative il n'y a pas, comme dans la famille humaine, des fils favorisés et des fils déshérités, des Japhet et des Cham. Tous les hommes sont également appelés à participer à la Coopération sans avoir à craindre je ne sais quelle exclusion à raison de leur couleur et de leur sang.

Le Japon compte 14.000 coopératives, la plupart de crédit, il est vrai, avec 3 millions de membres. Et je lisais, ces jours-ci, dans un journal qu'à l'occasion du vingt-cinquième anniversaire de la promulgation de la loi sur les sociétés coopératives, un crédit vient d'être voté par la Chambre à l'effet d'installer des écouteurs de télégraphie sans fil dans chacune des sociétés coopératives du Japon.

Nous n'en sommes pas là en France et, quoique grâce à l'heureuse initiative de l'Ecole des Postes et Télégraphes on ait installé ici un appareil radio, je crains bien qu'il n'y ait qu'un bien petit nombre de nos coopératives, si même il en est une seule, qui se trouve en situation de l'écouter !

Une des dernières nations qui ait été enrolée dans la Coopération c'est l'Alaska, le pays des Esquimaux. Dans ce pays que personne ne connaissait avant qu'on n'y ait découvert, il y a quelques années, des placers d'or, dans ce pays où il n'y a guère qu'une nuit dans l'année, qui est de six mois, et qu'une journée qui est aussi de six mois, et où les habitants se nourrissent de graisse de phoque, tout de même ils ont compris les bienfaits de la Coopération et en usent pour les marchandises qui arrivent à grand'peine pendant l'été. Et ils peuvent employer leur longue nuit à tenir leurs assemblées et à discuter leur bilan !

Faut-il chercher alors d'autres facteurs pour expliquer cette inégalité dans l'évolution coopérative ?

Le facteur économique peut-être ?

Cette explication concorderait avec bien des faits assurément. Il semble bien que le développement coopératif coïncide avec la grande évolution industrielle; l'Angleterre, l'Allemagne, la Belgique, la France du Nord, voilà les grandes nations industrielles qui sont en même temps les plus avancées au point de vue coopératif. N'est-ce pas naturel ? La Coopération n'est-elle pas comme une sœur du Capitalisme qu'elle combat, sœur ennemie mais pourtant inséparable ?

N'est-il pas évident, d'ailleurs, que l'industrie crée une grande concentration de la population; et par là un milieu tout particulièrement favorable à l'éclosion des Sociétés de Consommation ?

Remarquez que cette explication éclaire le problème de la Belgique qui nous apparaissait tout à l'heure comme une contradiction. Pourquoi la Belgique wallonne a-t-elle un mouvement coopératif plus accentué que la Belgique flamande ? Si l'on regarde non plus à la nationalité mais à l'évolution industrielle, alors tout s'explique ! car c'est la Belgique wallonne qui est la Belgique industrielle, tandis que la Belgique flamande c'est plutôt la Belgique agricole, en dehors de la ville de Gand qui fait exception.

Un grand économiste italien, Achille Loria, qui a étudié le même problème, a donné des tableaux statistiques pour démontrer que le mouvement coopératif est toujours en fonction de la densité de la population. Mais comme la densité de la population est elle-même toujours en fonction de la concentration industrielle, on peut dire que les deux explications reviennent à une seule.

Et pourtant, ici encore nous devons loyalement reconnaître que nous ne pouvons nous contenter de cette explication, parce qu'elle aussi se heurte à des arguments irréfutables.

Quel est le pays où le mouvement coopératif est le plus développé et où le chiffre, comme je vous le disais tout à l'heure, embrasse presque la moitié de la population ? C'est la Finlande. Or, ce pays est sans industrie, et de toute l'Europe c'est celui où la densité de la population est la plus faible. Le territoire de la Finlande est environ les 3/5ᵉ de celui de la France, et pourtant ne nourrit que 3 millions d'habitants. C'est un désert.

Descendons à l'autre extrémité de la Russie Soviétique, par delà le Caucase, dans ces trois pays que je mentionnais tout à l'heure, la Géorgie, l'Arménie et l'Azerbeïdjan; là aussi, il y a un nombre de coopérateurs énorme relativement à la population, presque la moitié; or on ne peut pas dire que ces populations-là, quoique filles de Prométhée qui y alluma le feu dérobé du ciel, soient des pays développés industriellement !

Inversement, quel est le pays le plus développé au point de vue industriel à cette heure ? Vous n'hésiterez pas à répondre : les Etats-Unis. Eh bien ! c'est un des derniers pays au point de vue coopératif.

Poursuivrons-nous le problème en cherchant tour à tour les causes qui fuient devant nous ?

Sera-ce l'instruction ? Ceci expliquerait le développement coopératif de la Finlande ou du Danemark, pays où l'instruction primaire a atteint le maximum de développement. Mais ce n'est assurément pas ce facteur qui expliquerait le développement coopératif dans d'autres pays, comme la Transcaucasie ou chez les Esquimaux !

Non, ne faisons pas de la Coopération le privilège de l'intelligence. Les Pionniers de Rochdale n'étaient pas des intellectuels, et je pense même que leur instruction primaire était peu de chose.

Parlerons-nous de la religion ? Certes ! C'est à tort que l'on considèrerait ce facteur comme indifférent, quand il s'agit du mouvement coopératif. Si nous reprenons cette carte coopérative de l'Europe et du monde, dont j'ai déjà parlé, on est frappé de voir que ce sont les nations de religion protestante dans lesquelles, sans contredit, le mouvement coopératif est de beaucoup le plus vivant, par exemple en Finlande; et cela non seulement en Europe mais dans les deux Amériques. Dans l'Amérique protestante les Etats-Unis et le Canada sont tous deux en voie de coopératisation, tandis que sur les 14 Etats de l'Amérique latine il n'y en a qu'un seul à ses débuts.

Il est certaines religions qui semblent même réfractaires. Le pâle croissant de l'Islam n'a éclairé encore aucune société coopérative.

Et pourtant nous ne voulons pas non plus nous arrêter à voir dans la Coopération une dépendance de telle ou telle croyance religieuse. Le principe de la Coopération peut trouver place dans toutes les religions quelles qu'elles soient. Car sa devise, « chacun pour tous, tous pour chacun », n'est autre que ce qu'on appelle « la règle d'or », qui est la même pour toutes les religions; vivre pour autrui.

Voyez les Juifs ! si hostiles aux sociétés coopératives en Pologne et en Russie; ne viennent-ils pas de créer des sociétés coopératives en Palestine pour refaire une nouvelle Sion ? Et dans l'Inde on vient d'inaugurer, le 4 août dernier, « le Temple de la Coopération », à Bombay. Oui, c'est de ce nom qu'on l'a baptisé : dans les autres pays on se contente de dire le Palais Coopératif, ou la Maison du Peuple. Mais dans les Indes, à Bombay, dans cette ville où vivent encore les derniers adorateurs du Fou, lés Parsis, c'est bien un temple, « un lieu de pélerinage », comme on l'a dit à son inauguration, qu'on a voulu élever à la Coopération; il a été bâti avec les fonds donnés par un vrai Hindou, Vithaldas Thackersey, décédé avant d'avoir pu l'inaugurer.

Ne poursuivons pas davantage cette recherche vaine mais retenons un enseignement précieux; c'est qu'il n'y a ni infériorité de race, ni pauvreté économique, ni croyance religieuse, qui puisse disqualifier tel ou tel peuple dans le mouvement coopératif. Tous ont accès dans la maison; tous, comme dans la parabole du grand Festin de l'Evangile, sont invités à entrer.

Il faut donc qu'il y ait dans la Coopération quelque mobile vraiment humain — et j'entends par là supérieur à toutes les divergences que dressent entre les hommes, les nationalités ou l'histoire — qui appelle à elle tous les hommes.

Ce mobile est double, comme d'ailleurs tous les mobiles d'activité humaine; à la fois d'ordre matériel et d'ordre moral. C'est premièrement le désir d'alléger le poids de la vie, d'augmenter le bien-être et le confort. C'est aussi le désir d'une justice supérieure; le désir de créer une civilisation économique qui ne soit pas entachée des mêmes vices que l'organisation économique actuelle, qui soit libérée de l'obsession du profit, pure de l'exploitation des pauvres par les riches et aussi — car celle-ci existe aussi — de l'exploitation des riches par les pauvres. Or ce sont là des mobiles que tout homme, qu'il soit blanc, jaune ou noir, qu'il soit intelligent ou ignorant, pieux ou athée, doit comprendre et ressentir.

Toutefois, si cette aspiration est universelle, il n'en est pas moins vrai que dans la réalisation il y a des difficultés pratiques; les différences d'éducation, d'évolution, de tempérament, qui peuvent avoir une action plus ou moins accélératrice ou plus ou moins retardatrice.

Pour réaliser cette société coopérative — qui constitue déjà un petit monde supérieur économiquement et moralement au monde actuel, en attendant de devenir le vaste monde — il faut certaines vertus, des vertus qui ne sont pas données à tous.

Il faut la confiance des uns dans les autres et surtout la confiance dans les chefs librement choisis, en dépit de quelques amères désillusions qui peuvent l'ébranler parfois. C'est là une rare vertu, rare dans les grandes démocraties et rare aussi dans ces petites démocraties que sont les sociétés coopératives.

Il faut la fidélité dans les petites choses, telles que l'achat quotidien, le paiement comptant, l'assiduité aux assemblées. Et ce sont souvent les petits devoirs qui sont les plus difficiles à remplir et les plus négligés.

Il faut n'être pas dans la catégorie de ceux qui se déclarent satisfaits du sort commun dès qu'ils sont satisfaits de leur propre sort, car alors ceux-là trouvent inutile de chercher mieux. Il faut n'être pas non plus dans la catégorie des violents, en entendant par là ceux qui croient que l'injustice créée par la force peut être redressée par la force, car alors ceux-là dédaignent le lent travail de la Coopération.

Il faut la patience qui ne se décourage pas, qui se contente de petits résultats, en attendant de l'avenir la réalisation des grands espoirs.

Il faut enfin l'esprit pacifique, dans la pleine signification de ce mot; l'esprit qui exclut le recours à la force dans les relations entre concitoyens et dans les rapports internationaux, non certes au sens de résignation passive aux injustices sociales ou internationales, nullement ! car le refus de recourir à la force doit avoir pour contrepartie le refus de céder à la force et la résistance jusqu'au bout.

Voilà qui suffit à expliquer pourquoi la Coopération ne marche pas du même pas dans tous les pays. Mais, à petits pas ou à grands pas, tout de même elle marche.

Pourquoi donc la guerre a-t-elle donné une impulsion générale au mouvement coopératif ? Ce n'est point, tant s'en faut, qu'elle ait eu pour effet de développer les vertus morales qui sont les facteurs du mouvement coopératif, mais parce que d'une part elle a augmenté énormément le coût de la vie et par là a fait des sociétés de consommation des lieux d'asile pour les consommateurs exploités. C'est aussi parce qu'en intensifiant le profit et la spéculation, elle a par réaction grandi les coopératives lesquelles, par définition, ne sont pas des entreprises lucratives. Ceux qui entrent dans une coopérative, s'ils n'ont pas toujours la certitude d'y payer moins cher qu'ailleurs, ont du moins celle de savoir qu'ils n'enrichissent personne à leurs dépens.

Il était naturel qu'entre ces organisations coopératives, unies par une communauté d'origine, par une même inspiration, par la poursuite des mêmes fins, une union internationale se réalisât sous une forme concrète.

C'est ce qui est arrivé en effet et je suis heureux de pouvoir dire que c'est un coopérateur français, mon vieil ami M. de Boyve, décédé il y a trois ans, qui en prit l'initiative. Le 20 mai 1895, il y a donc 30 ans, il écrivait à un illustre coopérateur anglais, Vausittart Neale, la lettre que voici :

« Nous espérons que le temps viendra bientôt où tous les coopérateurs formeront une vaste association, travaillant ensemble à satisfaire, non pas seulement, leurs besoins matériels, mais leurs besoins intellectuels. Leurs efforts devront tendre à faire arriver un état de choses où la guerre entre le capital et le travail cesse, où toutes les divisions disparaissent et où les hommes de tous les pays de la terre se tendent une main fraternelle. »

Cette suggestion a été réalisée par la constitution de l'Alliance Coopérative Internationale, quelques années plus tard, en 1895, qui a réuni, en effet, sous un même drapeau, un drapeau aux sept couleurs du prisme, toutes les Fédérations coopératives du monde entier. Nous aurons plus tard à raconter son histoire.

§ 2. — Son extension dans toutes les classes sociales.

Peut-être pourriez-vous penser que cet essor du mouvement coopératif n'a en somme rien de bien surprenant parce qu'on pourrait en dire autant de toutes les institutions sociales actuelles ?

Erreur. Des trois grandes formes d'organisation sociale, syndicalisme, mutualité, coopération, celle-ci est la seule qui ait progressé depuis la guerre : les autres sont au contraire en régression.

Pour les syndicats les statistiques montrent un remarquable parallélisme dans tous les pays : d'abord brusque diminution durant la guerre par suite de la mobilisation; puis forte poussée tout de suite après la guerre; puis recul, et presque tout le terrain gagné est perdu. Une des causes de cette régression a été la dépréciation des monnaies qui a ruiné les finances des syndicats parce qu'ils n'ont pu relever les cotisations dans la proportion de la dépréciation monétaire.

Voici les effectifs :

	Angleterre	Allemagne (1)	Suisse	France
1913......	4.140.000	3.566.000	89.000	1.027.000
1920......	8.330.000	8.848.000	222.000	2.700.000
1924......	5.405.000	6.548.000	151.000	1.805.000

Encore ce dernier chiffre pour la France est-il très douteux : si on prend la C. G. T., le chiffre est tombé de 600.000 en 1913 à 15.000 en 1915, remonté à plus de 2 millions en 1920 et aujourd'hui il est évalué à 700.000 (dont 500.000 cotisants seulement), plus 200.000 C. G. T. U. Rien qui ressemble à cette grande montée irrésistible et continue du mouvement coopératif (2).

Si nous regardons l'autre grand mouvement des sociétés de secours mutuel, ici aussi il n'y a pas ascension mais recul.

Voici les chiffres (3) :

	nombre de sociétés	nombre de membres	montant des recettes	montant des capitaux
1913....	20.271	3.672.000	35.000.000	379.000.000
1922....	17.816	3.561.000	81.000.000	555.000.000

On voit qu'il y a diminution sur le nombre des sociétés et le nombre des membres : et s'il y a augmentation sur le revenu et le capital, cette augmentation est fictive car elle est bien loin de correspondre à la dépréciation de la monnaie : évalués en francs d'avant la guerre ces chiffres accuseraient une notable diminution.

La mutualité se trouve en effet aux prises non seulement, comme les syndicats, avec l'insuffisance des cotisations déjà constatée avant la guerre et aujourd'hui devenue ridicule — mais aussi elles se trouvent grignotées par toutes les institutions d'assurances sociales, tant celles de l'Etat que celles des syndicats ou des coopératives elles-mêmes, qui leur font une concurrence irrésistible.

---

(1) Pour l'Allemagne ne figurent que les syndicats socialistes et ceux chrétiens, les autres étant peu nombreux.

(2) Au jour où s'imprime ce livre, il y a accroissement, mais notre observation n'en demeure pas moins. L'échec de la grande grève générale en Angleterre le confirme.

(3) *Annuaire Statistique* 1925.

Il est d'ailleurs bien naturel que le mouvement coopératif présente à cet égard des supériorités qui lui sont propres.

D'abord il embrasse tous les membres de la famille, la femme, les enfants.

Les enfants d'une famille ouvrière ne s'intéressent pas beaucoup aux syndicats. Tout au plus, entendent-ils leur père en parler quand il va le soir à quelque réunion. Au contraire, ils connaissent tous la Coopérative. La maman les y envoie faire les achats et ils savent que leurs parents y touchent des bonis. et qu'eux-mêmes y trouvent de temps en temps, des fêtes, des récréations, parfois une saison au bord de la mer. Oui, ils aiment bien leur « coopé », les enfants de tous les pays.

Et la Coopérative embrasse aussi tout le monde, sans distinction de profession, ni de classe.

Il y a un parti dans la coopération qui veut faire de la coopération le monopole du prolétariat, comme on dit. Cependant, l'évolution coopérative est tout à fait contraire à cette tendance. Les statistiques nous montrent que la coopération comprend une proportion de plus en plus considérable de la population qui n'est pas salariée.

La grande Union des Coopératives allemandes a publié une statistique toute récente qui embrasse 3.220.000 coopérateurs. Voici quelle est la proportion des différentes catégories sociales (1).

---

(1) Voici le tableau complet reproduit par le *Coopérateur Suisse* :

	1903			1923		
salariés,	395.000	783	p. 1.000	2.188.000	676	p. 1.000
fonct. publ.	23.600	47	—	291.000	90	—
agriculteurs,	8.500	17	—	107.000	33	—
artisans,	38.300	70	—	197.000	61	—
sans profess.	34.000	47	—	349.000	108	—
non classés,	15.600	30	—	101.000	32	—
	505.000	1.000		3.233.000	1.000	

Une statistique des coopératives de Pologne, qui vient de paraître, donne les proportions que voici :

ouvriers	....	53,5 %
agriculteurs	....	21,0
employés	....	11,5
rentiers divers	....	9,0
		100,0 %

En 1903, il y a vingt ans, la proportion des salariés était 78,3 %, presque les 4/5*; il ne restait qu'un peu plus de 1/5° (21,7 %), pour toutes les autres catégories sociales, les professions libérales, les agriculteurs, les artisans, et la foule de ceux sans profession, les rentiers, les veuves les orphelins.

Et voici les proportions en 1924 : les salariés ne comptent plus que 67,6 %, guère que les 2/3, tandis que les autres catégories sociales figurent pour 32,4, presqu'un tiers.

Ainsi, dans le court intervalle de vingt années la proportion des salariés a diminué — en chiffres relatifs, je ne parle pas du chiffre absolu — tandis que la proportion des autres classes de la nation a fortement augmenté.

Ce changement ne fera que s'accentuer dans l'avenir au fur et à mesure que l'organisation coopérative deviendra une représentation proportionnelle de plus en plus exacte de la nation. Car la classe salariée, le prolétariat, comme on dit, est loin d'avoir dans la plupart des nations une proportion égale à celle qu'il occupe encore dans le mouvement coopératif. Sur les 11 millions d'électeurs en France, par exemple, il ne doit pas y avoir plus de 5 millions d'ouvriers industriels ou agricoles (on compte 6.500.000 ouvriers sexe masculin, mais dont plus de 1/3 au-dessous de 21 ans).

Le programme idéal du coopérateur n'est pas de créer une société, une nation, où il n'y aurait que des prolétaires; c'est au contraire d'en créer une où il n'y aura plus de prolétaires et plus de milliardaires, parce que tous les membres de la société coopérative formeront comme une nouvelle classe moyenne, nul ne pouvant devenir très riche — puisque le seul moyen de faire fortune c'est de faire du profit et que cette source sera tarie — mais chacun ayant une petite part de l'avoir social et aussi une part de propriété individuelle s'il transforme ses ristournes en souscription d'action et en dépôts.

.

Nous n'avons pas la prétention de faire en vingt leçons le tour des 34 États coopératifs. Ce serait un exercice de sport, très à la mode aujourd'hui, mais qui ne serait pas à sa place ici. Nous aurons donc à faire un choix.

Je prendrai les pays qui me paraissent offrir les caractères les plus intéressants pour le mouvement coopératif :

D'abord l'Angleterre ; cela va sans dire. C'est la mère, l'aïeule, des cent mille coopératives de consommation éparses dans le monde, et qui sont toutes auprès d'elle des petites filles. Vous savez qu'on appelle, dans le monde financier, la Banque d'Angleterre : « old lady », la vieille grande dame, la vieille duchesse. Eh bien ! on peut dire de la Coopération anglaise que c'est aussi la *old lady* de la coopération mondiale. Ceux-là même des coopérateurs qui se déclarent aujourd'hui plus ou moins émancipés et qui cherchent leur mot d'ordre à Moscou plutôt qu'à Rochdale, viennent s'asseoir aux pieds de la vieille grande dame pour y chercher les instructions et les traditions dont ils ne sauraient se passer.

Après, voici la Russie, qui nous présente le spectacle dramatique d'un mouvement coopératif qui, alors que la coopération avait toujours eu pour règle de se tenir absolument en dehors de la politique, s'est trouvée captée et entraînée dans le plus formidable tourbillon révolutionnaire que le monde ait jamais vu. Bon gré, mal gré, elle a été obligée de le suivre et de se créer un programme coopératif plus ou moins à l'image des républiques soviétiques.

Voici un autre pays qui nous présente aussi un spectacle tragique, c'est l'Italie ; le mouvement coopératif, sous les auspices d'une Fédération Coopérative créée, il y a quarante ans, à Milan, et dirigée par notre vieil ami Vergnanini, avait conquis une des premières places dans le mouvement coopératif international ; aujourd'hui saccagée, mutilée, incendiée, décapitée hier par la mise sous séquestre de son siège social à Milan, la Fédération Coopérative Italienne n'a plus que des membres dispersés qui ne pourront de longtemps refaire un organisme vivant.

Si nous en avons le temps, nous irons à l'autre extrémité de la Méditerranée, dans le plus vieux pays du monde, le pays de la Bible, la Terre Sainte, admirer une floraison de colonies coopératives qui, écloses dans le printemps de Galilée, s'efforcent de créer la Sion nouvelle annoncée par leurs prophètes.

Quant aux autres pays, si je n'en parle pas cette année j'espère qu'ils ne verront pas là un manque de sympathie, moins encore une disqualification quelconque. J'espère que nous les retrouverons l'année prochaine. En tous cas, si leur histoire nous a paru moins passionnante que celle des nations que je viens d'indiquer, ils s'en consoleront aisément en se rappelant le vieux dicton : les peuples heureux n'ont pas d'histoire.

LIVRE I

LA COOPÉRATION EN ANGLETERRE

CHAPITRE I.

LE MOUVEMENT PRÉROCHDALIEN. — FAUX DÉPART.

§ 1. — De la priorité de l'Angleterre dans le mouvement coopératif.

Le premier pays que j'ai annoncé c'est l'Angleterre : on ne peut commencer par un autre. Elle a devancé d'un quart de siècle le mouvement coopératif dans tous les autres pays (1).

Cependant, récemment, quelques coopérateurs français, dans un sentiment de patriotisme très honorable d'ailleurs, ont contesté cette priorité de l'Angleterre : notamment un député, ancien Ministre du Travail, M. Justin Godard, et M. Gaumont, l'auteur de l'histoire monumentale de la Coopération en France. Ils ont dit : C'est à tort que jusqu'à présent, dans le monde entier, on a marqué comme ère du mouvement coopératif la date que tout coopérateur sait par cœur, la date du 21 Décembre 1844, à laquelle s'ouvrit le magasin des Pionniers de Rochdale. Car avant 1844, dès 1836, un magasin coopératif avait été ouvert à Lyon dans le quartier célèbre des Tisseurs lyonnais, sur le côteau de la Croix Rousse, par deux ouvriers tisseurs, Reynier et Derrion, et sous ce titre d'une signification admirable « Au Commerce Véridique ».

Je suis tout prêt à reconnaître les mérites de ces deux ouvriers lyonnais et c'est de grand cœur que j'ai souscrit aussi au monument élevé en leur honneur, mais tout de même il faut, dans les questions d'histoire et de chronologie, laisser de côté toute espèce de sentiment patriotique et consulter uniquement les faits.

Eh bien, Derrion et Reynier n'ont pas été les fondateurs du mouvement coopératif ; ils ont été, ce qui est non moins hono-

---

(1) Pour l'histoire de la coopération anglaise jusqu'au début de ce siècle, indiquons le livre de M. Cernesson publié en 1905, *Les Sociétés Coopératives anglaises*, beaucoup plus complet que notre sommaire.

rable mais différent, des précurseurs. Je dis des précurseurs parce que leur société, fondée en 1835, est morte en 1838, et que ce n'est guère que 30 ans après que les sociétés de consommation ont commencé à pousser en France. Encore n'était-ce point par une filiation de la coopérative de la Croix Rousse, car celle-ci, longtemps oubliée, n'a été révélée que récemment.

C'était donc, comme il arrive presque toujours dans l'histoire des institutions des inventions et des idées, un faux départ, de même que les plantes qui fleurissent trop tôt et qui avortent à la première gelée sans avoir pu mûrir ni porter des fruits. Si vous voulez une autre comparaison, je me reporte au temps qui a précédé le chauffage central et où chacun cultivait l'art charmant d'allumer le feu en soufflant avec un soufflet. Ceux qui s'y sont exercés savent que le feu ne prend pas tout de suite. Il y a d'abord une flamme légère qui voltige autour des bûches, puis qui s'éteint; on souffle de nouveau, elle se rallume, puis s'éteint encore ; ce n'est qu'après bien des efforts que la flamme jaillit, cette fois pour ne plus s'éteindre, et que l'on dit : le feu a pris !

Sans doute n'est-ce point la faute des tisseurs lyonnais si le feu s'est éteint. C'est le coup d'Etat militariste de Napoléon III qui l'a brutalement étouffé ainsi que toutes les autres associations coopératives. Mais telle est précisément la triste destinée des précurseurs. Ils ne sont pas compris ni soutenus.

Il n'y a pas d'idée, pas de découverte, qui n'ait eu des précurseurs et même c'est aujourd'hui une des études les plus à la mode que de découvrir les précurseurs et notamment de les prendre pour sujets de thèses de doctorat. Et on n'est jamais au bout de cette recherche, si haut que l'on remonte, parce qu'en cherchant mieux on finit par trouver un anté-précurseur plus ancien que celui qu'on avait découvert. C'est ainsi que pour la Société des Nations on lui a trouvé un père dans l'abbé de St-Pierre et d'autres, et même pour les découvertes les plus récentes sur la structure moléculaire ou sur les mouvements des atomes, on en a trouvé, parmi les philosophes grecs.

Pour en revenir au mouvement coopératif, vous me direz peut-être : Quand bien même les tisseurs lyonnais n'auraient été que des précurseurs c'est quelque chose, et c'est même un titre dont notre patriotisme peut se contenter ! — Assurément s'il n'y avait pas eu d'autres précurseurs, mais avant ceux-là il y en a eu, notamment en Angleterre, et en grand nombre.

Dans son histoire classique de la Coopération anglaise Holyoake indiquait comme la plus ancienne société coopérative connue, celle de Mongewell, près d'Oxford, fondée par un évêque, qui datait de 1704. Mais ici s'est produit le même fait que je signalais tout à l'heure ; on a pu remonter plus haut. Les Ecossais ont dit : c'est chez nous que les premières coopératives ont été fondées. Ils en ont trouvé une en 1777 et qui n'est morte qu'en 1909, donc à l'âge de 132 ans, et même une autre, et aussi de tisseurs, en 1769, c'est-à-dire 65 ans avant les tisseurs lyonnais ! On a constaté qu'au début du dix-neuvième siècle, vers 1800, il y avait déjà en Angleterre une trentaine de sociétés coopératives (1).

Il ne faut pas s'en étonner. En effet, l'idée de la coopération en soi n'a rien qui suppose un grand effort de génie pour la découvrir. S'associer, en plus ou moins grand nombre, pour faire des achats en commun et bénéficier du prix du gros, c'est une idée de ménagère, une préoccupation de pot-au-feu. Ce qu'il y a de remarquable ce n'est pas l'idée en soi, c'est que de cette espèce de pot-au-feu on ait pu faire sortir tout un monde, toute une reconstitution économique et sociale.

Mais ce qu'il faut se demander c'est pourquoi est-ce en Angleterre ou en Ecosse — c'est la même chose — que cette idée là a été réalisée longtemps avant tous les autres pays ?

Peut-être la meilleure explication qu'on puisse donner c'est que c'est chez les Anglais et les Ecossais qu'on trouve au plus haut degré de fortes individualités acceptant une forte discipline, ce qui est la condition la plus favorable au succès de la coopération.

Mais on ne saurait négliger l'influence de ces facteurs économiques dont j'ai parlé dans la précédente leçon Ce n'est pas nous mettre en contradiction, car si nous nous sommes refusés à voir dans l'évolution économique la condition unique du mouvement coopératif, cela ne veut pas dire qu'au point de vue historique elle n'ait une grande influence.

Si c'est en Angleterre que le mouvement coopératif a d'abord

---

(1) On en trouvera la liste dans la *Wholesale Coopération in Scotland*, par Flanagan. Au reste, même en France, on peut trouver au moins une coopérative antérieure à celle des tisseurs lyonnais, la boulangerie des tisseurs de Guebwiller, en 1828.

commencé, c'est tout simplement parce que c'est en Angleterre que le capitalisme, l'industrie moderne, le machinisme, ont commencé. Il faut dire quelque chose de plus : c'est parce que c'est en Angleterre que ce que j'appellerai l'âge de fer de l'histoire du travail, de 1760 à 1850 environ, cette sinistre période qui va des dernières décades du xviii⁰ siècle jusqu'au milieu du siècle dernier, a été la plus dure pour l'ouvrier. C'est cette misère qui a fait surgir plus vite que dans les autres pays le mouvement coopératif.

Il y a eu d'abord l'avènement du machinisme. C'est de 1769, que date la machine à vapeur de Watt. C'est au cours des années qui vont de 1767 à 1785 que le merveilleux métier à tisser, avec les perfectionnements successifs de Hargreave, de Arkwright, de Cartwright, a pris sa forme définitive et a remplacé le tissage à main. C'est là un événement dont on ne saurait exagérer l'importance.

A cette époque et même plus tard, en 1785, la ville de Manchester, cette reine de l'industrie, n'avait qu'une seule cheminée d'usine qui fumait.

C'est un lieu commun, dans tous les livres d'Economie Politique, que d'enseigner que le machinisme a en somme amélioré la condition de l'ouvrier et élevé les salaires. C'est vrai, si on se place à un point de vue général et si l'on embrasse une période historique, mais c'est faux si l'on se place dans une industrie déterminée et dans une période circonscrite.

Je veux vous citer quelques lignes écrites à ce moment-là et qui vous donneront l'impression d'un contemporain à l'apparition des machines :

« Les salaires tombent et continuent à tomber et rien ne pourra l'empêcher, car le travail est en concurrence avec la machine. Les vivants qui pour vivre sont obligés de boire, de manger, d'entretenir une famille, sont aux prises avec des choses qui n'ont besoin ni de manger, ni de boire, ni d'avoir des enfants.

« Dans de telles conditions, celui qui doit manger, boire est désavantagé. On ne peut le fourrer au grenier sans lui donner à manger, en attendant que vienne le moment de s'en servir. On ne peut le mettre en réserve pendant la morte-saison. On ne peut régler à volonté la naissance des nouveaux travailleurs comme on fait pour la production de nouvelles machines. On ne peut les faire fabriquer quand on en a besoin, puis les porter à la vieille ferraille quand ils sont hors d'usage. » (1)

Il y a donc eu cet avènement de la machine qui a frappé la classe ouvrière; mais ce n'est pas tout.

Il y a eu en même temps la désagrégation du régime corporatif, cette organisation du travail, qui avait jusqu'alors, pendant des siècles, abrité l'ouvrier et qui, soit qu'il fut apprenti, soit qu'il fut compagnon, soit qu'il fut devenu maître, dignité à laquelle il pouvait toujours aspirer, encadrait toute sa vie et lui donnait, avec l'espérance, la sécurité.

Le régime corporatif a disparu avec les machines et l'ouvrier est devenu, à partir de ce moment-là, le vrai salarié, ce qu'on appelle aujourd'hui le prolétaire.

Il y a eu un troisième fait : c'est l'accroissement de la population qui, à cette fin de siècle et tout particulièrement en Angleterre, a été extraordinaire. En 1794 ou ne comptait même pas 6 millions d'habitants en Grande-Bretagne, c'est-à-dire Angleterre et Ecosse. En 1800, on en comptait 9 millions : cela semble invraisemblable que cette petite Angleterre, avec 9 millions d'habitants, ait pu soutenir pendant quinze ans toutes les guerres contre Napoléon et ait fini par l'abattre ! Mais en 1830, elle avait déjà 14 millions d'habitants. Ainsi, pendant cette période de 36 ans, le chiffre de la population avait beaucoup plus que doublé. Ici encore, voici une citation d'un contemporain :

« En fait de travailleurs humains, on voit chaque jour surgir une génération nouvelle; et derrière celle-ci on en voit une autre se hâter; comme les vagues de la mer qui se brisent sur le rivage sans épuiser jamais les profondeurs de l'Océan. De même la matrice du genre humain contient plus de myriades de germes qu'il n'y a de gouttes d'eau dans l'Océan insondable (2).

Eh bien, cette population qui tout à la fois se trouvait expropriée par les machines et se faisait concurrence à elle-même par son nombre, ne pouvait que tomber dans une situation lamentable, d'autant plus que le libre échange à ce moment n'existait pas en Angleterre et qu'au contraire, les propriétaires anglais,

____

(1) Dʳ W. King, édité par Mercer, livre qui a été une révélation.
(2) Dʳ King. Nº du 31 août 1828 du *Cooperator*.

les landlords, étaient couverts par les droits protecteurs qui permettaient de faire monter le prix du blé au fur et à mesure que le nombre de bouches à nourrir augmentait. En sorte, que le prix du blé augmentait en même temps que la population.

Ajoutons encore un quatrième facteur, non dans l'évolution des faits, mais dans celles des doctrines. C'est le principe du laisser-faire qui à la fin du xviii° siècle était dans toute la fraîcheur de son éclosion, le laisser-faire d'Adam Smith et des Physiocrates ; la soumission aux lois naturelles, révérées comme des lois providentielles, et dont, à ce moment, nul ne contestait les enseignements, pas même la classe ouvrière qui acceptait avec une résignation passive cette dure loi de l'Economie Politique. C'est aussi la loi de Malthus qui lui enseignait que par son intempérance génésique elle était elle-même responsable de sa misère et que, même si son sort s'améliorait provisoirement, cette amélioration ne ferait que stimuler l'accroissement de la population et par là-même lui ferait perdre l'avance péniblement conquise.

On ne cherchait donc ni réforme ni remède. Aucune possibilité pour la classe ouvrière d'améliorer son sort, car le syndicat et la grève étaient non seulement condamnés comme inefficaces par les économistes mais punis sévèrement par les lois. Inutile de dire que la classe ouvrière n'avait point de représentants au Parlement.

C'était l'époque des journées interminables ; à la fabrique douze, quatorze, seize heures, dix-huit heures parfois. C'était l'époque où les enfants de huit ans, et même de moins de huit ans, étaient embauchés pour servir les machines et travaillaient littéralement sous le fouet. Cela apparaît invraisemblable aujourd'hui ; mais il faut dire que le fouet en Angleterre a été employé pendant longtemps, même vis-à-vis des gentlemen ; ce traitement faisait partie de l'éducation et n'était pas aussi révoltant qu'aujourd'hui.

Inutile de parler de leur logement qui était sordide.

Les salaires étaient absolument misérables.

Voici quelques chiffres, que je relève, mais ils ne disent pas grand chose, étant donné les changements de valeur de la monnaie depuis un siècle et plus.

L'ouvrier gagnait 10 shillings par semaines, 12, 16 quand il était bien payé ; dans des cas exceptionnels, 20 shillings, c'est-à-dire une livre par semaine ; mais c'était très rare.

En 1790, une loi fut votée pour assurer un salaire minimum, mais quel minimum ! De quoi donner 26 livres de pain par semaine à une famille, environ 11 kilos de pain. Actuellement cela représenterait 22 francs par semaine et au prix d'avant la guerre 5 fr. par semaine).

Durant les guerres napoléoniennes, le salaire monte, mais il retombe aussitôt après. Voici quelques chiffres que je relève dans le livre bien connu de M. Mantoux « La Révolution Industrielle en Angleterre » :

« Le salaire d'un ouvrier tisseur était en 1806 de 32 shillings; en 1815, de 10 shillings; en 1830, de 8 à 9 shillings. »

Encore ce salaire était-il bien réduit quand les ouvriers travaillaient au domicile d'un sous-entrepreneur qui prélevait la plus grande part : c'est ce qu'on nommait le *sweating system*.

Ajoutez un dernier trait, peut-être le plus tragique de tous ; aussi a-t-il servi à bon nombre de littérateurs et de romanciers pour illustrer leurs ouvrages, Kingsley, Dickens, etc. : c'est ce qu'on a appelé : le « truck system », c'est-à-dire le système du troc, par lequel le patron fournissait à l'ouvrier ce qui était nécessaire à sa subsistance, dans un magasin spécial annexé à l'usine et où l'ouvrier devait porter la presque totalité de son misérable salaire — s'il ne le faisait pas, il était congédié. Dans ces magasins patronaux les prix étaient majorés en sorte que l'ouvrier ne recevait en échange que juste de quoi ne pas mourir de faim. De cette façon, la plupart des ouvriers à cette époque-là ne voyaient jamais une pièce d'argent dans leurs mains; ces quelques shillings qui représentaient le misérable salaire dont je parlais tout à l'heure, ils ne les voyaient même pas, parce que le montant était payé sous forme de bons ne pouvant servir qu'à acheter les denrées à l'économat. Cela revient à dire qu'ils étaient payés uniquement en nature ; c'est ce que veut dire, exactement, l'expression truck system.

Il n'y avait donc aucune différence entre ce régime là et l'esclavage, puisque ce qui caractérise l'esclavage c'est précisément que l'esclave ne touche pas de salaire ; mais il faut pourtant bien qu'on le nourrisse et qu'on l'habille. C'était la même chose pour l'ouvrier à cette époque, toutefois avec cette différence en pire que, lorsqu'il s'agit d'un esclave, le propriétaire était obligé de le ménager, puisque c'est sa chose, et même de le garder quand il devenait vieux ou infirme, tandis que lorsqu'il s'agit de l'ouvrier, le patron n'a pas cette obligation et le congédie dès qu'il ne produit plus au moins ses frais d'entretien.

Tout ce que je viens de dire se trouve résumé dans cette phrase courte et terrible du Docteur King : « En fait, le travailleur indépendant a cessé d'exister ». Cela ne veut pas dire seulement que le producteur autonome, l'artisan, était absorbé par le salariat; c'est bien pis ! cela veut dire qu'à cette époque là il n'y avait plus un travailleur qui pût vivre de son travail, qu'il ne pouvait vivre qu'avec l'appui de l'Assistance Publique, grâce à ce qu'on appelait : les *Poor Laws*, les lois des Pauvres, qui assuraient de quoi vivre à toutes les familles incapables de vivre suffisamment avec leur salaire. Cette institution d'assistance aggravait en réalité le mal parce qu'elle servait d'excuse ou de prétexte aux patrons pour abaisser les salaires. Quand on leur disait : « vos salaires ne permettent pas à l'ouvrier de vivre », ils répondaient : c'est vrai, mais il y a à côté le Bureau des pauvres qui a pour rôle de lui fournir le supplément nécessaire.

§ 2. — Le Dr King et les Coopératives de Brighton.

Voilà dans quel milieu est née la coopération anglaise. Elle a trouvé en 1828 un premier apôtre en la personne d'un docteur en médecine de la ville de Brigthon, qui avait d'ailleurs fait ses études en France, comme étudiant à la Faculté de Médecine de Montpellier. Mais durant le temps assez long que j'ai vécu à Montpellier, j'ai ignoré que j'aurais pu y retrouver la trace de celui qui, le premier, a formulé un programme coopératiste. Et Montpellier l'ignore encore aujourd'hui.

Le Docteur King eut le vif sentiment, comme d'autres hommes de son temps, de cette misère de la classe ouvrière, mais à la différence des hommes de son temps, il ne se contenta pas de s'apitoyer et de s'en remettre aux lois naturelles ou à la Providence ; il pensa qu'il fallait chercher et trouver un remède. Quel remède ?

Comme institutions d'amélioration sociale il n'y avait encore que quelques Caisses d'Epargne, que les Anglais appellent *saving banks* (la première est de 1808 mais en 1817 il y en avait déjà 50) et quelques sociétés de secours mutuels (*friendly societies,* sociétés amicales). Les ouvriers pouvaient y mettre leurs économies, quand ils étaient en situation d'en faire. Quant aux sociétés de Secours Mutuels, elles donnaient quelques secours en cas de maladie, d'infirmité, mais c'était tout à fait insuffisant.

Puisque l'ouvrier, disait le Docteur King, dans les conditions économiques actuelles a perdu l'indépendance, ce qu'il faut c'est lui rendre cette indépendance. Mais, comment la lui rendre ? Il n'y a qu'un moyen : c'est de lui fournir un capital qui lui permette de travailler, de produire par lui-même, et de garder pour lui les produits de son travail.

Reste à savoir comment il pourra se constituer un capital ?

Individuellement, par l'épargne ? C'est absolument impossible, étant donnés surtout les salaires que je viens d'indiquer. Même en se privant toute sa vie il n'arriverait qu'à réunir un capital insignifiant et qui tout au plus pourrait lui assurer une retraite pour ses vieux jours mais non lui fournir les moyens de se libérer du salariat.

Mais ce qui est impossible à l'ouvrier isolé, les ouvriers pourront y arriver par l'association, l'association sous une forme particulière : en mettant leurs pauvres petites économies dans le commerce, et en se faisant leurs propres marchands.

Le Docteur King disait : les économies dans les Caisses d'Epargne ne leur donnaient qu'un misérable intérêt tandis que, employées dans le commerce, soit d'épicerie, soit de boulangerie, étant renouvelées deux, trois, quatre, cinq, six fois dans l'année, elles pourraient produire, non pas 3 % ou 4 % d'intérêt comme à la Caisse d'Epargne, mais 20, 30, 40, 50 %.

Quelle différence de situation entre un ouvrier gagnant 50 livres par an sur lesquelles, à force de privations, il prélevait 5 livres pour la Caisse d'Epargne — et l'ouvrier dépensant ses 50 livres de salaire (ou du moins 30 à 40) à la Coopérative et recevant en retour 4 à 5 livres de bonis !

Le Docteur King exultait en s'écriant : « Le secret a été à la fin découvert ». Peu de temps auparavant Fourier, en dévoilant sa Société Harmonique, avait poussé la même exclamation — et bien des siècles avant, Archimède ! Il est vrai qu'économiquement il y avait là une trouvaille, trouvaille confirmée par des milliers d'expériences répétées depuis lors dans le monde. Nous voyons depuis un siècle, et aujourd'hui encore, maints ouvriers, membres de société coopérative de consommation, en souscrivant une seule action, c'est-à-dire en versant un petit capital qui était autrefois de 25 fr. — aujourd'hui, parce que la monnaie est dépréciée, de 50 fr., de 100 fr., — retirer à la fin de l'année, sous forme de dividende, boni ou ristourne, peu importe le nom, 100 fr., 200 fr., peut-être 500 fr., suivant le chiffre des achats qu'il a faits. Ils peuvent ainsi multiplier dans des proportions tout à fait imprévues leur épargne et leurs ressources.

Pour vous donner un chiffre d'ensemble, je saute un siècle et je prends dans la dernière statistique des sociétés de consommation anglaises. Pour 1923, le chiffre total du capital des Sociétés de Consommation est de 80 millions de livres sterling, soit 2 milliards de francs-or : je ne traduis pas en francs-papier, cela n'a pas d'intérêt. Et maintenant quel est le montant total des bénéfices ? 19 à 20 millions de livres sterling ; par conséquent, ce capital rapporte 25 %.

Et ce n'est là qu'un chiffre d'ensemble qui embrasse plusieurs milliers de sociétés; les unes ne font pas d'affaires, les autres en font de mauvaises. Si vous preniez telle ou telle société séparément, en cherchant les plus prospères, vous verriez alors que les bénéfices réalisés peuvent représenter, relativement au capital apporté par tel ou tel sociétaire, un taux de 200, 500 et 1.000 pour 100.

Eh bien, en admettant que la société réalise ces bénéfices magnifiques, que doit-elle en faire ? se demande le Docteur King. Elle doit les consacrer tout entiers à constituer un capital collectif qui servira à émanciper ses membres. Ces bénéfices accumulés serviront, ou à créer des usines, ou surtout à former ou à acheter un fonds de terre, un domaine, qui sera travaillé par les ouvriers eux-mêmes et où ils produiront leur propre nourriture. Voilà le but, le but suprême que l'on assignait à cette époque là à la société coopérative de consommation : rendre l'ouvrier indépendant, par la constitution d'un capital collectif employé dans une entreprise collective.

Ce système n'était donc pas celui que nous verrons appliqué par les Pionniers de Rochdale, celui de la restitution du bénéfice aux acheteurs. Et c'est un des arguments pour ceux qui revendiquent les droits de priorité des coopérateurs lyonnais ; car ceux-ci avaient mis en pratique la restitution des bonis et c'est en cela, dit-on, qu'ils ont été les vrais précurseurs de la

Coopération. Il est vrai, mais il n'y avait qu'une faible partie du bénéfice (1/4) qui fut remboursée, le restant était affecté à des œuvres de solidarité et d'éducation. Au reste, comme le dit lui-même l'éloquent avocat des Lyonnais : « Il ne paraît pas que les bonis aient été la préoccupation des coopérateurs lyonnais : le caractère social dominait leur entreprise. » Très bien ! mais de même en était-il des coopérateurs de King.

Le Docteur King fonda donc à Brighton une société de consommation ; c'était en 1828, elle fut constituée sur les bases que je viens d'indiquer. Mais cette société ne fut pas constituée comme le sont aujourd'hui les nôtres. Il y fallait, pensait-on, des hommes d'élite, qualifiés pour donner à la classe ouvrière l'exemple de l'émancipation, par l'aide mutuelle, par l'aide des forts aux faibles. Pour cela il fallait pratiquer une sélection extrêmement sévère ; ne prendre qu'un petit nombre d'ouvriers, pas plus de 50 à 60, tous ouvriers manuels, parce que c'étaient les seuls pour lesquels la question présentait un intérêt, des ouvriers choisis, au point de vue de la santé, de la conduite, des mœurs, de l'âge, ni trop âgés, ni trop jeunes. S'ils étaient mariés on exigeait le consentement de la femme, et non seulement son consentement mais son concours volontaire à l'œuvre sociale. Et une condition d'admission — cela paraîtra bien choquant — c'était de ne pas avoir trop d'enfants, parce que la société ne pourrait supporter de trop lourdes charges si elle veut arriver à son émancipation.

Ainsi se constitua la société de Brighton.

Au début, elle eut un certain succès ; elle compta 170 membres, chiffre qui aujourd'hui, nous paraîtrait tout à fait misérable, d'autant plus qu'un bon nombre n'étaient que des membres presque honoraires. Il n'y en avait guère que la moitié qui fussent des membres actifs. Leur magasin arriva à vendre pour 38 livres environ par semaine, près de 1.000 francs chiffre qui, à cette époque, semblait assez respectable. Sur ces achats, on faisait environ 10 % de bénéfices.

Dès qu'elle eut quelques petites ressources, la société s'empressa de répondre à l'appel de son fondateur et acheta un petit domaine de 40 acres, c'est-à-dire d'une douzaine d'hectares, qu'elle se mit à cultiver avec quelques uns des membres de la Société.

Cet exemple fit grand bruit. De 1828 à 1830, autour de

Brighton, dans le midi de l'Angleterre, on vit fleurir et éclore pas moins de 300 sociétés coopératives. Non seulement il y eut un mouvement coopératif extrêmement intense; mais ce mouvement prit tous les caractères qui devaient beaucoup plus tard donner au mouvement coopératif sa physionomie. Il y eut un Congrès déjà en 1831. Il y eut même une tentative pour créer un magasin de gros. Il y eut dès 1829 une association pour l'enseignement de la coopération, littéralement « pour propager la connaissance de la coopération. »

Il semble donc que le mouvement était bien parti et que, pour reprendre la comparaison de tout à l'heure, le feu avait bien pris. Hélas ! ce n'était que la petite flamme qui s'éteint dès que l'on ne souffle plus. Trois ans après, le foyer n'était que cendres, il ne restait que quelques sociétés disséminées. C'était décourageant. Nous pouvons expliquer aujourd'hui ce désastre, instruits par un siècle d'expériences, mais le Docteur King ne se l'expliquait pas facilement. Voici les raisons de l'échec.

La première c'est cette idée naïve de la sélection et du petit nombre. Il ne s'agissait pas ici de faire une église avec douze apôtres, il s'agissait d'une entreprise économique : or, qu'elle soit commerciale ou coopérative, il est évident qu'elle ne peut vivre qu'avec un nombre suffisant de clients et qu'une petite association composée de quelques dizaines de membres ne pourrait réaliser de bénéfices et s'épuiserait vainement à la poursuite d'un capital qui ne se réaliserait jamais. Aujourd'hui nous savons que toute société au-dessous de 300 membres est à peine viable. Si les Pionniers de Rochdale n'étaient que 28 au début, ils se gardèrent de limiter leur nombre.

Voici une autre raison de l'insuccès : c'est que quoique la plupart de ces sociétaires fussent des hommes d'élite d'une haute moralité, ceux-là même n'apportaient à la société qu'un appui moral mais non cette collaboration effective qui consiste dans l'achat quotidien. Les sociétaires n'avaient aucun intérêt personnel dans la société. Ils n'avaient rien à y gagner. Les prix n'étaient pas moindres que dans le commerce, puisqu'on voulait vendre plutôt cher afin de pouvoir réaliser des bénéfices, et il n'y avait pas à attendre de répartition de bénéfices puisqu'on les gardait tout entiers pour constituer le capital collectif. Il n'y avait pas même d'intérêt payé pour le petit capital en argent apporté par le sociétaire parce que, disait-on, l'intérêt c'est bon pour les capitalistes, mais l'ouvrier doit mépriser l'intérêt et ne compter que sur le produit de son travail. Ainsi la société n'avait guère que des membres honoraires, des sympathisants, mais peu de pratiquants. Mais une entreprise ne vit pas de sympathies et elle mourait ainsi, délaissée, abandonnée.

Il y avait encore d'autres obstacles.

Il y avait ce « truck system » dont j'ai parlé tout à l'heure, qui aurait suffi presque, à lui seul, pour rendre impossible le fonctionnement de la société. Je viens de dire que dans la plupart des fabriques, l'ouvrier était obligé d'acheter au magasin patronal tout ce qui était nécessaire à ses besoins. Alors, qu'est-ce qui lui restait à dépenser au dehors ? Que pouvait-il porter à la société coopérative ? Presque rien. Ce n'est qu'en 1831 — il n'y avait pas longtemps a attendre, mais enfin le moment n'était pas encore venu — qu'une loi est venue abolir l'odieux système du troc.

Enfin, une dernière cause qui a fait avorter ce mouvement, c'est le manque de sympathie du public. Cela confirme précisément ce que je disais tout à l'heure, à savoir qu'il y a une heure pour les institutions. Quand elles arrivent trop tôt, le milieu n'est pas prêt pour leur épanouissement. Il ne l'était pas à cette époque. L'opinion publique était hostile à tout ce qui ressemblait à un effort des ouvriers pour s'émanciper. On pensait que tout effort des ouvriers pour changer leur condition sociale était un acte de révolte contre l'Etat en même temps qu'un acte de rébellion contre ces lois naturelles de l'Economie Politique, dont je parlais tout à l'heure et qui, d'après les économistes, réglaient les salaires et la vie de chacun.

Et pourtant le Docteur King avait essayé de rassurer et de rallier la bourgeoisie en d'montrant dans son journal que l'extension de la Coopération serait le plus sûr antidote au paupérisme, à la criminalité, qu'elle fortifierait la classe possédante en créant de nouveaux petits propriétaires. Mais en vain. Le mot même de coopération était, à cette époque, presque synonime de communisme et paraissait lié aux expérimentations utopiques d'Owen. Or le programme d'Owen était absolument matérialiste, libre-penseur et athée, à certains égards, et par là même, odieux à toute la société anglaise. Les économistes n'y prêtèrent aucune attention à cette époque, excepté Tompson, et même bien longtemps après ils restèrent indifférents ou malveillants.

Cette dernière cause agit d'une façon si puissante que le Docteur King en fut la première victime. Il se vit dans l'alternative ou d'abandonner la société qu'il avait fondée, ou bien de sacrifier sa carrière médicale. Il ne jugea pas à propos de prendre ce dernier parti, soit qu'il n'y eût peut-être pas en lui l'étoffe d'un martyr, soit qu'il eût perdu la foi dans l'avenir d'une œuvre qui lui avait causé déjà tant de déceptions et pour laquelle il avait fait beaucoup de sacrifices.

Il abandonna le mouvement coopératif pendant le reste de sa vie qui se prolongea cependant longtemps encore, car il ne mourut qu'en 1865. Il eut donc le temps de voir la coopération renaître avec les Pionniers de Rochdale et cette fois pour toujours, mais il ne semble pas qu'il s'y soit intéressé. Sans doute, n'ayant pas réussi, il ne croyait plus au succès possible.

CHAPITRE II.

LES ÉQUITABLES PIONNIERS DE ROCHDALE

§ 1. — Le magasin de la ruelle du Crapaud.

Le hasard qui a placé cette leçon la veille de Noël (1) a été intelligent car c'est presque à cette même date, le 21 décembre 1844, que *Les Équitables Pionniers de Rochdale* ont ouvert leur magasin. Oui, c'était le soir, au jour le plus court de l'année, et probablement assez maussade comme il l'est généralement à cette date sous le ciel d'Angleterre : toutefois je n'ai pas trouvé dans l'histoire l'indication du temps qu'il faisait ce jour-là. Ce n'était point, à vrai dire, par une inspiration évangélique que ces ouvriers tisseurs en flanelle avaient choisi la fête de Noël, mais parce qu'ils n'avaient pu être prêts plus tôt et que cette date, à la veille de la grande fête où toute famille anglaise fait un festin, leur parût particulièrement opportune pour l'ouverture d'une épicerie.

En tous cas, ces braves gens, quand ils étaient dans leur magasin, attendant l'heure d'ouvrir les volets et alors qu'ils

____

(1) Cette leçon a été faite le 23 décembre 1925.

entendaient crier dans la rue, les gamins du quartier qui se se moquaient d'eux, ne se doutaient guère que près d'un siècle plus tard des professeurs au Collège de France et des milliers de conférenciers dans tous les pays, célèbreraient ce jour comme une date ouvrant une ère nouvelle, *epoch making,* disent les Anglais.

Est-il besoin de raconter une fois de plus cette histoire, celle de toutes les histoires qui, après l'histoire de la crèche de Noël, a été la plus souvent redite dans toutes les langues ? Sans doute : il y en aura toujours quelques-uns, même ici, qui l'ignorent.

Ce fut Holyoake qui, dans un livre qui lui a valu à lui-même une certaine célébrité, l'a écrit en 1857 : le livre a été traduit en français seulement en 1862.

Mais il nous faut remonter un peu en arrière de ce jour solennel, car l'ouverture du magasin avait été préparée depuis plus d'un an déjà.

C'étaient, dis-je, des ouvriers tisserands en flanelle. Rochdale alors était déjà célèbre par la fabrication des flanelles, et c'est une chose curieuse que par tout pays les premiers qui aient fondé une coopérative de consommation, aient été des ouvriers tisserands, comme ceux dont j'ai parlé dans les précédentes leçons, ceux de Brighton en Angleterre, ceux de Guebwiller et de Lyon en France. On ne voit pas bien cependant qu'il y ait une prédestination quelconque dans ce métier-là. Peut-être toutefois le métier de tisseur, autrefois surtout quand il était fait à domicile et sur des métiers à main, laissait-il plus de temps pour la réflexion, pour un certain loisir de l'esprit, pendant qu'on regarde battre le métier ; peut-être l'explication est-elle simplement parce que c'était un des métiers qui, à cette époque, étaient le plus mal payés. Toujours est-il que c'est dans l'industrie du tissage que la coopération de consommation a trouvé ses premiers apôtres.

Il y avait donc, en 1843, un petit groupe d'ouvriers dont l'histoire a conservé les noms et qui cherchaient le moyen d'améliorer leur pauvre salaire. Ils avaient fait une réclamation auprès des patrons pour demander une hausse des salaires ; mais à cette époque ces réclamations ne trouvaient pas accueil aussi facilement qu'aujourd'hui. Elles furent impitoyablement refusées.

Ils eurent alors l'idée de créer une association coopérative de production, ce qui était beaucoup plus à la mode à ce moment-là, et même ils s'engagèrent à verser chaque semaine une petite somme pour réunir le capital nécessaire. Mais, au bout de quelque temps, ils virent que cela ne les mènerait à rien, qu'il faudrait attendre trop longtemps ; ils y renoncèrent et se partagèrent le petit capital accumulé par leurs économies.

Ils cherchèrent ce qu'ils pourraient faire d'autre.

Un certain nombre de ces ouvriers étaient déjà ce qu'on a appelé en Angleterre des chartistes. Le mouvement du chartisme, qui a eu lieu de 1830 à 1844, était un mouvement ouvrier qui à cette époque apparaissait comme tout à fait révolutionnaire. Quand on parlait des chartistes, en Angleterre, c'était comme on nous montrait hier encore l'image du bolcheviste le couteau entre les dents. Cependant, ces chartistes avaient un programme qui aujourd'hui paraîtrait singulièrement anodin, je ne dirai pas seulement aux socialistes mais même au centre gauche : ils demandaient le suffrage universel, la suppression du cens pour l'électorat ; ils demandaient que les députés fussent payés, et quelques autres réclamations qui sont aujourd'hui l'abécé de la démocratie, mais qui, à cette époque, provoquèrent en Angleterre les luttes les plus passionnées.

Ceux de ces ouvriers qui étaient chartistes ne voyaient le salut que dans l'action politique. Mais leurs camarades n'étaient pas de cet avis ; ils pensaient que l'action politique — même avec le suffrage universel, si on l'obtenait jamais et on ne devait l'obtenir en Angleterre que bien longtemps après — ne les conduirait pas à une amélioration de leurs salaires.

Quelques autres dirent que le salut était dans la tempérance et qu'il fallait ne plus boire. C'étaient les abstinents, qui n'étaient pas encore nombreux en Angleterre. Cette suggestion fut accueillie avec sympathie mais elle ne sembla pas devoir être efficace pour la solution cherchée.

C'est alors qu'ils se décidèrent à créer une société coopérative de consommation. Ce n'était pas une découverte. Je vous ai dit dans la précédente leçon qu'il y en avait déjà eu des centaines en Angleterre, qu'elles avaient même des journaux, des Congrès, tout un programme. Par conséquent ils connaissaient à peu près le terrain sur lequel ils s'engageaient. Seulement, pour commencer, c'est-à-dire pour louer le magasin et acheter les marchandises, il fallait réunir à nouveau un capital. Ils se taxèrent et décidèrent de verser chacun une cotisation de deux pences, un peu plus tard portée à trois pences par semaine. C'était un peu plus de 30 centimes (comptés en monnaie d'avant la guerre). Ce n'était pas beaucoup, mais il faut songer qu'à ce moment-là les ouvriers ne gagnaient pas plus de 2 shillings par jour, 12 à 15 par semaine. Le prélèvement était donc sensible sur leur salaire (2 p. 100 environ). Il fallut faire la collecte pour réunir à la fin de chaque semaine les cotisations ; deux ou trois de ces ouvriers se dévouèrent et, une fois par semaine, allèrent faire la tournée de maison en maison. Ainsi se passa l'année.

Quelques-uns se découragèrent et se retirèrent, mais au mois d'août 1844, ils se trouvèrent avoir réuni 28 livres, ce qui fait 700 francs (je parle de francs-or, et chaque fois que je traduirai en francs une monnaie anglaise, je la traduirai en francs-or). C'est ce qui a fait dire qu'ils étaient 28, à raison de une livre par tête. Mais en réalité ce nombre a varié, il était de 72 au début de la collecte, puis un certain nombre s'étaient retirés à la date où les opérations commerciales commencèrent et on ne sait pas s'ils étaient alors 28, chiffre qui a été retenu par l'histoire coopérative, comme a été retenu celui des sept sages ou des douze apôtres.

Ils décidèrent donc de créer la société et ils la firent enregistrer le 24 octobre sous le nom de « Société des Equitables Pionniers de Rochdale ».

Les Anglais aiment beaucoup donner à leurs sociétés des noms qui font image : leurs grandes mutualités se nomment « Les Cœurs de Chêne », « l'Ordre indépendant des Bergers », etc. Les Américains plus encore, quoique démocrates, se complaisent à évoquer le souvenir de la chevalerie : c'est par exemple, le Saint Ordre des Chevaliers du Travail, etc. Les Rochdaliens furent donc relativement modestes en prenant simplement le titre d'Equitables Pionniers, nom que devaient répéter tous les échos de la terre *in sæcula sæculorum*, mais qu'aucune société n'a osé reprendre après eux.

En France, les sociétés se contentent généralement de noms modestes, « l'Abeille », « la Prévoyante », « la Fraternelle » ; ou quelquefois, dans le Midi où la langue est un peu plus colorée, on remplace le nom de l'Abeille par celui de « La Butineuse », comme à Marseille.

§ 2. — Les statuts de Rochdale.

Après avoir rédigé les statuts ils firent enregistrer leur société.

Je demande la permission, quoique la citation soit un peu longue, de donner le texte qui est l'article I (*first law*, la première loi, comme il est écrit) des statuts, enregistrés seulement le 7 août 1845. Il en vaut la peine, car certainement il n'y a pas de constitution de grand empire en ce monde qui se soit montrée plus solide, plus durable et qui ait plus de chances d'être éternelle, que la modeste constitution que je vais lire; en tout cas, elle a été adoptée et mise en pratique dans tous les pays du monde et tirée à des centaines de milliers d'exemplaires :

« Le but de cette société est de prendre des dispositions pour procurer à ses membres des avantages pécuniaires et une amélioration de leur vie domestique et sociale, en constituant un capital suffisant partagé en actions d'une livre et en l'employant à réaliser le programme suivant :

« Etablissement d'un magasin pour la vente de denrées alimentaires, vêtements, etc. ;

« Construction de maisons dans lesquelles pourraient habiter ceux de leurs membres qui seraient désireux de se prêter assistance pour améliorer les conditions de leur vie familiale et sociale ;

« Entreprendre la fabrication de certains articles que la société aura déterminés comme paraissant les mieux indiqués pour procurer du travail à ceux de ses membres qui souffriraient du chômage ou de réductions de salaire ;

« Comme supplément de sécurité, achat ou location de domaines qui pourraient être cultivés par ceux de leurs membres à l'état de chômage ou trop mal payés ;

« Aussitôt que la chose serait possible, la société devra se mettre à organiser la production, la distribution, l'éducation et le gouvernement, ou, en d'autres termes, à fonder une colonie autonome d'intérêts solidaires et à aider d'autres sociétés à fonder de semblables colonies ;

« Enfin, afin d'encourager les habitudes de sobriété, un hôtel de tempérance sera ouvert aussitôt que possible dans une des maisons de la société. »

Voilà ce qu'on peut appeler un programme colossal et tel qu'aujourd'hui, après un siècle écoulé ou presque, il est encore loin d'être réalisé en entier.

Il faut donc admirer l'acte de foi par lequel ces vingt-huit ouvriers tisseurs ont ainsi anticipé et devancé toute l'évolution du mouvement coopératif en lui traçant sa voie.

En un sens, ce programme n'était pas précisément nouveau, comme nous l'avons vu dans la précédente leçon, puisque le Docteur King, l'initiateur du mouvement de Brigthon, avait indiqué la voie, cette voie nouvelle qui peut se résumer ainsi : non plus l'action révolutionnaire qui consiste à supprimer par des coups de force l'ordre économique actuel pour le remplacer par un monde nouveau, mais l'action lente et progressive pour créer, au sein même du monde économique actuel, des groupes, ou, comme le dit très bien le programme, « des colonies » à l'intérieur, qui légalement, pacifiquement, s'efforceraient de constituer une société nouvelle capable de se développer dans les cadres de la vieille société existante — jusqu'au jour où celle-ci étant vidée de son contenu, le papillon sortira de sa chrysalide.

Une colonisation à l'intérieur ! j'insiste sur ce mot, parce que les socialistes d'alors, les Owen et ceux qui devaient venir quelques années plus tard, les Fourier, les Cabet, avaient aussi l'idée de créer des sociétés nouvelles, sous la forme de colonies d'outre-mer. C'est au loin, au pays neuf, au désert, dans le Far West américain que s'installaient la New Harmony d'Owen, l'Icarie de Cabet, les Phalanstères de Fourier. Ce qu'il y a de neuf et de hardi dans la conception des coopérateurs de Rochdale c'est qu'ils n'ont pas eu besoin de traverser les mers, mais c'est en restant chez eux, dans leur milieu, dans leur ville natale, dans leur rue, parmi leurs concitoyens, qu'ils ont voulu créer de toutes pièces une société répondant au vaste programme que je viens de vous lire.

Quand ils eurent rédigé ce manifeste qui fit rire ceux qui eurent l'occasion de le lire, ils se mirent à l'œuvre pour réaliser ce programme. Ils avaient, je viens de le dire, 28 livres. Ils en consacrèrent 10 (250 francs) à louer un magasin, un bien modeste magasin qui était situé — le nom dit ce qu'il pouvait être dans la ruelle du Crapaud, *Toad Lane*, au rez-de-chaussée. Ces 10 livres prélevées, il leur restait 18 livres, 450 francs, pour acheter des marchandises.

Ils ne purent pas en avoir beaucoup pour ce prix ; les marchands se moquaient d'eux en disant que tout leur magasin tenait dans une brouette que l'un d'eux, Cooper, avait poussée au magasin. C'était peut-être exagéré, mais le fait est que quand ils ouvrirent le magasin ils n'avaient guère que de la farine, du gruau, du sucre, et des raisins de Corinthe, que les Anglais appellent currants, pour mettre dans le pudding, et qui venait au bon moment à cette veille de Noël.

Mais ce qu'il y a de plus remarquable encore que le programme que je viens de vous dire, c'est ce qu'on appelle le règlement intérieur, c'est-à-dire la règle d'organisation pour la vente et pour la marche de la société. Car si le programme que je vous ai lu tout à l'heure est encore à l'état de desiderata et si même il n'est pas sûr qu'il soit jamais réalisé intégralement, au contraire le règlement qu'ils formulèrent était si parfait du premier jet que les milliers et milliers de sociétés, créées depuis lors, n'ont eu qu'à le reproduire textuellement sans presque aucun changement.

Voici ces règles essentielles :

Les unes sont inscrites dans le texte des statuts; les autres ont été simplement consacrées par la pratique. Nous aurons à en reprendre quelques-unes qui sont de toute première importance; pour aujourd'hui je me borne à les énumérer.

1° La première règle, c'est de vendre à un prix aussi invariable que possible, à un prix stabilisé, pour employer le mot à la mode en ce moment. C'est-à-dire ne pas imiter les marchands qui jouent avec les prix, qui, lorsqu'ils peuvent spéculer sur la demande et sur la rareté de l'offre, augmentent leurs prix et mettent les marchandises aux enchères ; ou qui, à l'inverse, quand ils se proposent de tuer leur concurrent et dans l'espèce de tuer une petite société coopérative, baissent le prix et même vendent à perte.

Les Pionniers de Rochdale s'interdirent l'une et l'autre de ces pratiques. Ne pas spéculer sur la rareté des approvisionnements ou sur la surenchère des acheteurs; ne jamais vendre à perte, fût-ce même quand un concurrent le ferait — Voilà la première règle.

2° Seconde règle (article 21) : Ne vendre jamais à crédit ; vendre toujours au comptant, sous peine d'amende pour l'employé vendeur.

Naturellement les marchands qui font crédit perdent non seulement l'intérêt mais aussi le capital sur bon nombre de leurs clients qui disparaissent un beau jour, et qu'on ne retrouve plus ; ils sont donc nécessairement obligés de se rattráper en majorant les prix, en sorte que ce système a toujours pour résultat de faire payer aux honnêtes gens l'insolvabilité des malhonnêtes.

C'est un peu ce qui se passe aujourd'hui pour l'impôt : ceux qui payent leurs impôts les paient très majorés comme compensation pour ceux qui ne les payent pas !

Les Pionniers de Rochdale ont condamné absolument ce système. Mais à cette époque il fallait un certain courage pour poser cette règle, attendu que de tout temps et plus particulièrement à une époque où les salaires étaient aussi misérables, les ouvriers ont acheté à crédit. Il y en a encore beaucoup qui le font. Néanmoins les Pionniers ont accepté courageusement l'éventualité de perdre une partie de la clientèle, celle de leurs camarades qui ne pourraient pas payer comptant.

Ils pensaient que peu à peu, l'éducation se faisant, les ouvriers apprendraient à payer comptant et l'expérience a justifié ce raisonnement.

3° Troisième règle : Laisser aux sociétaires la liberté absolue de se servir au magasin ou de continuer à se servir chez l'épicier.

Il y eut des membres qui trouvèrent abusive cette liberté et qui, au cours d'une séance, demandèrent que l'achat au magasin coopératif fût une obligation, en ce sens que tout associé qui ne se servirait pas au magasin serait exclu de la société.

Cette réclamation n'avait en somme rien de tyrannique, car c'est bien le moins qu'on puisse demander aux sociétaires de se servir au magasin social. Celui qui s'y refuse s'exclut lui-même ; c'est en quelque sorte une démission volontaire.

Mais l'un des Pionniers, dont le nom reviendra plusieurs fois dans nos explications et dont la figure se détache du groupe des vingt-huit héros anonymes, Charles Howarth, s'éleva contre cette réclamation. Il dit : Nous faisons un cas de conscience à chaque sociétaire de se servir au magasin social, mais nous n'en faisons pas une obligation. S'il ne remplit pas ses devoirs sociaux, c'est un mauvais camarade mais nous ne l'excluerons pas pour cela. Nous attendrons sa conversion.

Il dit même : « Si vous appliquez l'obligation, je me retire de la société. »

Voilà un esprit libéral ! Eh bien, non seulement l'obligation fut écartée, mais elle l'a été dorénavant de toutes les sociétés de consommation qui se sont fondées dans tous les pays. La protestation d'Howarth est devenue un des articles de la Constitution de la République Coopérative.

4° La quatrième règle (article 22) est la plus importante de toutes et sert, dans une certaine mesure, de correctif à la précédente : c'est la répartition des bénéfices entre les sociétaires au prorata de leurs achats au magasin.

Dans les sociétés capitalistes, je n'ai pas besoin de le dire, les bénéfices sont répartis au prorata des apports, des actions, du capital versé. Dans la société de Rochdale, au contraire, on ne tenait pas compte des apports, du nombre des actions souscrites, du capital versé ; les bénéfices étaient partagés proportionnellement aux achats réalisés par chaque membre.

Howarth, qui fut le principal initiateur de cette mesure, pensait qu'il y aurait là une prime, un stimulant, suffisant pour déterminer les sociétaires à venir faire leurs achats, puisque plus ils dépenseraient au magasin et plus ils recevraient à la fin de l'année ou du semestre sous forme de répartition des bénéfices.

C'était, avec la différence qui sépare l'esprit de lucre de l'esprit coopératif, c'était le système de ces primes que les marchands donnent à leurs clients pour les déterminer à venir faire des achats chez eux.

Au reste, nous reviendrons dans la prochaine leçon sur cette règle qui mérite un chapitre spécial.

5° La cinquième règle c'était d'ouvrir le magasin au public et de ne pas le réserver uniquement aux sociétaires (article 25). Cette règle, à la différence de la précédente, n'a pas été adoptée unanimement. Il paraît en effet naturel et juste qu'une société réserve ses avantages à ses membres ; pourquoi en faire bénéficier ceux qui veulent lui rester étrangers ? Il y avait cependant de très fortes raisons de faire adopter cette règle ; elle l'a été dans toutes les sociétés anglaises.

Les Pionniers de Rochdale avaient des motifs tout particuliers pour inscrire cette règle. Ils n'étaient pas nombreux ; il est vrai que leur nombre augmenta par la suite, mais enfin ils ne constituaient pas, au début, une clientèle suffisante pour alimenter le magasin. Il fallait donc, pour que le magasin pût faire ses frais, lui donner un certain mouvement d'affaires et, pour cela, vendre au public.

En outre, il y avait là un moyen de propagande, de publicité, puisque ces acheteurs étrangers à la société pourraient sans doute être tentés d'y adhérer, en expérimentant ses bienfaits.

Seulement, il y avait aussi une difficulté ; c'est qu'on ne pouvait tout de même pas appliquer au public la même règle de répartition des bénéfices que celle appliquée aux sociétaires. Ceci n'eût été ni juste, ni dans l'intérêt de la société, car si on ne devait faire aucune différence entr'eux, pour quelle raison l'acheteur prendrait-il la peine de se faire inscrire comme sociétaire et de souscrire une ou plusieurs actions ?

Il y avait aussi une difficulté pratique ; c'est que, quand il s'agit du passant, de l'homme dans la rue, qui vient faire un achat, souvent pour ne plus revenir, il n'est guère possible de lui remettre un carnet nominatif et de l'inviter à revenir dans six mois pour toucher un boni, peut-être sur un seul achat.

La sixième et dernière règle que j'indiquerai, et qui n'est pas la moins intéressante, c'est celle qui consiste à prélever une partie des bénéfices, avant toute répartition, pour l'instruction des coopérateurs : 2,50 % sur les bénéfices, tel est le taux que les Pionniers de Rochdale établirent et appliquèrent avec une persévérance admirable. Elle n'est pas inscrite cependant dans les statuts. La plupart des sociétés anglaises et un grand nombre de sociétés du continent l'ont également adoptée, quoique dans une proportion moins généreuse.

Mais il faut se rendre compte de ce que signifiait cette règle, en 1844. L'instruction publique gratuite et obligatoire n'était pas connue ni même demandée ; elle ne devait même pas exister de longtemps. Il n'y avait que des écoles privées et payantes, ce qui veut dire qu'il n'y avait point d'instruction pour le peuple. Par conséquent, les coopérateurs, en inaugurant un enseignement dans des écoles populaires à l'usage de leurs membres, accomplissaient un acte considérable.

Voilà les règles qu'appliquèrent les Pionniers de Rochdale, dès l'ouverture de leur magasin.

§ 3. — Les premières étapes de la Société des Pionniers.

Et maintenant, je ne puis suivre, jour après jour, année après année, l'histoire de cette société. J'en indiquerai brièvement les principales étapes.

La société commença, dans le magasin de la ruelle du Crapaud, aussi modestement que possible, sans employés payés. C'étaient les Pionniers eux-mêmes, ceux des sociétaires qu'on avait désignés, qui étaient chargés du service des achats, de la vente et des comptes. On n'avait pas de quoi leur payer un traitement suffisant pour qu'ils pussent consacrer tout leur temps au magasin; ils faisaient leur métier durant la journée et ne venaient au magasin qu'à leurs heures libres. Aussi le magasin n'était-il ouvert que certains jours de la semaine et à certaines heures : généralement le soir seulement, à partir de 7 heures, sauf le samedi, parce que déjà à cette époque, l'après-midi du samedi, en Angleterre, était consacrée au repos ; le samedi, le magasin ouvrait de 1 heure à 11 heures du soir.

Le public n'avait accès au magasin que deux jours par semaine et un petit nombre d'heures chaque fois, parce qu'on n'aurait pas pu le servir. Car il venait déjà pas mal d'acheteurs à ce magasin.

Ainsi, on arriva à réduire les frais d'administration dans une proportion étonnante : 1 ½ à 2 % seulement sur le chiffre des ventes ! tandis qu'aujourd'hui un magasin coopératif qui n'aura que 6 % de frais généraux sera déjà considéré comme donnant des résultats magnifiques ; certains ont jusqu'à 10 et 12 % de frais généraux. Pourtant, à mesure qu'il grandit, le magasin de Rochdale dut prendre des employés salariés et le magasin resta ouvert toute la journée.

L'année suivante, en 1845, on ajouta à la vente le thé et le tabac, deux marchandises qui toutes deux, mais le thé surtout, représentaient un mouvement d'affaires considérable. Il fallait une licence spéciale, c'est-à-dire une autorisation du gouvernement pour la vente de ces marchandises.

En 1847, on se mit à vendre de la draperie. Il n'était pas difficile d'en trouver dans le pays, puisqu'on était dans un grand centre d'industrie drapière en Angleterre.

En 1849, on ouvrit un rayon de livres et un cabinet de

lecture pour livres et journaux, où les ouvriers pouvaient passer leur soirée.

En 1850, on ouvrit une boucherie.

La même année, on se lança dans une entreprise de grande envergure mais qui réussit mal, ce fut le premier échec ; on créa un moulin pour la farine. Seulement, il arriva à la société de Rochdale la même mésaventure qu'ont eu à subir plus tard bien d'autres sociétés ; elle eut des employés incapables ou malhonnêtes qui livrèrent de la mauvaise marchandise, et comme la société s'était engagée à ne vendre que de la farine provenant du moulin coopératif, les sociétaires furent très mécontents. Bon nombre s'en allèrent acheter ailleurs la farine dont ils avaient besoin. Le moulin, à la fin de l'année laissa une perte relativement considérable, 500 livres (une douzaine de mille francs-or) que la société dut payer.

Ce fut un grand émoi parmi les sociétaires ; on fit courir le bruit que la société allait faire faillite, et ce bruit trouva d'autant plus de crédit que deux ans auparavant, en 1847, la caisse d'épargne de Rochdale avait fait faillite, ruinant ses déposants ; alors on disait : maintenant, c'est le tour de la coopérative !

On vit alors, comme il arrive toujours en pareil cas, une ruée des sociétaires à la caisse sociale pour demander le remboursement de leurs dépôts ou de leurs actions.

Mais on vit aussi, au milieu de cette panique des sociétaires, d'admirables exemples de foi et de fidélité. On raconte ce trait d'une femme sociétaire. Comme on lui disait : Hâtez-vous d'aller retirer votre argent ! si vous attendez seulement deux jours vous n'aurez rien du tout — elle répondit : « Si la société me fait perdre cet argent, elle ne me fera perdre que ce qu'elle m'a donné, car cet argent je le tiens tout entier des bénéfices qu'elle m'a fait réaliser ». Et elle n'alla pas le chercher.

D'autres, ayant moins de foi, allèrent se faire rembourser, mais furent tout honteux quand le caissier leur dit : la règle est de prévenir huit jours à l'avance ; mais cela ne fait rien, je vais vous donner l'argent tout de suite, sans user du délai normal. Alors quelques-uns, repentants laissèrent leur dépôt, faisant des excuses à la société.

Ainsi, elle traversa cette mauvaise passe et continua sa carrière.

En 1852, elle élargit ses magasins, elle se mit à vendre de

la chaussure, de la bonneterie et même des vêtements confectionnés.

En 1853, elle sortit de son local insuffisant de la ruelle du Crapaud et s'installa dans un vaste magasin.

En 1856 et 1857, elle ouvrit trois succursales en ville, dans les quartiers éloignés de Rochdale, afin que les sociétaires n'eûssent pas trop de chemin à parcourir pour aller faire leurs achats.

Sur ces entrefaites, elle publiait un almanach....

Mais il est inutile de continuer cette histoire, parce que, à partir de maintenant, elle n'a plus d'intérêt. Les jours difficiles sont passés et la société de Rochdale n'aura plus qu'à suivre un courant ininterrompu de développement que je vous ferai mesurer en indiquant seulement quelques chiffres.

La première année, en 1845, la société des Pionniers de Rochdale comptait 74 membres; les 28 du premier jour avaient presque triplé. Elle avait 4.775 francs de capital ; les 700 francs de capital originaire avaient plus que sextuplé. Elle avait vendu pour 17.750 francs de marchandises.

Franchissons dix ans et arrivons à 1855. En 1855, les sociétaires étaient au nombre de 1.400 ; le capital était de 275.000 francs; le chiffre des ventes atteignait 1.120.000 francs (francs-or bien entendu). C'était encore relativement peu de chose, au regard de nos sociétés actuelles, mais vous voyez l'énorme progrès accompli en dix ans.

Et maintenant, si nous passons tout de suite à la dernière année, 1924, nous trouvons 25.000 sociétaires, c'est-à-dire 25.000 familles, correspondant à 100.000 personnes environ; 12 ½ millions francs-or de capital; 16 ½ millions francs-or de vente.

Néanmoins, si beaux que soient ces derniers chiffres, ils ne représentent pas tout à fait ce qu'on aurait pu espérer. Après un demi-siècle d'un magnifique essor, la société de Rochdale a subi un ralentissement. Il semble que les héroïques générations du début n'aient pu être remplacées, ou plutôt ne l'aient été que par d'autres indifférents à la glorieuse histoire des premiers jours.

Cette société est loin, en effet, de tenir le premier rang. Il y a aujourd'hui plus de 30 sociétés coopératives de consommation anglaises qui ont dépassé la société mère de Rochdale ; certaines comptent 25.000, 40.000, 60.000, 80.000 et même 100.000 familles.

Et même ce qui est un peu humiliant c'est qu'il existe depuis longtemps, à Rochdale même, une société concurrente, la « Société des Prévoyants de Rochdale », qui compte 17.000 membres. On ne comprend vraiment pas que dans une ville où l'on a l'honneur de posséder une société comme celle des Pionniers, il se soit trouvé des schismatiques pour en créer une concurrente. Cependant tel est le cas, et on n'a pas encore pu déterminer les dissidents à fusionner avec la société mère.

Je pourrais encore terminer par un reproche adressé aux successeurs, c'est l'acte d'ingratitude qui consiste à s'être désintéressés de la vieille maison de Toad Lane et de l'avoir laissée entre les mains d'un marchand.

Quand j'ai été à Rochdale, il y a une vingtaine d'années, j'ai été scandalisé, comme d'ailleurs tous ceux qui vont à Rochdale, en voyant le vieux magasin des Pionniers occupé par un marchand de serins et autres oiseaux, comme ceux qui sont à Paris, quai de la Mégisserie. Et quand on demandait aux Pionniers pourquoi ils n'avaient pas racheté cette maison maternelle ? ils répondaient : le propriétaire en demande trop cher; il veut nous exploiter.

J'avais demandé à ce moment-là que l'on fît une souscription parmi les coopérateurs du monde entier pour racheter la maison de Toad Lane et l'offrir à la Société de Rochdale. Tout de même, en ces derniers temps, on s'est ému de la situation et, il y a quelques mois seulement, le magasin de la ruelle du Crapaud a été acheté — non pourtant par la Société des Pionniers mais par l'Union Coopérative, organe de toutes les coopératives anglaises. Le propriétaire a sans doute fait quelques concessions pour l'honneur de Rochdale, car la maison n'a été payée que 800 livres, ce qui est, il est vrai, une somme pour nous Français, mais peu de chose pour la Coopération anglaise. Il est vrai qu'il faudra le double pour la restaurer, je veux dire pour la remettre en son état primitif et pour en faire un musée, le musée des Pionniers. Les coopérateurs étrangers n'ont pas été sollicités, mais un certain nombre ont apporté volontairement leur offrande.

Au terme de cette glorieuse histoire peut-être seriez-vous tentés de vous demander s'il n'y a pas là une certaine part d'exagération, si l'histoire, qui n'est pas toujours impartiale, n'a pas mis sur la tête des Pionniers une auréole peut-être un peu légendaire ? Ne pourrait-on dire qu'en somme ils n'ont rien inventé, en ce sens que le programme que j'ai lu et les règles pratiques que j'ai énumérées ont été inventées avant eux ? Ne pourrait-on dire aussi que parmi les 80.000 ou 100.000 sociétés coopératives qu'il y a dans le monde, beaucoup ont commencé aussi pauvrement que les Pionniers ? — Oui, j'en connais qui ont commencé avec un capital aussi modeste que les 28 livres des Pionniers. Et on pourrait dire aussi qu'il y en a qui ont montré autant de persévérance, autant de foi, et qui n'ont pas reçu de l'histoire la même glorieuse récompense. C'est vrai. Mais on peut en dire autant de toutes les grandes œuvres, même dans le monde des arts ou de la littérature.

Il est possible que si les 28 de Rochdale n'avaient pas existé, d'autres fussent venus qui auraient fait ce qu'ils ont fait. Mais gardons nous de cet esprit de dénigrement. Admirons ces ouvriers pour avoir créé plus qu'un mouvement, une doctrine et un programme, qui, à bien des égards, marche de pair avec les programmes des grandes écoles sociales ; admirons que ces « lois », comme il les nomment, tracées par leur main malhabile, aient pu être définitives, aussi bien que les lois gravées sur les tables de pierre où Moïse inscrivit le Décalogue, ou sur des tables d'airain sur lesquelles les Romains inscrivirent la loi des Douze Tables. Et humilions nous, nous professeurs, en pensant que les plus grands socialistes et économistes de leur temps ont parfaitement ignoré le programme de Rochdale et qu'alors que la plupart de leurs doctrines et de leurs systèmes se sont déjà évanouis, celui des tisseurs demeure.

CHAPITRE III.

LA REGLE D'HOWARTH.

§ I. — Les diverses modes possibles de répartition des bénéfices.

Nous avons vu l'ensemble des règles qui constituent ce qu'on nomme le type de Rochdale et qui est devenu, hormis quelques exceptions, comme la charte du mouvement coopératif dans le monde entier.

Mais parmi ces règles il en est une qui caractérise plus spécialement ce type coopératif et à laquelle on attribue presque exclusivement l'essor de la coopération de consommation. C'est celui que j'ai déjà signalé : la répartition des bénéfices entre les membres au prorata des achats faits par chacun, et dont on attribue la paternité à l'un des Pionniers, à Charles Howarth, ce qui lui valut une place hors rang entre ses 28 compagnons. On l'a appelé l'Archimède de la Coopération et même j'ai sous les yeux une pièce de vers où l'on met en parallèle les deux découvertes (1)

Il convient de respecter cet enthousiasme mais toutefois l'historien ne peut oublier que cette idée n'était pas une « découverte », car elle était déjà connue et même avait été mise en pratique, notamment depuis 1827, dans une coopérative

---

(1) Voici, comme curiosité, quelques strophes de ce poème candide que l'auteur, modestement, n'a pas signé — et il n'y a pas lieu de le regretter.

Pour faire l'analyse de la couronne d'un tyran
On fit appel à un grand savant.
Il retourna le problème sous toutes ses faces
Jusqu'à n'en pouvoir plus !

Un jour qu'il cherchait le repos en se baignant,
Immédiatement la loi lui apparut,
Et se précipitant hors de l'eau il se mit à courir,
Criant à tous ceux qu'il voyait dans la rue.

Oh ! ce fut un spectacle inoubliable,
Un spectacle que vous voudriez avoir vu,
Quand Archimède courant ça et là
Criait « *Euréka ! Euréka !* Je la tiens » !

Pour créer une boutique pour de pauvres gens
On fit appel à un tisseur.
Il retourna le problème dans sa tête
Jusqu'à n'en pouvoir plus.

Un jour qu'il cherchait le repos dans son lit,
Instantanément la loi lui apparut
Et dans les ténèbres de sa chambre
Soudain la lumière jaillit.

Oh ! ce fut une inoubliable nuit,
Une nuit historique
Que celle où Howarth, sa femme dormant à son côté,
S'écria : J'ai trouvé ! Oh ! je te tiens !

d' fabrique non loin de Rochdale, et aussi en 1835 par la coopérative des tisseurs lyonnais, comme nous l'avons vu. Seulement, cette idée, comme le grain dans la parabole de l'Evangile, était tombé sur un terrain pierreux et n'avait pas germé ; cette fois, à Rochdale elle trouva un terrain propice.

Il importe donc de revenir sur cette règle de répartition. La question de savoir comment et suivant quelle règle les bénéfices seront répartis dans une société de consommation ne paraît pas, à première vue, très importante mais n'être simplement qu'une question de règlement intérieur.

Pourtant non seulement tout l'avenir du mouvement coopératif en dépend, mais je dirai même que, dans une certaine mesure, toute la question de la répartition des richesses est suspendue à ce point d'interrogation.

Mettons nous d'abord à la place des Pionniers quand ils délibéraient sur le meilleur mode de répartition des bénéfices et voyons quel est celui dont le choix s'imposait.

Il ne faut pas croire que la réponse soit toute simple. Il y a beaucoup de solutions possibles : donc, pour celui qui cherche son chemin, beaucoup de bifurcations.

La première solution et la plus simple qui se présente, est celle-ci :

Pourquoi faire des bénéfices ? Il n'y a qu'à n'en pas faire du tout ! Il n'y a qu'à prendre pour règle de vendre au prix de revient, d'où il résultera que la société ne fera aucun profit. Alors, la question de la répartition sera réglée.

Cette solution a été mise en pratique, au début, par quelques sociétés. Elle a quelques bons arguments pour elle.

On peut dire que le but de la coopération pour des ouvriers c'est de diminuer le coût de la vie le plus possible, et que le meilleur moyen de le réduire c'est de vendre sans bénéfices.

Cependant, l'expérience a montré que cette première solution était désastreuse et que les sociétés qui entraient dans cette voie étaient presque assurées d'un échec.

Certes il n'est pas difficile de s'arranger de façon à ne pas faire de bénéfices ! Seulement, ce qui est difficile c'est, dans ce cas, de s'arranger pour ne pas faire de pertes. En effet, vendre au prix de revient est bientôt dit ; mais ce prix de revient, on ne le connaît qu'à la fin de l'année, quand l'exercice est terminé et qu'on a fait le compte des frais généraux. Si donc on prend pour règle de vendre au prix de revient, il faut commencer par fixer un prix arbitraire ; et si on ne laisse pas une marge suffisante, on est exposé à perdre.

Il y a d'ailleurs d'autres objections.

Si on vend sans bénéfice, au prix de revient, dans ce cas, il n'est plus possible de vendre au public. Il n'y a pas de raison en effet, pour faire bénéficier le public de cette libéralité ; et d'ailleurs si vous vous amusiez à vendre à n'importe qui, au dessous du cours, qu'est-ce qui arriverait ? Les marchands à côté viendraient chercher à ce prix de faveur et revendraient, à la clientèle. Ce sont eux les marchands qui feraient le bénéfice que la coopérative aurait sacrifié !

Et même si on prend pour règle de ne vendre qu'aux sociétaires, il y a encore un certain danger : c'est que des sociétaires peu scrupuleux rétrocèdent à leurs amis ou même vendent au public, avec bénéfice, les objets qu'ils auront obtenus à des prix inférieurs au prix normal. Il y aura là une petite spéculation qui a été assez souvent pratiquée.

Ajoutez comme dernier argument qu'une société qui prend pour règle de vendre au prix de revient, c'est-à-dire de nouer juste les deux bouts à la fin de l'année, s'interdit par là même toute formation de réserve, tout accroissement de capital, et par conséquent, toute expansion. Elle est vouée à la stagnation.

C'est pourquoi il est de règle dans presque toutes les sociétés de vendre au prix courant, au prix du commerce, et par conséquent, de réaliser, dans des conditions normales, le même bénéfice que tout autre commerçant.

Nous voici donc de nouveau en face du problème que nous avions essayé d'écarter.

Ces bénéfices, qu'est-ce que nous allons en faire ?

Ici encore, plusieurs partis à prendre.

Un premier parti consiste à les garder pour la société et de ne les distribuer à personne, afin de constituer un capital, un fonds social, destiné à grossir d'année en année et à assurer par là l'agrandissement automatique de la société.

Nous avons vu que ce premier procédé avait été très généralement pratiqué dans cette période que j'ai appelée la période pré-rochdalienne, en particulier par la société de Brighton, fondée par le Docteur King.

En France même, dans un autre domaine, les sociétés de production fondées par Buchez prenaient pour règle de garder tous les bénéfices, de les accumuler, d'en faire une espèce de fonds de mainmorte, comme on disait dans notre ancien droit pour désigner les biens des congrégations religieuses qui s'accumulaient de génération en génération. Et de même en Allemagne pour les coopératives de crédit mutuel du type Raiffeisen.

Cette solution s'est certainement présentée à l'esprit des Pionniers de Rochdale et a dû trouver parmi eux des partisans, car c'est celle qui répond le mieux à l'idéal socialiste : tout pour la société et écartons la répartition individuelle.

Seulement, que s'est-il passé ?

Ces sociétés pré-rochdaliennes, qui gardaient ainsi tous les bénéfices pour augmenter le capital social, se sont vu abandonnées par les sociétaires et sont toutes mortes très rapidement. Pourquoi ? Parce que les sociétaires n'avaient aucun intérêt à rester dans la société et y faire leurs achats, ou du moins pas d'autre mobile que le sentiment altruiste d'agir pour le bien de la société et pour celui des générations futures. C'est là un mobile qui peut bien déterminer une élite mais qui n'est pas séduisant pour entraîner la masse. Il peut déterminer un homme à sacrifier sa vie, mais non une ménagère à aller régulièrement au magasin.

Ainsi cet idéal a conduit à la ruine les sociétés qui ont essayé de le réaliser, du moins à cette époque. Je dis « à cette époque », parce qu'il n'est pas dit qu'il ne puisse être repris lorsque l'éducation altruiste des coopérateurs sera faite, du moins pour la majorité d'entre eux. Nous verrons que déjà, à cette heure, elle est mise en pratique par un certain nombre de coopératives, généralement socialistes (1).

Mais, à cette époque-là, c'était une tentative tout à fait prématurée.

Nous voici donc amenés au système de la répartition des bénéfices entre les sociétaires.

Mais, ici encore, nouveau carrefour, car on peut les par-

---

(1) Voir notre autre cours de cette même année l'Ecole de Nîmes.

tager de bien des façons différentes, notamment des trois façons que voici :

1° par parts égales ;

2° au prorata de l'apport de chacun en argent, en actions ;

3° proportionnellement au chiffre des achats de chacun.

Voilà les trois solutions entre lesquelles les Pionniers de Rochdale ont eu à choisir.

1° En ce qui concerne la première, le partage égal, elle peut à première vue avoir quelque chose de séduisant, parce qu'on peut dire : dans une société coopérative, nous sommes tous camarades, nous sommes tous frères ! Il n'y a pas de raison pour donner à l'un plus qu'à l'autre.

C'est là une forme de socialisme égalitaire qui serait peut-être acceptable s'il ne s'agissait, en effet, que d'une société fraternelle, d'une famille, laquelle n'est jamais bien nombreuse. Certes, s'il n'y avait eu en présence que les 28 Pionniers, ils auraient bien pu partager entre eux également; ils avaient fait les mêmes sacrifices; ils avaient le même idéal. Mais quand il s'agit de sociétés qui, comme les sociétés de consommation, font appel au plus grand public possible, à la foule, qui compteront un jour cent mille associés, alors ce partage fraternel serait absurde.

Toute société qui prendrait pour règle de partager en famille, doit se résigner à rester une petite famille jusqu'à ce qu'elle meure.

On peut bien écarter toute différence d'ancienneté, mettre sur le même rang les sociétaires derniers venus et ceux de la première heure, mais il n'est pas possible de partager les bénéfices sans aucune acception des services rendus à la société, des apports versés, de l'exactitude pour les achats.

2° Le second système de répartition c'est celui qui est pratiqué dans toutes les sociétés commerciales ou industrielles : c'est le partage au prorata des apports de chacun ; telle est la règle juridique, le droit commun dans tous les pays. Et quoiqu'on puisse la flétrir du nom de capitaliste, elle pourrait assez bien se justifier pour les coopératives.

D'abord, si l'on veut prendre pour critérium du partage les services rendus à la société, on peut dire que le capital est indispensable à la vie de toute entreprise, aussi bien d'une société de consommation que des autres. Il n'y aurait donc rien d'injuste, loin de là, à adopter dans les sociétés coopératives le même mode de répartition que l'on emploie dans toutes les sociétés ordinaires par actions, c'est-à-dire que chacun touchera au prorata de son apport du capital apporté.

En outre, il faut remarquer qu'il n'y aurait pas ici à craindre les mêmes abus qui se produisent dans les grandes sociétés par actions. Dans ces sociétés, il peut être choquant de voir tel gros actionnaire avec un millier d'actions en portefeuille, toucher en dividendes mille fois plus que le modeste co-associé qui n'a qu'une action, mais dans la société coopérative la règle de partager au prorata des actions ne donnerait pas lieu à ces inégalités énormes. Pourquoi ? Parce que dans les sociétés coopératives, le capital apporté par chacun est à peu près le même ; généralement, les sociétaires souscrivent une action, quelquefois deux; ceux qui sont riches peut-être cinq. Et même, dans presque toutes les sociétés coopératives il y a un maximum afin d'éviter ces inégalités de riches et de pauvres. En sorte que si l'on adoptait cette règle de partager au prorata des actions, on n'arriverait pas à des inégalités très choquantes; et même, le résultat ne différerait pas beaucoup du système de partage par parts égales, puisque les capitaux sont à peu près égaux pour les sociétaires.

Mais, d'autre part, il y a des inconvénients graves

Une société coopérative qui adopterait ce système aurait tendance à se fermer, c'est-à-dire à ne pas admettre de nouveaux associés afin de réserver les bénéfices aux anciens sociétaires.

Car remarquez que si le bénéfice de n'importe quelle société coopérative de consommation était réparti entre les actions, il représenterait pour la plupart d'entr'elles un dividende très élevé, à raison de ce fait que les coopératives n'emploient qu'un petit capital relativement à leur chiffre d'affaires. Prenons, par exemple, la société de Rochdale elle-même. Pour la dernière année 1924 nous voyons : capital 460.000 £, bénéfices 81.000 £ (y compris l'intérêt), donc taux 17,5 p. 100, c'est-à-dire des bénéfices supérieurs à ceux de la plupart des sociétés capitalistes. Pensez à ce qu'auraient touché les 28 Pionniers de Rochdale, ou leurs héritiers, si tous les bénéfices réalisés par cette société depuis 80 ans avaient été répartis au prorata du capital versé ! Et je ne vise pas seulement les 28 livres originaires, mais même les capitaux apportés successivement. Seulement il faut dire que cette hypothèse implique contradiction, parce qu'en ce cas la société, au lieu de compter 25.000 familles en serait peut-être encore aux 28 du premier jour et qu'ainsi les 31.000 £ de bénéfices n'auraient jamais pris naissance !

Il y a pourtant quelques sociétés, dites coopératives, qui appliquent ce système ; mais il y en a peu, parce qu'on les renie dans le milieu coopératif. En Angleterre, les fonctionnaires, c'est-à-dire les employés civils et militaires, ont constitué de très grandes sociétés sur ce modèle : les bénéfices y sont répartis au prorata des actions et qui rapportent des bénéfices énormes pour les premiers sociétaires.

3° Abandonnons donc aussi ce mode de répartition que nous laissons aux sociétés capitalistes. Il ne reste donc que le troisième mode de répartition, celui-ci vraiment nouveau dans le monde économique ; nous avons dit qu'il consiste à répartir les bénéfices au prorata des achats, à ne plus considérer dans le sociétaire le capitaliste mais seulement le client, l'acheteur.

Quel est l'avantage de ce mode de répartition ?

Il est double : à la fois pratique et théorique.

Pratique : c'est de stimuler le zèle des sociétaires. On leur dit : peu importe l'argent que vous avez mis dans la société; que vous ayez versé une ou dix actions, cela n'a pas d'importance. Vous toucherez au prorata des achats que vous aurez faits, c'est-à-dire au prorata de l'exactitude, de la fidélité, avec laquelle vous aurez rempli votre devoir de sociétaire. Ceux qui dépensent beaucoup, les familles qui ont à nourrir une nombreuse tablée d'enfants, c'est-à-dire ceux qui sont généralement désavantagés, notamment quand il s'agit des impôts dits de consommation, seront chez nous les privilégiés. Ce sont eux qui toucheront les plus gros dividendes.

La supériorité pratique de ce mode de répartition a été vérifiée par un siècle d'expérience, non pas seulement en Angleterre mais dans tous les pays. Il a assuré le succès du mouvement.

An point de vue théorique aussi, la supériorité de ce système peut se démontrer. Le célèbre économiste Stuart Mill se posait, à peu près à l'époque des Pionniers, cette question : De ces deux facteurs, le capital ou la clientèle, quel est celui qui est essentiel pour la vie de l'entreprise ? Et il concluait, après une laborieuse et obscure discussion, que c'était le premier. Mais la thèse contraire semble bien mieux fondée, du moins quand il s'agit d'une coopérative de consommation. Le service rendu à la société sous forme de consommation régulière est bien plus grand que celui rendu sous la forme d'un apport en capital : il n'y a pas de comparaison entre le sociétaire qui a souscrit une action de 25 ou même de 100 francs et celui qui achète 1.000 francs de marchandises dans l'année.

Il y a une autre signification à ce mode de répartition qui, je dois le dire, n'est pas saisi généralement par les sociétaires, mais qui n'en domine pas moins tout le mouvement coopératif.

A la différence des modes précédents, qui impliquaient l'acceptation de l'idée de profit et de bénéfice, ce mode de répartition est au contraire la négation et la condamnation du profit ; il répond par là à l'esprit du mouvement coopératif, et cela de la façon la plus significative.

Que signifie en effet cette façon de répartir les bénéfices au prorata des achats ? C'est comme si on disait au sociétaire : Vous avez payé, en plus du prix réel, une majoration dite bénéfice que le marchand garde dans sa poche et qui fera sa fortune. Or, nous, sociétés de consommation, nous aurions honte de le garder. Si nous vous l'avons fait payer provisoirement, c'est pour la commodité de nos opérations, mais nous vous le restituons sous ce nom qui est très significatif, le « trop-perçu » : c'est le mot qu'on emploie en français ; on dit aussi la ristourne. Il ne s'agit donc pas de profits au sens moral du mot, au sens économique : c'est au contraire la négation du profit.

§ 2. — Le caractère individualiste de la répartition de Rochdale.

Voilà le système de répartition de Rochdale.

Toutefois, après avoir montré, comme je viens de le faire, quelle est sa supériorité à la fois pratique et d'enseignement social, il faut reconnaître que cette signification du remboursement sous forme de ristournes n'est pas généralement comprise par les sociétaires, et je ne suis pas bien sûr qu'elle le fut même par les Pionniers de Rochdale, même par Charles Howarth.

En effet, si la langue française permet aux coopérateurs

français de faire plus facilement cette différence par l'admirable clarté de ces mots de ristourne ou de trop-perçu, les Anglais, qui n'ont pas cette finesse, appellent cela cyniquement des dividendes, ou, comme l'on dit dans la langue populaire, des *divi*.

Si les Pionniers ont adopté ce système-là, c'est simplement parce qu'ils y ont vu un stimulant, une prime pour déterminer les sociétaires à venir à la société. Mais ils ne prévoyaient pas du tout les immenses bonis que plus tard leurs descendants toucheraient sous cette forme. Aujourd'hui et dans tous les pays, il faut bien dire que les bonis apparaissent à la masse des sociétaires comme des profits.

Et il faut avouer que les sociétaires les attendent, ces *divi*, avec les mêmes sentiments que les capitalistes attendent le dividende de leurs actions. Il n'y a pas de différence. L'attente du *divi*, la joie quand il est gros, la déception quand il est petit, l'indignation quand il fait défaut, tout cela c'est la vie courante du sociétaire anglais. Tout-petits, les enfants connaissent la « copé » et le « divi ». On envoie souvent les enfants faire les achats pour le compte de leur famille ; ils connaissent le chemin de la coopérative. Ils savent que plus on achète, plus il y a à gagner.

J'ai raconté plusieurs fois l'anecdote que voici. Dans une famille ouvrière où un nouvel enfant venait de naître, le petit frère demande d'où venait ce bébé. On lui fit la réponse que font certains parents à cette question indiscrète, on lui dit qu'il avait été acheté chez le marchand. L'enfant répondit : « pourquoi ne l'a-t-on pas pris au store (le magasin coopératif) ? il y aurait eu un bon divi dessus. »

A ce point de vue, la solution admirable des Pionniers de Rochdale n'a peut-être pas eu, au point de vue éducatif et au point de vue de l'idéal coopératif, d'aussi bons effets que ceux que l'on aurait dû en attendre. Ne craignons pas de dire que le système de Rochdale a été une réaction individualiste sur le système précédent de Brighton qui était le sacrifice de l'intérêt individuel à l'intérêt social.

Sans doute il ne fait pas appel à l'intérêt individuel de la même façon que la société capitaliste. Sans doute il y a une différence théorique et pratique entre le dividende des actions et le dividende de la société coopérative ; mais tout de même, il faut reconnaître que si le système de Rochdale a merveilleusement réussi alors que le système précédent avait échoué, c'est parce que le second s'est appuyé sur l'intérêt individuel. Et sa supériorité s'est révélée telle que les anciennes coopératives anglaises qui étaient restées fidèles au principe communiste — il y en avait encore quelques-unes survivantes — ont été contraintes d'y renoncer et d'adopter la nouve'le règle de Rochdale, sous peine de se voir abandonner par leurs sociétaires.

Sans doute était-il nécessaire à cette époque-là, au moment où débutait le mouvement coopératif, de faire appel à ce mobile qui sera toujours, quoiqu'on dise, au premier rang.

Mais aujourd'hui, après 80 ans écoulés, il commence à être battu en brèche. Et on tend à le remplacer, tout au moins du côté socialiste, par un retour au système primitif, c'est-à-dire par l'attribution des bénéfices, soit au fonds social, soit à des œuvres d'intérêt collectif. Et même dans les coopératives neutres, comme on dit, il est rare que les statuts ne prévoient pas un certain prélèvement au profit des œuvres de solidarité. Il est à remarquer pourtant que les statuts des Pionniers ne prévoyaient rien de semblable. L'article 22 dit :

« Les profits réalisés durant le trimestre seront ainsi répartis : intérêt au taux de 3 p. 100 pour les actions entièrement payées; *tout le restant* payé aux sociétaires en proportion des dépenses faites durant le trimestre. »

Aujourd'hui un article qui serait ainsi rédigé dans les statuts ferait aussitôt classer la société parmi les sociétés les plus bourgeoises. Ce n'est pas sans quelque hésitation qu'elle serait admise dans la Fédération Nationale des Sociétés Françaises de Consommation.

Il est vrai que, nonobstant la rédaction individualiste de ce texte, la société de Rochdale avait réservé une part de 2 ½ p. 100 à l'éducation et que presque toutes les sociétés anglaises ont suivi son exemple, bon nombre même en y ajoutant une part pour les œuvres dites de charité.

Néanmoins, si nous prenons les chiffres généraux, nous voyons qu'en Angleterre, la répartition individuelle prend presque tout. Elle ne laisse pas grand chose aux intérêts collectifs.

Voici les derniers chiffres pour l'année 1924, les derniers qui aient paru.

Je fais le total de toutes les sociétés de consommation anglaises.

Le montant des bénéfices a été de 19 millions de livres, ce qui fait 475 millions de francs-or.

Sur cette somme énorme, près de 500 millions de bénéfices annuels, quelle est la part qui a été gardée pour les besoins sociaux ?

a) pour l'éducation 146.000 livres; si vous prenez la proportion, cela ne fait pas même 1 p. 100 (0,75 p. 100). Nous sommes loin des 2,5 p. 100 des Pionniers de Rochdale.

b) comme dépenses de charité, d'assistance, de secours 99.000 livres.

c) si l'on veut compter comme dépense d'intérêt collectif les cotisations à l'organisation centrale, à l'Union Coopérative, inscrivons 37.000 livres.

d) et si vous voulez compter encore la participation aux bénéfices qu'un certain nombre de sociétés, en petit nombre, accordent à leurs employés, c'est 57.000 livres.

En tout donc 340.000 livres : tout le restant, 18.610.000 livres, est réparti en bonis et intérêt pour les actions. Donc un peu moins de 2 p. 100 pour les dépenses collectives et un peu plus de 98 p. 100 pour la répartition individuelle.

Bien entendu, il s'agit là d'un chiffre global ; si nous décomposions ce total, nous trouverions certaines sociétés qui sont beaucoup plus généreuses, donnent des parts beaucoup plus considérables et réduisent la répartition individuelle ; mais, en sens inverse, il y en a d'autres qui donnent tout à la répartition individuelle.

Je crois que si nous avions les chiffres nécessaires pour établir l'affectation des bonis en France, nous trouverions des chiffres très supérieurs au point de vue du prélèvement social, de ce que nous appelons les dépenses de solidarité. Les coopérateurs français s'en font gloire, en disant : Si la coopération anglaise est plus brillante que la coopération française ou que celle des autres pays au point de vue des résultats obtenus, par contre, au point de vue socialiste, ou simplement social, elle leur est inférieure.

Ce jugement est peut-être un peu sévère, car si cette infériorité existe en ce qui concerne les prélèvements statutaires pour

les œuvres de solidarité, elle est largement compensée par les
apports volontaires des coopérateurs anglais pour le développement de leur société.

Voici, en effet, comment les choses se passent en Angleterre.

Oui, la société répartit entre ses membres presque tous ses
bénéfices. Elle leur dit : Voilà ce que nous vous avons pris ;
nous vous le rendons ; c'est votre bien ; il vous appartient.
Mais elle ajoute immédiatement . Votre devoir de sociétaire
est de rapporter à la société ce que vous avez gagné, soit sous
forme de souscription d'actions, soit sous forme de prêt, soit
tout au moins sous forme de dépôt, afin de permettre à cette
société de grandir. Et c'est bien là ce que font les coopérateurs
anglais, non pour la totalité, bien entendu, mais pour une
bonne part. Un tiers environ de tous ces bonis répartis individuellement entre les sociétaires, est rapporté par eux à la
société, sous l'une ou l'autre des trois formes que je viens
d'indiquer, et sert à constituer et à grossir le capital magnifique des sociétés coopératives anglaises qui s'élève aujour-
d'hui exactement à 100 millions de livres sterling (non compris
les immeubles), c'est-à-dire : 2 milliards et demi de francs.

Et sans compter les capitaux énormes des deux Magasins
de gros (un peu plus de 100 millions de livres aussi), dont je
parlerai une autre fois, mais qui ceux-là ne viennent pas
d'apports individuels.

En sorte que l'opposition que j'établissais tout à l'heure
entre les deux modes de répartition : celui où la société garde
tout et celui où elle répartit tout entre ses membres individuellement, n'est pas aussi tranchée qu'il le semble. En réalité
la différence entre les deux systèmes consiste en ceci : c'est
que dans le premier système, le système communiste, la
socialisation, si je puis l'appeler ainsi, des bénéfices est obligatoire ; tandis que dans le système anglais dit individualiste,
elle est volontaire. Dans le système communiste c'est la
société qui, sans demander l'avis des sociétaires, dit : je garde
tout, vous n'aurez rien. Dans le système anglais elle leur dit :
prenez tout ce qui vous appartient, mais je vous mets sur
la conscience de le rapporter. Ainsi la socialisation se fait
tout de même, mais elle se fait sous la forme libre. Au lieu
d'être une infériorité, c'est là une supériorité ; au lieu d'imposer aux coopérateurs une solidarité qui n'a aucune valeur
morale parce qu'elle n'implique aucune adhésion volontaire

de la part des sociétaires et qu'elle est tout simplement
comme un impôt prélevé sur eux, le système anglais fait
appel à la bonne volonté de ses membres.

Je sais bien qu'on peut dire que cet appel à la conscience
des sociétaires n'est pas toujours entendu par tous, puisqu'ils
ne rapportent guère qu'un tiers des bénéfices qu'ils ont
perçus. Et on en conclut que si la société, au lieu de se contenter de faire appel à la bonne volonté de ses membres, avait
tout gardé, aujourd'hui son capital, au lieu d'être de 100 millions de livres, serait peut-être de 1 milliard de livres. —
Erreur ! Si elle avait appliqué ce système de la socialisation
obligatoire des bénéfices, aujourd'hui son capital serait moindre
que ce qu'il est, par cette raison bien simple que dans ce cas,
il y aurait moitié moins ou trois fois moins de sociétaires !
Tous ceux en effet, qui sont attirés aujourd'hui par cette liberté
et par cet appât, d'ordre inférieur, si l'on veut, mais dont on ne
peut discuter l'efficacité, l'intérêt personnel, ne seraient pas
venus, pas plus qu'ils ne venaient dans les sociétés prérochda-
liennes. Alors, à cette socialisation obligatoire, on aurait gagné
d'avoir moins de capital, un chiffre d'affaires bien inférieur,
un mouvement coopératif bien moins développé, qu'avec le
système de la liberté anglaise.

Nous avons en France la contre-épreuve de cette thèse, car
si une plus grosse part dans nos sociétés est faite aux dépenses
sociales, aux dépenses de solidarité, par contre, ce précieux
concours qui est l'apport volontaire des capitaux, sous forme
de dépôt ou souscription d'actions, est tout à fait insuffisant
chez nous. Les sociétaires ne laissent guère leurs bonis en
dépôt à la société mais s'empressent de les toucher; et plus
rarement encore les rapportent-ils sous forme de souscription
d'actions nouvelles ou d'obligations, malgré les objurgations
qu'on leur adresse et les gros intérêts qu'on leur offre. C'est
une des causes de la lenteur relative du mouvement coopératif en France — et actuellement cette situation se trouve
encore beaucoup aggravée par la dépréciation de la monnaie
qui ronge de jour en jour et dévore le capital déjà existant.

CHAPITRE IV.

LES INFLUENCES SOCIALISTES

I

§ 1. — L'Influence d'Owen.

Dans l'histoire du mouvement coopératif anglais, Rochdale marque donc, quoique cette constatation puisse surprendre, une réaction individualiste. Ceci nous amène à nous demander quelles ont été les relations entre le mouvement coopératif anglais et le socialisme.

On enseigne généralement que la coopération anglaise a pour père le socialiste Owen. Il faut donc donner quelques renseignements sur cette filiation.

Et d'abord, Owen était-il socialiste et même communiste, comme on l'a dit ?

Il faut remarquer que le mot « communiste » n'avait pas, à cette époque, le sens qu'il a aujourd'hui. On disait « communisme », dans la première moitié du siècle dernier, comme on disait « coopération » ; le sens des deux mots était alors le même, du moins en langue anglaise.

Quant au mot « socialiste », il n'était guère connu. Sa paternité, si l'on peut dire, a été réclamée par un Français, Pierre Leroux. C'est lui qui, en 1832, puis en 1834, dans un petit livre ayant pour titre *De l'Individualisme au Socialisme*, aurait inventé ce mot dont la fortune a été prodigieuse; et si j'ajoute qu'il semble avoir aussi créé le mot solidarité, on peut penser que Pierre Leroux aurait bien mérité une place à l'Académie française pour forger si heureusement de nouveaux vocables.

Pour en revenir à Owen, il ne semble pas qu'il ait personnellement mené la vie d'un socialiste ou d'un communiste. Fils d'un artisan aisé, il était entré dans l'industrie et était devenu, grâce à ses qualités exceptionnelles, directeur d'une société par actions et, finalement, propriétaire de la plus grande filature d'Angleterre et même d'Europe. Son usine de New-Lanark, en Écosse, comptait 2.000 ouvriers ; elle était devenue un lieu de pèlerinage non seulement pour les industriels, mais pour les philantrophes, les hommes d'Etat, et les personnages les plus considérables du monde entier.

Dans cette fabrique Robert Owen réalisa tous les progrès qui devaient faire l'objet de la législations ouvrière jusqu'à nos jours ; les courtes journées, la protection des enfants et des femmes, les installations hygiéniques, les caisses de retraite et de prévoyance, les cités-jardins, etc.

Mais tout cela semble plutôt révéler un grand industriel doublé d'un philantrope, un précurseur de ceux qui, en France, dans la seconde moitié du XIXᵉ siècle, furent les Dollfus ou les Godin. En quoi donc Owen était-il communiste ?

C'est parce que, en dehors de ses talents d'hommes d'affaires et de grand patron, Owen avait le cerveau rempli par les visions d'une philosophie sociale assez nuageuse ; il l'a exposée en de nombreux ouvrages qui eurent un grand succès, quoi qu'ils ne soient guère lus ni même lisibles aujourd'hui, et dans un journal qui portait le titre significatif : *The New Moral World*, (le *Nouveau Monde Moral*).

L'idée d'Owen c'était que l'homme ne naît ni bon ni mauvais, mais qu'il devient ce que le font les circonstances et, tout particulièrement, le milieu où il a vécu et l'éducation qu'il a reçue. S'il y a en ce monde tant d'hommes ou malheureux ou misérables, c'est parce qu'ils ont eu le malheur de naître dans un mauvais milieu et d'avoir été mal élevés.

Pour réformer la société, pour créer ce nouveau monde moral, il faut donc créer d'abord un milieu approprié où les enfants, dès leur naissance, seraient bien élevés, où seraient abolies les conjonctures qui, dans le monde économique actuel, créent l'injustice et le vice.

De là à essayer de réaliser ce nouveau monde moral, la transition était toute naturelle.

Owen essaya et ce fut un spectacle assez piquant que de voir ce grand homme d'affaires, ce *business man*, comme disent les Anglais, s'évertuer à installer, à côté de sa magnifique fabrique, des colonies communistes. Il n'en installa pas seulement en Ecosse, mais aussi au loin, en Amérique, en 1824, où il acheta dans l'Indiana la colonie communiste de *Harmony*, fondée en 1814 par un socialiste chrétien allemand, Rapp, et qu'il rebaptisa du nom devenu fameux de *New Harmony* (*La Nouvelle Harmonie*).

Mais autant il avait eu de succès dans le domaine des

institutions ouvrières, autant il échoua dans ses expérimentations de colonies communistes.

Il échoua — je n'entre pas dans les détails, ce point étant en dehors de notre cours — parce que c'est une erreur de croire que l'homme est le résultat du milieu. Les colonies communistes ont toutes échoué, précisément parce que les individus qui les composaient, au lieu d'être transformés par le milieu, viciaient ce milieu, le faisant revenir plus ou moins vite à l'état capitaliste — si du moins on pense que le capitalisme est un vice.

Mais, en supposant même que ces tentatives malheureuses puissent justifier pour Owen le qualificatif de communiste, reste à savoir pourquoi on l'appelle aussi le père de la coopération anglaise ? Les sociétés coopératives n'ont pourtant pas grand rapport avec les colonies communistes.

Owen était déjà vieux quand le mouvement coopératif en Angleterre fit ses débuts : il était né en 1771 et devait mourir en 1858, à l'âge de 87 ans ; or le mouvement coopérateur ne commença, lors de son premier et faux départ à Brighton qu'en 1828 et, lors de son envolée définitive, à Rochdale, qu'en 1844. Owen était donc déjà arrivé à un âge où l'homme n'apprécie pas beaucoup les nouveautés et cherche plutôt les réalisations des rêves de sa jeunesse.

Aussi, au premier abord, Owen affecta un grand dédain ; il disait que ce n'étaient pas ces petites boutiques qui pouvaient constituer « le nouveau monde moral ». En effet, il voyait grand et les coopératives étaient encore un tout petit monde.

D'ailleurs, il faut remarquer qu'Owen n'était pas du tout démocrate, comme nous disons aujourd'hui. Il pensait qu'on ne pouvait rien faire sans l'aide d'en haut, c'est-à-dire celle des gouvernements ou des capitalistes. Quant à croire que les ouvriers pourraient, par leur propre effort, réaliser quelque chose de grand, il levait les épaules. D'ailleurs, voici un texte qui ne laisse prise à aucun doute sur son opinion et qui est extrait précisément du journal d'Owen, le *Nouveau Monde Moral* :

« La classe ouvrière toutes les fois qu'elle a voulu diriger une entreprise, n'a jamais réussi. Toutes les fois qu'elle s'est engagée dans quelque œuvre tant soit peu compliquée, impliquant l'unité de vue, la persévérance, elle a toujours échoué aussitôt qu'elle en a pris la direction. »

Voilà un langage bien hautain, surtout dans la bouche d'un homme dont les expérimentations communistes avaient aussi totalement échoué.

Il est intéressant de citer ce texte en le mettant en regard du fameux mot d'ordre que, trente ans plus tard, Karl Marx devait lancer à la classe ouvrière : « L'émancipation des travailleurs ne peut être l'œuvre que des travailleurs eux-mêmes. » C'est précisément le contraire de ce qu'avait dit Owen.

Owen pensait si peu que la classe ouvrière pût s'émanciper par ses propres moyens qu'il déclarait qu'il n'y avait rien à tenter tant qu'on n'aurait pas de gros capitaux à engager dans l'entreprise. Il ne pouvait donc attendre grand'chose du capital de 28 livres des Pionniers. En cela, il pensait comme son contemporain Fourier qui, lui aussi, ne voulut pas commencer la réalisation du phalanstère tant que ne serait pas venu le capitaliste attendu — mais qui ne vint pas.

Et néanmoins, le titre de père de la coopération anglaise, qu'on lui a décerné, n'est pas immérité. C'est parce que, malgré ce que je viens de dire, il a laissé deux ou trois formules qui sont devenues les directives définitives du mouvement coopératif dans tous les pays et qui le seront, à ce que je crois, dans tous les temps.

Il a dit aux coopérateurs dans un Congrès en 1832, presque à la fin de sa vie : « Votre rôle, c'est de vous faire vos propres marchands, vos propres fabricants et de vous procurer ainsi tout ce qui vous est nécessaire au plus bas prix et de la meilleure qualité. » Voilà ! c'est bien là la définition parfaite de la coopération ; ce sont en effet des ouvriers ou des consommateurs quelconques qui se font leurs propres fournisseurs en vue de fournir à leurs propres besoins.

Il y a autre chose. Owen a dénoncé durant toute sa vie le profit comme le vice capital de l'ordre économique actuel, le cancer, disait-il, de la société actuelle. Et, dans la bouche du plus grand industriel de son temps, c'est là une dénonciation qui n'est pas banale.

Si le profit est la plaie de la société actuelle, il en résulte évidemment que la réforme sociale ne peut avoir d'autre but que de supprimer le profit en instituant le juste prix, c'est-à-dire le prix de revient débarrassé de tous les éléments parasitaires, en entendant par là tous ceux qui ne sont pas indispensables pour la continuité et la progression de la production. Or Owen aurait dû comprendre que la coopération de consommation du type de Rochdale c'était précisément la solution cherchée, puisqu'elle a précisément pour but de débarrasser le prix de tout ce qui n'est pas essentiel, ou, si elle réalise des profits, de les restituer à ceux sur qui ils ont été prélevés. Et pourtant il ne semble pas que la règle célèbre à laquelle Howarth a attaché son nom ait frappé Robert Owen.

Mais, en tout cas, si lui n'a pas su revendiquer sa paternité, ses disciples l'ont fait pour lui. Plusieurs des Pionniers de Rochdale étaient des disciples d'Owen.

Il est vrai qu'il n'y a rien là de spécial, car presque tous ceux qui, au milieu du siècle dernier, en Angleterre, se sont engagés dans le mouvement social, à commencer par les Chartistes, étaient des disciples d'Owen.

L'Angleterre n'a pas été très riche en socialistes ; elle ne peut rivaliser avec la France qui est la patrie de Saint-Simon, Fourier, Proudhon, Louis Blanc ; ni même avec l'Allemagne qui a eu Lassalle, Karl Marx (quoiqu'à vrai dire celui-ci doive au milieu anglais tout ce qu'il a appris), Bebel, Liebnecht ; et ni même avec la Russie qui a eu Bakounine, Kropotkine, Lénine. L'Angleterre n'a eu qu'Owen ; aussi lui a-t-elle fait dans l'histoire une place un peu supérieure à son génie.

Son influence sur le mouvement coopératif a été exagéré : et la preuve c'est que la première résolution des Pionniers de Rochdale, celle à laquelle Charles Howarth a attaché son nom et qui est restée comme la marque de fabrique du type coopératif dans le monde entier, à savoir la répartition individuelle des bonis, a été une réaction contre la doctrine communiste d'Owen et même contre la pratique générale des coopératives jusqu'à cette date.

La règle généralement suivie dans la période pré-rochdalienne et même en France dans les coopératives de production fondées par Buchez, et en Allemagne dans les coopératives de crédit, filles de Raiffeisen et qui, comme nous le verrons, revit aujourd'hui dans les coopératives communistes du type de Moscou, c'est la *socialisation des bénéfices*.

Or ce principe communiste fut abandonné — non, il est vrai,

pour des raisons de doctrine mais pour des raisons pratiques,
parce qu'il avait conduit à la mort toutes les coopératives qui
l'avaient adopté. Néanmoins ne craignons pas de reconnaître
que, théoriquement, c'était bien le vrai principe communiste
qui voulait subordonner l'intérêt individuel à l'intérêt social;
non seulement à l'intérêt social présent mais à celui de la
postérité.

Sans doute, le système de Rochdale ne fait pas appel à
l'intérêt individuel de la même façon que la société capitaliste. Sans doute, il y a une différence théorique et pratique
entre le dividende des sociétés par actions et le « dividende »
des sociétés coopératives ; mais tout de même, si le succès a
consacré par tous pays le mode de répartition de Rochdale et
si même il faut dire qu'il a été le principal facteur de tout
le mouvement coopératif, on ne peut nier son caractère individualiste. L'attente du *divi*, comme disent cyniquement les
Anglais, du *trop-perçu* comme le disent pudiquement les
Français, tient une grande place dans la vie des coopérateurs.

Ce n'est pas un reproche : il était nécessaire à cette époque,
au moment où débutait le mouvement coopératif, de faire
appel à ce mobile qui sera toujours, quoi qu'on fasse, au
premier rang : l'intérêt individuel. Mais alors ne persévérons
pas à voir dans les statuts de Rochdale l'émanation des idées
d'Owen.

§ 2. — L'influence des socialistes chrétiens.

Même en admettant que le mouvement coopératif anglais
puisse se réclamer d'Owen, il procède aussi d'une autre
source, socialiste encore, mais toute différente : le socialisme
chrétien. C'est le nom sous lequel ses leaders se désignaient
eux-mêmes *Christian Socialist*.

Le socialisme chrétien a commencé à peu près à la même
date que la coopération, en 1840. Il faut dire qu'à cette époque
l'église protestante, l'église anglicane, était fort peu préoc-
cupée de questions sociales. Jamais l'entente cordiale avec les
possédants, qu'on a tant reprochée aux églises de tous les pays,
l'alliance avec les partis conservateurs, avec la richesse, n'a
été aussi choquante qu'à ce moment-là. Les pasteurs anglicans
étaient, à cette époque, les créatures des lords qui les nom-
maient ; ils menaient la même vie et le révérend galopait

f ère le lord quand celui-ci allait faire la chasse au renard.

Cependant, cette attitude du clergé provoqua une réaction et même une scission. Des églises libres, comme il y en a beaucoup aujourd'hui en Angleterre, mais rares alors, se détachèrent de l'Eglise nationale, s'inspirèrent d'un esprit nouveau. Parmi ces chrétiens, animés de préoccupations sociales, il y avait précisément ceux qui reçurent le nom de socialistes chrétiens : le pasteur Kingsley, le professeur de théologie Maurice ; et aussi des laïques pieux, un avocat, Hughes, un médecin, Ludlow. Indignés de l'indifférence des classes dirigeantes et de l'Eglise pour les misères sociales, ils se donnèrent pour mission de réveiller les consciences. Kingsley écrivit un roman, « Alton Locke », où il dénonce l'exploitation de la classe ouvrière dans le travail à domicile. Il prononça une prédication qui fit scandale et provoqua l'intervention de l'évêque, dans l'église même, le pasteur n'étant pas encore descendu de la chaire. J'ai rapporté dans un autre cours quelques paroles éloquentes de cette prédication de Kingsley (1) : ainsi parlaient Amos ou Jérémie aux prêtres et aux rois de leur temps.

Tout naturellement l'attention de ces hommes de bien se tourna vers le mouvement coopératiste qui venait de naître. Mais ils ne reconnurent pas en lui, tout d'abord, ce qu'ils cherchaient et surtout pas dans les sociétés de consommation. Certes, s'ils avaient compris qu'elles apportaient l'abolition du profit, ils auraient vu en elles des alliés puissants contre ce dieu de lucre, ce Mammon, qu'ils ne cessaient de dénoncer. Mais ce but n'était pas encore très apparent dans les coopératives de consommation et elles-mêmes n'en avaient pas encore conscience. Les socialistes chrétiens ne virent dans leurs magasins qu'une satisfaction donnée à la vie matérielle.

Ils se plaçaient à un point de vue tout à fait différent de celui des Owenistes ; ce n'était pas dans le communisme qu'ils cherchaient la solution : c'était dans l'Evangile qui attache un prix infini à la personne humaine, à l'âme humaine, puisqu'il enseigne que le Christ est mort non pas pour la collectivité, mais pour chaque individu en particulier, pour le plus misérable: « A quoi servirait-il à un homme, dit Jésus, de gagner le monde entier s'il vient à perdre son âme ? » Ils

---

(1) *Les Associations coopératives de production*, brochure I, p. 37

rejettent tout à fait cette doctrine d'Owen que c'est le milieu qui détermine le caractère de l'individu, doctrine qui implique la négation de toute responsabilité, puisque tout coupable peut dire : ce n'est pas ma faute, c'est le milieu qui m'a fait ce que je suis. Ce n'est pas que les socialistes chrétiens aient nié l'influence néfaste du milieu, ce n'est pas qu'ils aient dédaigné les préoccupations matérielles et hygiéniques, spécialement pour la classe ouvrière. J'ai déjà raconté que Kingsley, quand il allait visiter des familles ouvrières dans leur taudis, apportait dans sa poche un vilebrequin et faisait un trou dans la cloison, pour leur donner de l'air, ou bien cassait un carreau de la fenêtre. Mais ils ne croyaient pas qu'il pût suffire de changer le milieu pour faire naître une société nouvelle : c'est l'homme lui-même qu'il faut changer. Comme le dit l'Evangile en termes si forts : la conversion, c'est tuer le vieil homme, c'est une nouvelle naissance.

Cette nouvelle naissance, c'est là ce qu'ils auraient voulu réaliser par l'émancipation du travailleur, par l'abolition du salariat. Or ils ne pensaient pas pouvoir y arriver par des sociétés à caractère communiste mais bien par des associations à caractère individualiste, c'est-à-dire dans lesquelles chacun recueillerait le fruit de son travail, de ses efforts.

Ces associations ce sont les coopératives ouvrières de production, dans lesquelles un petit groupe d'ouvriers se donne pour but de produire ensemble afin de recueillir le produit intégral de leur travail.

C'est pour cela que leur préoccupation se tourna vers la société coopérative de production, parce que celle-ci a un caractère beaucoup plus personnel — tant vaut l'homme tant vaut l'association — tandis que la société coopérative de consommation, précisément parce qu'elle embrasse tous les consommateurs et s'adresse à n'importe qui, a un caractère collectif et même quasi anonyme.

Mais ces coopératives ouvrières de production étaient presque inconnues en Angleterre ; en France, au contraire, elles étaient au tout premier plan de la scène sociale. C'est à cette même époque, en 1848, que le mouvement de la coopération de production s'y manifesta avec éclat. Il y eut là une éclosion extraordinaire de sociétés coopératives non pas sous la forme de consommation mais sous la forme de sociétés de production. Et c'est pourquoi les socialistes chrétiens anglais cherchèrent d'abord à reproduire en Angleterre le type français. On aurait pu cependant leur faire remarquer que les coopératives de production ne visaient nullement à éliminer le profit, tandis que les coopératives de consommation en tarissaient la source, ce qui était plus conforme aux enseignements de l'Evangile. Mais ils ne firent pas cette distinction parce que la distinction entre le profit capitaliste et le divi coopératif était alors peu comprise. Ce qui les frappait dans la coopérative de production c'était l'émancipation des travailleurs. C'était cette foi des ouvriers qui, sans se laisser troubler par les prévisions pessimistes d'Owen affirmant que les ouvriers seraient toujours incapables de créer, ont cru en eux-mêmes et, longtemps avant Karl Marx, ont pensé qu'ils pouvaient s'émanciper par leurs propres efforts.

Malheureusement les coopératives de production anglaises échouèrent encore plus vite qu'en France. Et c'est pourquoi on n'a pas fait aux socialistes chrétiens la part qui leur est due dans le mouvement coopératif anglais. Dans un livre remarquable, le premier livre qui ait vraiment exposé le programme coopératif non seulement anglais mais général, l'auteur, qui s'appelait à cette époque miss Beatrice Potter et qui est devenue Mme Sydney Webb, tout en rendant hommage aux socialistes chrétiens, à leur talent, à leur éloquence, à leur intégrité, à leur dévouement, déclare cependant qu'ils ont fait fausse route et que leur programme à caractère individualiste ne pouvait aboutir à rien. C'est vrai qu'ils ont échoué en ce qui concerne la forme individualiste de la coopération, mais dès qu'ils ont reconnu leur échec ils sont alors revenus à la coopérative de consommation et y ont exercé une très grande influence.

Le célèbre Congrès de 1873, dans lequel a été créée l'Union Coopérative anglaise, c'est-à-dire le gouvernement, en quelque sorte, du mouvement coopératif anglais, a agi dans une large mesure sous l'inspiration et sous le patronage des socialistes chrétiens, de ceux du moins qui survivaient alors, Ludlow et Vansittart Neale. Dans son livre sur le mouvement coopératif anglais, Beatrice Potter le reconnaît expressément.

C'est un de ces socialistes chrétiens, Vansittart Neale, qui a été élu pendant près de vingt ans secrétaire de l'Union

Coopérative anglaise, c'est-à-dire directeur, ce qui ne l'a pas empêché d'écrire plusieurs livres de controverse religieuse.

Un autre grand coopérateur qui durant la même période a été directeur de la Wholesale et a tenu une grande place dans son histoire, Mitchell, avait prononcé au Congrès de Rochdale, en 1892, ces paroles qui ont été gravées sur sa tombe : « Les trois grands facteurs du progrès de l'humanité sont la religion, la tempérance et la coopération. »

Il n'est donc pas exagéré de dire que dans l'inspiration de la coopération anglaise la part des socialistes chrétiens a été plus grande que celle d'Owen.

Ce caractère religieux, et même, peut-on dire, évangélique, n'est pas effacé à l'heure actuelle, quoi qu'il ait été dans une certaine mesure atténué. Pendant longtemps, jusqu'à la guerre, chacun des Congrès des coopératives anglaises a été ouvert par une prédication à laquelle assistaient la plupart des membres du Congrès. Et quoique la coutume de cette cérémonie religieuse ait été abandonnée, cependant dans les discours et les publications coopératives anglaises on retrouve maintes fois encore aujourd'hui ce désir de lier le programme coopératiste aux enseignements de l'Evangile. Ainsi, si je prends l'organe quasi officiel des coopératives anglaises, les *Cooperative News*, je trouve dans le numéro de Noël 1925, qui vient de paraître, les lignes suivantes, à propos de la fête de Noël :

« La coopération est pratiquée dans beaucoup de pays où Christmas n'a pas de signification spiritualiste et par des peuples qui accordent peu d'importance à cette signification. Mais l'idéal de la coopération est bien l'idéal chrétien tel qu'il a été proclamé par son grand Maître, celui pour la naissance duquel les anges chantèrent le cantique de paix : Paix sur la terre aux hommes de bonne volonté ! Et cet idéal, proclamé en cette occasion que Noël commémore, est aussi celui de la coopération. Christmas célèbre la naissance du grand propagandiste de cet idéal sans lequel la Coopération n'aurait jamais réussi à gagner les esprits et les cœurs des hommes. »

D'ailleurs la preuve que l'inspiration des socialistes chrétiens est restée vivante dans le mouvement coopératif anglais se trouve dans l'attraction sympathique qu'il exerce sur la plupart des Eglises, et des Eglises les plus vivantes, dans tous les pays de langue anglaise.

On enseigne même, dans un grand nombre d'églises, que la coopération est, dans l'ordre économique, ce que l'E; lise elle-même est dans l'ordre religieux. Et c'est certainement à cette parenté que le mouvement coopératif anglais doit u' très grand nombre de ses recrues (1).

Néanmoins, depuis la Révolution russe, surtout en Angleterre comme dans les autres pays, il s'est formé dans les sociétés coopératives des noyaux communistes qui se donnent pour but d'entraîner la coopération dans la lutte de classes et pour cela de faire cause commune avec le Syndicalisme International. Mais leur activité provoque une vive réaction de la part de l'immense majorité des coopérateurs anglais.

§ 3. — L'Influence des partis politiques,

Cependant, malgré ces origines et cette inspiration socialiste à deux faces, le mouvement coopératif anglais s'est refusé à prendre le nom de socialiste : il est resté neutre.

Il a proclamé sa neutralité à toutes les époques, avant même les Pionniers de Rochdale, dans une déclaration au premier de tous les Congrès coopératifs, en 1832, déclaration que la coopération se tiendrait en dehors de toute espèce de parti, d'église, et même d'école sociale. Les Pionniers de Rochdale sont restés fidèles à cette règle de neutralité, bien qu'il y eut parmi eux, comme je le disais tout à l'heure, des disciples d'Owen et des Chartistes.

Mais que faut-il entendre par ce mot de neutralité ? Il comporte des significations très différentes.

Veut-on dire qu'une coopérative ne doit pas s'occuper de questions sociales ? Ce serait absurde, puisque la coopérative n'a pas d'autre objet que d'apporter ce qu'elle croit être une solution de la question sociale. Cette solution peut être plus ou moins bourgeoise, si elle ne se donne d'autre but que de diminuer le coût de la vie, de faciliter l'épargne et l'acquisition de la propriété ; plus ou moins socialiste, si elle se donne pour but l'élimination du parasitisme sous toutes ses formes, l'abolition du profit, la conquête du commerce et de l'industrie. Le programme des Pionniers de Rochdale, qui ne visaient

____

(1) Voir plus de détails dans notre cours sur *Le programme coopératif*, brochure IV : *La Coopération et le Socialisme religieux*.

à rien moins qu'à créer une société nouvelle, n'était certainement pas un programme neutre, au sens ordinaire du mot, et encore moins celui de l'école dite de Nîmes.

La définition de la neutralité sera plus facile à donner sous forme négative que sous forme positive, c'est-à-dire en énumérant les points qu'elle exclut de son programme.

Le principe de neutralité se manifeste par le désaveu des règles que voici :

1° Adhésion, formellement exprimée dans les statuts, au programme socialiste et notamment au mot d'ordre de la lutte de classes ;

2° Obligation imposée à tout membre de la coopérative d'adhérer au parti socialiste ;

3° Appui effectif donné au parti politique socialiste en participant à ses congrès, en lui accordant des subventions, en patronant ses candidats dans les élections nationales ou municipales.

Dans un grand nombre de pays il y a aujourd'hui un certain nombre de coopératives, quoiqu'en petite minorité encore, qui ont rompu avec le principe de neutralité en adoptant l'une ou l'autre de ces trois règles, ou même toutes les trois à la fois, d'abord en Belgique et Russie, mais aussi en Finlande, Pologne, Tchécoslovaquie, France, Italie, etc.

En Angleterre et Écosse les coopératives n'ont jusqu'à présent adhéré au socialisme sous aucune des trois formes que je viens d'indiquer. Elles ont cependant depuis quelques années présenté un certain nombre de candidats dans les élections politiques.

Mais est-ce là une infraction au principe de la neutralité ? On peut le contester. On peut dire que les candidats présentés par les coopératives n'appartiennent à aucun parti politique, pas même au parti du Travail (*Labour Party*), mais représentent uniquement le mouvement coopératif. Il n'est pas dit que ces députés des coopératives doivent être socialistes ; en tout cas, bon nombre de ceux qui soutiennent la thèse de la représentation politique ne sont pas socialistes. Le secrétaire général de la *Cooperative Union*, Gray, quoique ayant soutenu énergiquement la nécessité de la représentation au Parlement, déclarait « ne pratiquer en aucune manière les opinions socialistes » (1). Pourquoi donc y tenait-il tant ? Pour des motifs exclusivement d'ordre pratique que voici :

1° La coopération est impuissante à réaliser par son seul effort la société nouvelle qu'elle a promise et que nous attendons, si elle ne s'appuie sur le pouvoir législatif et sur le pouvoir exécutif. On n'arrivera pas à transformer la société uniquement en créant des magasins. En faisant un bloc de tous les capitaux que les coopératives du monde ont amassé péniblement depuis 80 ans, on n'aurait pas de quoi rembourser les frais d'une semaine de la dernière guerre ! Il faut autre chose.

2° La politique est le meilleur moyen de défendre la coopération contre les attaques incessantes de ses ennemis et de combattre les projets de loi qui peuvent être funestes à son développement.

La Coopération ne peut pas se désintéresser des lois fiscales qui ont en ce moment-ci tant d'importance dans tous les pays, non seulement en tant que les impôts réagissent sur les prix et sur le coût de la vie mais en tant qu'ils réagissent sur les budgets des sociétés coopératives et réduisent leurs bonis. De même, la question du protectionnisme, des droits de douane, dont la répercussion sur les prix est indéniable, la répression de la spéculation illicite ou des trusts, comment la coopération pourrait-elle s'en désintéresser ? Et la question de la monnaie et de l'inflation qui, dans tous les pays, particulièrement dans le nôtre, bouleverse toutes les relations économiques ? Et le coût de la vie ? Est-ce que ce sont là des questions que les coopératives peuvent laisser de côté ? Et comment peuvent-elles s'en occuper, sinon en intervenant dans le mouvement politique ?

Et les questions internationales, la paix et la guerre, les rapports entre les peuples, que l'Alliance Coopérative Internationale, véritable Société des Nations, s'efforce de réaliser, peuvent-elles être résolues en se désintéressant de toute politique pour s'enfermer dans le petit monde coopératif ?

C'est cette thèse qui a fini par l'emporter, mais seulement à la suite d'une longue campagne et après avoir donné lieu à des discussions passionnées. Présentée une première fois en 1897 au Congrès de Perth par M. Maxwell (depuis devenu

---

(1) Réponse dans l'enquête ouverte par MM. Alfassa et Barrault et publiée dans *Coopération et Socialisme en Angleterre*, 1909.

président de l'Alliance Coopérative Internationale), elle fut votée, et même à la presque-unanimité ; c'étaient des Écossais et, malgré la latitude, ils ont le tempérament chaleureux.

Mais ce qui montre combien cette motion était prématurée c'est que, quand on en vint à l'exécution, quand on décida de constituer un fonds pour faire de la politique, de toutes les sociétés anglaises il n'y en eut que quatre ou cinq qui répondirent, et on n'arriva à réunir que 73 livres sterling !

Car il faut savoir que les Congrès anglais ne sont pas des Parlements ; ils n'ont qu'une autorité purement morale et leurs résolutions ne lient aucunement les sociétés locales.

Mais la question fut reprise de congrès en congrès, notamment au congrès de Newport (1897), sous la forme d'une résolution ferme : cette fois elle fut repoussée. Sans se décourager, ses partisans revinrent à la charge et finalement, au congrès de Swansea, en 1917, la proposition fut votée à une majorité écrasante de 1.969 voix contre 201. Il vaut la peine de citer le texte de cette déclaration qui est un événement, puisqu'elle marque une époque nouvelle dans le mouvement coopératif anglais.

« Dans l'opinion du Congrès, l'heure est venue pour le mouvement coopératif de franchir l'étape nécessaire pour s'assurer une représentation directe dans le Parlement, comme le seul moyen de faire entendre ses réclamations et de sauvegarder ses intérêts. »

Cette fois, la résolution du Congrès ne devait pas rester à l'état de simple déclaration de principe. Un certain nombre de sociétés ont présenté des candidats aux élections anglaises qui se sont succédées depuis 1917.

Mais cette victoire des « coopérateurs politiques » n'a pas été obtenue sans une vive résistance de tous les vétérans de la coopération anglaise, de tous ceux qui l'avaient dirigée pendant si longtemps et qui représentaient les traditions de Rochdale, les Vansittart Neale, Holyoake, Greening, et ce n'est que lorsque ces grandes voix furent éteintes que les néo-coopérateurs l'emportèrent.

Quels étaient les arguments des vieux coopérateurs dans cette polémique ? Ils ne sont pas surannés et il vaut la peine de les rappeler parce que la discussion n'est pas close et que, d'ailleurs, la question ne se pose pas seulement pour l'Anglele e, mais également pour les autres pays, notamment pour la France.

Le premier c'était l'argument pratique que toute accointance avec les partis politiques aura nécessairement pour résultat de diviser le mouvement coopératif. Et c'est bien en effet ce qui a eu lieu ; partout où la neutralité a été méconnue, on a vu se créer des organisations rivales et la Coopération s'épuiser en efforts pour rétablir l'unité.

Si la coopération a pu voir venir à elle les foules, sans distinction de couleur politique ou d'opinion religieuse, si elle a pu abriter dans sa maison toutes les opinions, toutes les couleurs, c'est parce qu'elle n'avait aucune couleur politique ; mais si elle prend une étiquette, une cocarde, nécessairement elle va écarter d'elle tous ceux qui, dans le mouvement coopératif, ne partagent pas cette opinion, n'acceptent pas cette cocarde.

Il y a, parmi les coopérateurs anglais, aussi bien des conservateurs que des socialistes, des bourgeois que des ouvriers. Celui qui a fait voter la loi organique des coopératives, en Angleterre, en 1852, avec l'appui des socialistes chrétiens, Ludlow, était un conservateur. Parmi les promoteurs de la coopération en Allemagne, en France, en Russie, bon nombre, et non des moindres, auraient été classés, politiquement parlant, plutôt à droite. Tous ceux-là vont donc être écartés ? Et alors ils créeront, de leur côté, une Union coopérative ; de sorte qu'il y aura deux fédérations, l'une rouge, l'autre blanche, et peut-être une troisième jaune ou noire, et cette belle unité du mouvement coopératif anglais, qui ralliait déjà presque la moitié de la population anglaise et qui avait pour ambition de l'embrasser un jour tout entière, risque de disparaître pour faire place à une misérable concurrence entre Fédérations rivales ?

Un autre argument pratique, c'est que pour faire de la politique il faut de l'argent. Nous le savons assez en France : pas d'élections sans une caisse électorale. La caisse, on la remplira avec quoi ? Avec les bénéfices de la coopérative ? Pourtant n'oublions pas que ces bénéfices sont le résultat de la fidélité de tous les membres, sans distinction d'opinion politique, et on leur donnera cet emploi spécial de servir à l'élection du candidat dont les votes seront peut-être en désaccord avec les opinions des membres de la société : c'est presque un détournement de fonds !

Il y a encore un autre argument non plus d'ordre pratique mais de doctrine, c'est que engager la coopération dans la voie politique c'est la diminuer, c'est la déprécier, c'est lui enlever ce qui fait sa vertu. Dans l'enquête que nous venons de rappeler, un des administrateurs de la Wholesale anglaise, M. Clapessonni, avait répondu : « La coopération est la seule grande plateforme sur laquelle les hommes de toutes croyances et de toutes opinions politiques puissent se rencontrer dans une entente fraternelle pour l'amélioration de l'humanité. » Il faut la maintenir dans cette sphère supérieure.

Ces objections sont-elles écartées par ce système mitigé qui consiste à former un parti purement coopérateur auquel les membres des sociétés apporteront leur vote, sans distinction d'opinion, parce qu'ils chercheront dans la personne du candidat non le socialiste, ou le conservateur, ou le libéral, mais simplement le coopérateur ? Je ne le crois pas : ce n'est là qu'une conception purement théorique parce qu'on ne peut pas rester coopérateur tout court et il faut bien prendre position sur les autres questions qui se posent.

Il est impossible en effet pour les candidats, durant la campagne électorale, de faire bande à part et de ne pas former des alliances avec les candidats des autres partis, et plus difficile encore de ne pas attaquer ceux du parti opposé, difficile d'entraîner les électeurs avec un programme neutre et un drapeau portant les sept couleurs du prisme, comme celui officiellement adopté par l'Alliance Coopérative Internationale. Et, une fois élus, il est impossible que ces députés, qui ne seront qu'une poignée, constituent un groupe à part qui ne s'assiera ni à droite ni à gauche mais, comme Lamartine disait orgueilleusement pour lui-même : au plafond.

Si une question politique se pose devant la Chambre, quand il faudra savoir si l'on doit ou non faire tomber le ministère, il est évident que les coopérateurs devront agir non plus comme coopérateurs, mais comme socialistes, comme travaillistes, comme conservateurs ou comme libéraux ; il faudra donc nécessairement qu'ils se divisent.

Néanmoins il faut reconnaître que cette adhésion du mouvement anglais à la politique n'a pas le même caractère que dans d'autres pays, par exemple, en Belgique où l'union

re les sociétés coopératives et le parti politique socialiste
es un vrai mariage, où le parti politique, le syndicalisme et
les coopératives ne font qu'un. Il en résulte que, dans les
élections, les sociétés coopératives fournissent de l'argent
exclusivement pour les candidats socialistes ou candidats
coopérateurs qui sont sur la même liste. Il n'en est pas de
même en Angleterre. Nous répétons que ce que les coopérateurs anglais ont voulu ce n'est pas précisément de prendre
pour consigne de voter, en tout état de cause, pour le candidat
socialiste. Ils ont voulu créer un parti nouveau. On sait qu'en
Angleterre, pendant des siècles, il n'y a eu que deux partis,
les « whigs » et les « tories », et que depuis quelques années
il s'est formé un troisième parti, le « labour party », dont le
chef, M. Mac Donald, a été même momentanément premier
ministre. Il y a donc trois partis et ce n'est plus, comme pendant des siècles, la balance entre Whigs et Tories ; c'est le
système triangulaire, ce qui rend la tâche du gouvernement
beaucoup plus compliquée.

On passerait donc maintenant au système quadrangulaire,
en créant le parti coopérateur.

Mais il est plus probable que l'entrée dans la politique, pour
les coopératives, aboutira simplement à l'adhésion au parti du
Labour Party. Et c'est bien ainsi que l'entendent tous ses prota-
gonistes. Quelques-uns même ont demandé que cette adhésion
fut formellement déclarée. Déjà des négociations pour présenter les mêmes candidats ont été engagées.

En tout cas, ce ne sera pas pour demain, car le succès de
cette tentative a été bien minime. Les coopérateurs anglais
qui sont au nombre de 4.500.000 familles, ce qui fait 8 à 9
millions d'électeurs avec les femmes (on sait qu'en Angleterre
les femmes ont droit de vote) au lieu d'avoir au Parlement
une représentation correspondant à leur nombre — elle
devrait être en ce cas près de la moitié des députés — n'ont
jamais eu jusqu'à présent plus de cinq ou six élus. C'est un
résultat un peu humiliant.

Toutefois le nombre des coopératives qui s'affilient au
« parti politique coopératif » augmente rapidement : il s'élève
aujourd'hui à plus de 400 sociétés comptant plus de 2 millions
de membres, mais le total des souscriptions n'atteint encore
que 5.500 livres, ce qui est minime. Néanmoins il n'est pas

impossible que l'ambition des coopérateurs anglais ne soit un jour satisfaite et qu'ils ne constituent le quatrième parti.

J'hésite à le leur souhaiter. Pourquoi, dira-t-on, ne pas souhaiter de voir se constituer, à côté du parti du Travail, le parti des Consommateurs ? C'est que précisément le consommateur doit être au dehors et au-dessus des partis, même du parti du Travail.

CHAPITRE V.

LES WHOLESALES

§ 1. — Les raisons d'être des Magasins de Gros.

Les sociétés coopératives que nous avons vues jusqu'à présent sont les sociétés du premier degré, que les Anglais appellent les *stores*. Ce mot de store est appliqué spécialement aux magasins coopératifs pour les distinguer des magasins ordinaires qu'on appelle *shops* ; on dit des dames qui s'amusent à faire des emplettes toute la journée qu'elles font du *shopping*.

Le store est, dis-je, la société coopérative du premier degré ; cela suppose qu'il en existe du second degré. En effet : la société coopérative du second degré c'est celle qui est formée non plus entre individus mais entre sociétés ; c'est une coopérative de coopératives.

Et de même que c'est à l'Angleterre que nous devons la création ou, en tout cas, les premiers succès des coopératives du premier degré, c'est à ce même pays que nous devons la création des coopératives du second degré, qu'on appelle aussi Unions ou Fédérations de coopératives.

Quels sont les avantages de ces coopératives de coopératives ? Ils sont très nombreux.

Il y a d'abord cet avantage, le même que celui des coopératives du premier degré, de réduire le prix du produit vendu en supprimant le profit du marchand de gros, tout comme la coopérative du premier degré supprime le profit du marchand de détail.

C'est donc un cran de plus que l'on gagne, un pas de plus

l'on fait vers cette limite qu'on n'atteint jamais mais dont
erche à se rapprocher sans cesse : ramener le prix de
té au niveau du coût de production.
Mais il y a d'autres avantages qui sont loin d'être négligeables.

Le second c'est de permettre la production, ou du moins de
la faciliter. La fabrication est presque impossible pour les
sociétés du premier degré, parce que pour installer une
fabrique il faut pouvoir compter sur un grand nombre de
consommateurs ; un store ne peut suffire à lui tout seul
pour alimenter par exemple, une fabrique de chaussures ou
une meunerie. Direz-vous qu'elle pourrait, comme n'importe
quelle autre fabrique, vendre au public ? Alors elle sortira
de la coopération.

On peut dire que c'est ce second avantage qui s'est présenté
le premier à l'esprit des coopérateurs et qui a fait naître les
premières fédérations. Mais je ne fais que signaler ce fait
aujourd'hui : nous le retrouverons dans une prochaine leçon.

Le troisième avantage c'est d'aider à la naissance et au
développement des sociétés du premier degré, des stores,
car c'est surtout quand elles sont petites, quand elles sont
encore à l'état naissant et qu'elles n'ont ni expérience ni capitaux et que, comme le petit rejeton qui pousse dans une forêt,
elles risqueraient d'être étouffées si elles restaient abandonnées à elles-mêmes, c'est alors que la tutelle des Fédérations est nécessaire.

Grâce à la Fédération d'achat ces sociétés se trouvent
placées dans les mêmes conditions que les grosses sociétés ;
la Fédération leur fournit les produits aux mêmes prix
qu'aux grandes sociétés. Tout fabricant a un prix différent
pour chaque client, selon son importance ; mais la société
coopérative du second degré ne fait pas de différence ; elle
traite toutes les sociétés sur le même pied.

Elle aide les sociétés non seulement en leur fournissant les
marchandises au plus bas prix mais encore les aide en leur
fournissant des renseignements, des instructions, des conseils.
Il faut penser qu'une petite société, quand elle se fonde, a à
sa tête des administrateurs qui n'entendent rien au commerce
d'épicerie ; ils ne savent pas acheter, ils ne connaissent pas

la qualité des marchandises. Eh bien, la société de gros est là
pour leur dire ce qu'il faut acheter ; elle leur envoie la liste
de ce qui est nécessaire pour débuter. La petite société qui
vient de naître n'a qu'à écrire simplement à la société de
gros pour lui dire : Je suis une petite société, avec 200, 300
membres ; dites-moi ce qu'il faut pour garnir mon magasin
et envoyez le tout, assorti. — Et le Magasin de Gros coopératif
envoie ce qu'il faut, comme un traiteur envoie un dîner pour
100 couverts, avec la vaisselle, quand on le lui commande.

Elle ne se borne pas à envoyer des marchandises : elle
envoie des hommes là où il faut, des experts pour rétablir les
comptabilités en désarroi, des conseillers juridiques pour les
affaires litigieuses. Même la Wholesale de Manchester prend
en charge les sociétés sur le point de sombrer et les soigne
jusqu'à complète convalescence.

Le quatrième avantage c'est de défendre non seulement les
petites sociétés mais tout le programme coopératif contre ses
ennemis. Le mouvement coopératif a, dans tous les pays, des
ennemis acharnés, non seulement les marchands qu'il expro-
prie mais aussi tous ceux qu'inquiètent les ambitions coopératives. Il faut se défendre. On a vu souvent, dans bien des
pays, les fabricants, les marchands de gros, décréter le boycot-
tage des sociétés coopératives. Ils décident, par exemple,
que tout fournisseur qui livrera à la société coopérative sera
boycotté, ou que tout employé qui se servira à leurs magasins
sera mis à la porte. Ou encore on demande à l'Etat de défendre à ses fonctionnaires d'adhérer à une coopérative ou de
faire partie de son conseil d'administration.

Contre ces attaques, les petites sociétés sont impuissantes
à se défendre. Au contraire, une grande Fédération comme
celles dont vous allez voir la puissance, est en état de lutter
contre les plus grands fournisseurs, et même contre les trusts.
On a vu en Angleterre la société de gros dont je vais vous
parler, le Wholesale de Manchester, lutter victorieusement
contre le trust des savons mené par Lever, le grand fabricant
du savon Sunlight.

Tout le monde connaît les allumettes suédoises. Leur fabrication est entre les mains d'un trust qui voulait fixer les
prix. Eh bien ! la Fédération coopérative de Suède a lutté
contre le trust et a été victorieuse.

Un cinquième avantage que j'indiquerai encore c'est d'entretenir l'esprit coopératif par des journaux, par des publications, par des tracts, par des conférences, par des cinémas, par des Congrès nationaux et internationaux, par la publicité, par tous les moyens dont disposent les grandes organisations capitalistes et dont les grandes organisations coopératives peuvent user également avec le même succès.

Vous remarquerez que ces avantages que je viens d'énumérer peuvent se diviser en deux ordres différents : les uns sont d'ordre purement économique, je dirais même commercial, si le mot de commerce ne devait être banni du monde coopératif, tandis que les autres, le dernier surtout, sont d'ordre moral et intellectuel.

Il pourrait donc y avoir lieu à une sorte de division du travail qui donnerait naissance à deux formes d'organisation, l'une la Fédération morale ; l'autre la Fédération d'affaires ?

Tel est, en effet, le cas, mais présentement nous ne parlerons que de la seconde.

§ 2. — Les premiers essais.

Les avantages que je viens d'énumérer sont trop manifestes pour que quiconque aborde la coopération n'en soit pas frappé et ne s'efforce par conséquent de les réaliser par la création d'une fédération d'achats, magasin de gros, union économique, quel que soit le nom qu'on voudra lui donner.

De très bonne heure, en effet, il y a eu en Angleterre des organisations coopératives avec l'un ou l'autre des deux caractères que je viens d'indiquer.

Dès le lendemain de la naissance des Pionniers de Rochdale dont je vous ai raconté l'histoire, en 1851, deux socialistes chrétiens dont j'ai donné les noms, Hugues et Vansittart Neale, avaient tracé le programme de ce que devait être cette Fédération. Voici comment ils s'exprimaient :

« Il s'agit de créer une institution financière et légale afin d'aider à la création des stores et des sociétés, pour leur permettre d'acheter ou de vendre, et finalement pour organiser entre elles le crédit et l'échange. »

C'est bien là un résumé exact de sa fonction et tout à fait remarquable, si l'on pense qu'il y a trois quarts de siècle que ce programme a été rédigé.

Peu après cette date, en 1855, avait été fondé une coopérative de coopératives, un magasin d'achats ; il avait duré trois ans et avait échoué.

Ensuite, les Pionniers de Rochdale s'étaient efforcés de créer eux-mêmes cette société au second degré ; ils avaient essayé, en 1860, de faire de la Société des Pionniers, une société au second degré qui grouperait autour d'elle les déjà assez nombreuses filiales des Pionniers qui s'étaient constituées. Mais cette tentative n'avait pas réussi non plus.

C'est Vansittart Neale qui, très généreusement, avait payé tous les frais de l'expérience et même de celles qui suivirent. Il engloutit dans cette aventure la presque totalité de sa fortune qui était considérable.

Il y eut encore d'autres expériences, également malheureuses et dont l'historique serait sans intérêt.

Mais pourquoi ces échecs successifs, et cela non seulement en Angleterre, mais dans tous les pays, en France notamment où nous avons passé également par ces expériences malheureuses ? Pourquoi ces échecs, puisque les avantages semblent si évidents ? Pourquoi toutes les coopératives n'accourent-elles pas pour former ce magasin de gros ? Pourquoi ne naît-il pas, pour ainsi dire, spontanément, sans effort et sans peine ?

C'est que la création d'une coopérative au second degré est beaucoup plus difficile que la création d'une coopérative au premier degré, et cela pour deux raisons.

Il y a d'abord cette raison que si déjà pour une société locale il n'est pas commode de réunir un nombre suffisant de personnes, si même là on se heurte aux mauvaises volontés, c'est bien pire quand il s'agit de rallier des sociétés coopératives déjà formées ! Vous pourriez croire qu'elles ont déjà l'intelligence de la coopération et le sentiment de la solidarité, puisqu'elles le prouvent par leur existence même ? Eh bien, non ; les grandes sociétés sont généralement réfractaires à l'union — aussi bien que les grandes puissances à adhérer à la Société des Nations — parce qu'elles estiment que c'est abdiquer une part de leur souveraineté que de venir adhérer à une organisation supérieure, que de renoncer à faire elles-mêmes leurs achats comme ces petites sociétés que je supais tout à l'heure, et dire humblement au Magasin de gros : Voyez-nous ce que vous jugerez utile de nous envoyer.

Les administrateurs des grandes sociétés n'acceptent pas d'être traités en mineurs, ils se considèrent comme tout aussi capables de traiter avec de grands fournisseurs et de faire de grandes affaires que les administrateurs des sociétés de gros.

Et les Magasins de gros ont beau leur dire : Si vous n'avez pas besoin de nous, les petites sociétés en ont besoin, et la solidarité coopérative vous fait un devoir de nous soutenir pour les aider ! Ces exhortations restent souvent sans effet. Il faut reconnaître qu'en Angleterre elle ont fini par rallier toutes les sociétés. Mais en France, il en est, comme une des grandes sociétés de Paris, La Bellevilloise, qui depuis quarante ans se refuse à adhérer à l'Union, à la Fédération ou au Magasin de Gros. Il en a été de même en Italie de la plus grande coopérative « l'Union Coopérative de Milan ». C'est pour elle une question de dignité.

En admettant qu'on arrive à les convaincre et à les rallier, une autre difficulté surgit : c'est qu'il est très difficile de réunir les gros capitaux nécessaires à l'entreprise, alors que les sociétés locales en manquent le plus souvent pour elles-mêmes; très difficile de trouver des administrateurs pour une société coopérative de gros qui va faire un chiffre d'affaires s'élevant peut-être à des centaines de millions. Quand il s'agit d'ouvrir un petit magasin, les premiers venus peuvent acquérir assez vite les connaissances voulues; ce sont des employés des postes, des instituteurs, des professeurs de lycée; ils apprennent le métier sans trop de difficulté, et sans que leur apprentissage et les bévues inévitables soient trop onéreuses pour la société. Mais quand il s'agit d'une entreprise qui va concentrer les affaires de mille sociétés, et qui devra leur servir de tuteur, leur donner des conseils, leur dire ce qu'il faut faire, il n'est pas facile de trouver des administrateurs qui aient les aptitudes nécessaires pour prendre de telles responsabilités.

Ce qu'il y a d'admirable c'est qu'en Angleterre on en a toujours trouvé. Quelques-uns même ont laissé une réputation inoubliable de capacité et de dévouement. Je ne veux pas entrer ici dans des détails biographiques, mais dans l'histoire coopérative anglaise on se rappellera toujours le nom du directeur du Magasin de Gros de Manchester, Mitchell, ou de celui du Magasin de Gros d'Ecosse, Maxwell, ou du secrétaire de l'Union Coopérative, Vansittart Neale, les uns sortis du peuple, le dernier de la haute bourgeoisie, qui ont mis au service de la Société non seulement le dévouement le plus complet mais des capacités remarquables — et cela pour un salaire dont le plus modeste administrateur d'une société capitaliste de troisième ordre ne se serait pas contenté : autrefois 350, puis 650 livres, et aujourd'hui, si je ne me trompe, 850 livres (22.000 francs-or). Ainsi avoir toujours trouvé des hommes comme ceux-là, prêts au service social, voilà ce qui a valu au mouvement coopératif anglais sa supériorité sur les autres pays.

Une autre difficulté, mais celle-ci spéciale à l'Angleterre et que je ne mentionne que pour mémoire, c'est qu'à cette époque-là, vers 1850, la loi anglaise rendait presque impossible la création de coopératives au second degré. La loi ne permettait pas à une association de devenir membre d'une autre association : toute association ne devait être composée que d'individus. Et d'ailleurs, même en France, on a eu beaucoup de peine à faire entrer les coopératives du second degré dans les cadres de la loi. Les pouvoirs publics les ont toujours redouté.

Il y avait aussi des obstacles d'ordre juridique. Dans les sociétés du premier degré on n'est engagé, comme dans les sociétés par actions, que jusqu'à concurrence de la somme souscrite ; mais ceux qui entraient dans une société du second degré devaient s'engager sur tous leurs biens pour les dettes de la société. C'était donc un risque vraiment prohibitif.

C'est ici que nous retrouvons l'action des socialistes chrétiens, Vansittart Neale et Hughes, qui ont fait campagne pendant dix ans auprès du Parlement pour faire changer la loi et qui finalement y sont arrivés. La loi de 1860 a modifié la loi de 1852, de façon précisément à permettre la création de coopératives de coopératives. On peut donc dire que c'est aux socialistes chrétiens qu'est due la possibilité de créer légalement ces coopératives du second degré.

J'ai parlé tout à l'heure du dévouement de ces administrateurs. Voici, à l'appui, une petite anecdote.

Vansittart Neale, qui était avocat de sa profession et qui avait mené toute cette campagne de dix ans pour faire aboutir la loi d'où est sorti l'essor du mouvement coopératif en Angleterre, reçut pour honoraires 7 guinées; et il en rendit

ur les victimes de la crise cotonnière qui sévissait à ce
ment-là.

C'est pourquoi, malgré tous les échecs, ces hommes de foi
ne se découragèrent pas et finalement, en 1863, au mois
d'août, ils créèrent ce qui s'appelait — je traduis le long
titre anglais : « Société d'Industrie et de Prévoyance pour la
vente en gros dans le Nord de l'Angleterre. »

C'est ce long titre qui est aujourd'hui connu dans le monde
entier comme celui d'une des premières firmes du monde
et qu'on a abrégé sous le nom de *Cooperative Wholesale
Society* (wholesale veut dire simplement vente en gros) ou
désignée plus simplement encore, par les trois célèbres majuscules C. W. S.

C'est à Manchester, ville voisine de Rochdale, que fût établi
son siège social et c'est là un fait sur lequel il vaut la peine
de s'arrêter. Cela ne vous dit rien que cette coopérative de
gros qui a transformé le mouvement anglais, soit née à Manchester ? C'est à Manchester, on peut le dire, qu'était née
l'école libérale économique. Dans les livres d'économie politique, dans les cours et dans les traités on la désigne fréquemment sous le nom de doctrine de Manchester, le manchester-
rianisme (*Manchesterthum*). On entend par là non seulement
la doctrine du *free trade* mais celle du capitalisme pur, de
l'individualisme, de la concurrence, du *struggle for life*.

Il est donc assez émouvant de voir cette ville qui a été
la cité des grands marchands, des marchands qui ont fait la
conquête du monde par leurs exportations, cette capitale du
profit ! — devenir la capitale de l'école de la coopération qui
va s'opposer précisément à celle de la concurrence et se donner
pour programme la suppression du profit.

Il n'y a qu'un point sur lequel les coopérateurs s'accordent
avec l'école de Manchester, c'est sur le libre échange entre
les peuples. C'est à Manchester que s'est formée, précisément
à cette époque-là, vers 1840-1845, la fameuse Ligue du Libre
Echange, avec Cobden, avec John Bright, dont la statue figure
précisément sur une place de Rochdale. Et pourtant même ici
il y a une grande différence, car les coopérateurs, tout en
prenant pour idéal le rapprochement des nations par l'échange
international, néanmoins répudient cette politique commerciale qui se donne pour but la conquête des marchés du

monde. Le libre-échange ne doit être accepté par eux que comme une forme d'association coopérative entre les peuples (1).

Mais revenons à nos Fédérations. En Ecosse, on n'a pas tardé à suivre l'exemple de l'Angleterre et en 1868 un magasin de gros a été créé aussi à l'exemple du Magasin de Manchester, à Glasgow.

On peut se demander pourquoi deux magasins ? Puisqu'on poursuit l'unité et qu'on veut grouper le plus de coopérateurs possible afin d'avoir la plus grande puissance, pourquoi avoir créé deux fédérations, l'une pour l'Angleterre, l'autre pour l'Ecosse ?

Il est vrai que l'Angleterre et l'Ecosse ce n'est pas la même chose ; tout le monde sait que lorsqu'on appelle Anglais un Ecossais, il répond avec quelque humeur qu'il n'est pas Anglais mais Britannique. Il y a des différences de tempérament, de caractère, et des traditions historiques qui expliquent dans une certaine mesure cette séparation.

Toutefois il est à remarquer que dans cette circonstance les coopérateurs écossais avaient abdiqué ce préjugé nationaliste. La Wholesale de Glasgow avait demandé elle-même à la Wholesale anglaise de l'admettre comme une simple succursale. Ce fut la Wholesale de Manchester qui déclina, quoique cordialement, cette offre pourtant si digne de servir de leçon aux coopératives orgueilleuses dont je parlais tout à l'heure. Elle répondit : Il vaut mieux que vous vous administriez vous-mêmes; nous avons assez à faire en Angleterre. En ceci elle se montra plus anglaise que coopératrice.

Les deux Fédérations sont néanmoins en termes très cordiaux et dans ces derniers temps, elles ont commencé à coopérer à certaines entreprises communes, telles que celles dans les colonies; mais enfin, il y a là deux organisations distinctes.

Nous verrons, par contre, qu'il n'y a qu'une seule Fédération morale, la *Cooperative Union*, pour l'Angleterre et l'Ecosse et même pour l'Irlande.

____

(1) Voir la brochure VI de notre Cours de 1924 : *Le programme coopératiste et le Commerce International.*

§ 3. — L'histoire de la Wholesale anglaise.

Parlons d'abord de la Wholesale de Manchester. L'histoire de cette puissante organisation a suffi pour remplir un gros volume (1). Je ne puis que résumer, en quelques chiffres et quelques dates, les étapes successives.

En 1864, début difficile, à raison des obstacles annoncés tout à l'heure. Pas d'appui près des grandes sociétés anglaises et, ce qui est scandaleux, même pas d'appui de la société des Pionniers de Rochdale. Et cependant, parmi les fondateurs du Magasin de Gros de Manchester il y avait quatre des 28 Pionniers de Rochdale : il y avait le célèbre Charles Howarth, dont j'ai longuement parlé dans la précédente leçon ; il y avait le caissier Cowper. La C. W. S. ne trouva donc pour l'aider que les petites sociétés; mais cela ne suffisait pas pour la faire vivre car il fallait des capitaux. Quand il s'agit d'ouvrir une épicerie il n'est pas nécessaire de disposer de fonds considérables; mais quand on doit acheter des marchandises pour approvisionner des centaines de sociétés, il faut des locaux immenses et des sommes énormes.

Tout de même, le Magasin de gros de Manchester surmonta cette maladie de la première enfance qui avait été fatale à ceux qui l'avaient précédé. Cependant, en 1870, le Journal des Épiciers de Manchester (*The Grocer*) engagea une campagne contre la C. W. S. Il y a toujours eu des journaux d'épiciers, et ils ont toujours été les plus féroces ennemis des coopératives : il y en a un à Paris actuellement. Et depuis trois quarts de siècle ils redisent tous les mêmes choses, notamment que la Coopération n'en a pas pour longtemps. En 1870, celui de Manchester écrivait déjà : « Le mouvement coopératif, en vue de révolutionner le commerce, est un échec. »

C'est précisément à cette date que le Magasin de Gros allait prendre un essor prodigieux.

En 1872, il créa une banque pour fournir des capitaux à toutes les sociétés coopératives. La banque est, en effet, l'instrument le plus puissant, puisqu'il donne le crédit.

La même année, 1872, il ouvre ses premières fabriques, au nombre de deux.

____

(1) *The Story of the C. W. S. 1863-1913*, par Percy Redfern, 433 pp.; et pour celui de Glascow *Wholesale Cooperation in Scotland, 1868-1918*, 478 pp., par J. A. F.

En 1874, il commence à installer des entrepôts sur différents points de l'Europe, à Rouen, Calais, à Hambourg, où il crée des magasins d'achat pour ses approvisionnements.

En 1876, il lance un premier bateau, un petit bateau à vapeur de 650 tonnes, qu'il baptise naturellement le *Pionnier*, et qui fut employé à faire le service des magasins du Wholesale avec les différents entrepôts sur le continent, notamment à Rouen.

Ce bateau fut suivi peu à peu de six autres, de plus en plus gros ; c'est donc toute une flotte portant pavillon aux trois majuscules C. W. S. Mais en 1906 on reconnut que cette flotte ne payait pas ses frais et on ne garda que deux bateaux.

En 1896, il achète au prix de 30.000 livres un grand domaine de 742 acres, ce qui représente 300 hectares, le domaine de Roden. Il y installe des plantations, des jardins, une maison de bienfaisance pour ses employés. Mais réservons pour tout à l'heure son rôle dans la production.

Au cours de cette longue période que nous venons de parcourir si rapidement, les adhésions arrivent, non plus seulement des petites sociétés mais des grandes sociétés. En sorte que peu à peu le Magasin de Gros attire à lui toutes les forces coopératives de l'Angleterre.

A l'heure qu'il est, il rallie 90 % de toutes les coopératives anglaises.

Voici quelques chiffres, donnant la progression des ventes :
En 1864, la première année, les ventes ont été de 52.000 livres, c'est-à-dire 1.300.000 francs-or.

En 1884, vingt ans après, les ventes étaient de 4.675.000 livres sterling, (112 millions de francs-or).

En 1891, le chiffre des ventes s'élevait à 9 millions (220 millions francs) et à cette date Vansittart Neale, admirant les progrès du Magasin de Gros, disait dans un discours : « Dans vingt-cinq ans, nous ferons 100 millions de livres. »

La prévision était un peu optimiste, car les 25 ans ont été révolus en 1916 et à cette date le chiffre des ventes ne s'élevait encore qu'à 52 millions de livres (1.300 millions francs-or). Mais dès 1920 le chiffre annoncé était atteint et dépassé, 105 millions de livres.

Or, un retard de quatre années seulement dans l'accomplissement d'une prophétie, c'est peu de chose et son exactitude tiendrait même du miracle — s'il n'y avait une grosse coron à y apporter. En effet, le chiffre de 105 millions est dû à hausse énorme des prix qui a suivi la guerre, et il ne s'est pas maintenu. Le dernier chiffre connu, celui de 1924 n'est plus que de 72 millions (1.800 millions francs-or), et encore faut-il remarquer que la hausse des prix depuis la guerre est de 60 p. 100 environ, en Angleterre; si donc on le calculait en monnaie d'avant-guerre, les 72 millions seraient ramenés à 45 millions environ, c'est-à-dire à un chiffre inférieur à celui de 1916. La marche de ce grand établissement s'est donc beaucoup ralentie depuis la guerre. L'élévation du coût de la vie d'une part, le chômage qui a continué à sévir en Angleterre, suffisent à l'expliquer.

Néanmoins ce sont là d'admirables résultats qui auraient confondu d'étonnement les humbles Pionniers de Rochdale. Mais il ne faut pas croire que le but soit atteint ; on en est encore loin, si du moins l'on donne pour but au mouvement coopératif d'embrasser la nation tout entière.

Les chiffres de ventes du Magasin de gros, si considérables qu'ils soient, sont infimes relativement au chiffre total d'affaires de la nation anglaise qui atteint probablement une vingtaine de milliards de livres.

Tout au moins le chiffre d'affaires de la Coopérative des coopératives devrait-il embrasser toutes les affaires des coopératives du premier degré. C'est ce qui arriverait si tous les magasins locaux achetaient toutes leurs marchandises au Magasin de Gros, conformément à leur devoir et à leur intérêt. Mais ce qui prouve qu'elles ne le font pas c'est que le chiffre des ventes des deux Magasins de Gros ne représentent guère plus de la moitié du chiffre des ventes des sociétés locales (164 millions de livres pour l'ensemble de celles-ci, 89 millions de livres pour les deux Wholesales).

Il y a donc encore un progrès à faire dans la fidélité des coopérateurs à leur organisation centrale. Mais enfin, on se rapproche assez rapidement du jour où toutes les affaires des coopératives passeront par l'intermédiaire du Magasin de Gros.

Le Magasin de Gros d'Ecosse ne vient que bien loin après, avec 17 millions de livres (430 millions francs-or). Les deux magasins de gros sur le continent qui viennent après celui de Manchester — mais assez loin derrière lui — sont le magasin de Moscou, le Centrosoyus, qui fait 300 millions roubles en

1924 (800 millions francs-or), nous le retrouverons plus tard, et le Magasin de Gros des sociétés allemandes à Hambourg.

Il y a des Magasins de Gros dans tous les autres pays; il n'y en a aucun qui approche de la Wholesale de Manchester. Il est vrai que tous sont de date plus récente.

Il faut dire un mot aussi de la Banque Coopérative. Elle a eu un développement encore plus merveilleux que le Magasin de Gros, parce que la Banque coopérative de Manchester n'a pas seulement pour clients, comme le Magasin de Gros, les sociétés coopératives mais aussi les trade-unions, les cercles ouvriers qui sont très nombreux en Angleterre, les sociétés de secours mutuels, en sorte que la Banque Coopérative de Manchester est la banque de toute la classe ouvrière d'Angleterre.

Voici les derniers chiffres de 1924. Le mouvement des fonds, entrées et sorties, est de 553 millions de livres, ce qui fait 14 milliards francs-or (près de 100 milliards francs-papier !)

La Banque de France (en 1925) a 2.000 milliards de mouvement de fonds, en francs dépréciés, il est vrai, mais qui, même réduits en francs-or, représentaient 400 milliards; mais en dehors d'elle je ne crois pas qu'il y ait aucune banque en France qui ait un mouvement d'affaires aussi considérable que la Banque de la Wholesale anglaise.

§ 4. — De l'organisation des Wholesales.

Je ne crois pas devoir exposer la constitution des Magasins de Gros anglais, car ces détails techniques ne seraient pas à leur place dans ce cours. Je dirai seulement que la grande Coopérative anglaise est constituée absolument comme les petites coopératives locales ; mais au lieu d'avoir pour membres des individus, elle n'admet que des sociétés. Il n'en est pas de même du Magasin de Gros écossais qui, en outre des sociétés, admet des membres individuels, mais seulement ses propres employés : c'est une anomalie que j'expliquerai tout à l'heure.

Les magasins de gros anglais, comme d'ailleurs ceux de tous les pays, suivent la règle célèbre de Rochdale : ils répartissent leurs bénéfices non pas, comme les sociétés capitalistes, au prorata des actions souscrites par les sociétés adhérentes, mais au prorata des achats faits par celles-ci.

bénéfices, et ces ristournes, sont toujours à un taux moindre que ceux payés par les sociétés locales à leurs membres, parce que les Wholesales ont toujours pour règle de vendre au plus bas prix possible ; c'est leur rôle de fournir aux sociétés locales les approvisionnements dans les meilleures conditions possibles ; ils réduisent donc les bénéfices à la marge indispensable au roulement de l'entreprise. Le bénéfice, pour la Wholesale anglaise, varie de 1 % à 1,50 %, ce qui n'est pas beaucoup en soi mais qui, sur un chiffre de vente de 80 à 100 millions de livres, représente une moyenne de 1 million de livres (25 millions de francs à répartir entre les sociétés.

Chaque société doit souscrire 5 actions (de 1 £) par 2 membres, soit 250 actions par 100 membres. Pour une société de 10.000 membres et il y en a un grand nombre en Angleterre, cela fait donc 25.000 livres (625.000 francs-or). C'est assez cher, comme on voit, d'autant plus qu'il n'y a point de bénéfice à attendre sous forme de dividende, et que celui à toucher sous forme de ristourne, insignifiant d'ailleurs, est indépendant du nombre d'actions souscrites.

Mais, par contre, le principe démocratique de « une voix par sociétaire », quel que soit le nombre des actions qu'il possède, qui est de règle dans les sociétés locales, n'est pas appliqué dans la Fédération d'achat : il n'y a pas en effet les mêmes raisons. Dans la Wholesale anglaise, chaque société actionnaire a 1 voix et, en plus, 1 voix par 500 membres, sans pouvoir toutefois dépasser le maximum de 50 voix.

La Wholesale de Manchester est installée sur un grand pied. Dans son vaste hôtel de Balloon Street, elle a tous les jeudis une Exposition de marchandises à laquelle accourent des représentants de ses mille sociétés adhérentes. Elle tient table ouverte pour les délégués des sociétés d'Angleterre et de l'Etranger. Elle envoie elle-même des délégués dans le monde entier, soit pour assister à des Congrès, soit pour des missions, soit pour des achats de produits. Chaque année une délégation va acheter des raisins secs en Grèce et en Syrie. Elle a aussi dans son domaine de Roden une maison de convalescence pour ses employés.

Et ce qu'elle a de plus remarquable encore ce sont ses entreprises coopératives, mais ceci demande un chapitre spécial.

§ 5. — L'Union Coopérative anglaise.

Nous avons dit que l'Union des sociétés coopératives pouvait être réalisée sous deux formes différentes, celle économique ou commerciale, qui est le Magasin de Gros, et celle d'ordre moral et éducatif qui ne porte pas de nom particulier sinon généralement celui d'Union. Dans plusieurs pays il n'y a qu'un seul organe pour ces deux fonctions, en Suisse, par exemple.

En France, nous avons un système mixte qui n'est peut-être pas le meilleur. Il y a bien deux organisations qu'on appelle l'une le Magasin de Gros, pour la partie commerciale, l'autre, la Fédération Nationale, pour la direction du mouvement, la propagande et l'éducation. Mais, quoique ces deux organisations aient des budgets distincts et habitent dans des locaux séparés, néanmoins elles ont le même conseil de direction. Ce sont les mêmes personnes qui composent le comité de l'une et de l'autre ; et c'est dans la même séance, une fois par mois, qu'il délibère, d'abord sur les affaires de la Fédération, puis, quand l'ordre du jour est épuisé, sur celles du Magasin de Gros ; il y a là un système hybride qui a été amélioré récemment par la création d'un Comité technique, peu nombreux, pour contrôler le Magasin de Gros.

En Angleterre, au contraire, les deux Conseils sont séparés et même animés d'un esprit assez différent. Nous avons déjà parlé de la Wholesale ; nous n'y revenons pas.

La *Cooperative Union* a été fondée en 1869, cinq ans après le Magasin de Gros. Il est intéressant de noter que les Anglais, gens pratiques, ont commencé par la Fédération d'achats, comme la plus urgente, tandis que les Français ont commencé par l'Union morale et n'en sont venus qu'assez longtemps après au Magasin de Gros.

L'Union diffère de la fédération d'achats, à deux points de vues :

1° Tandis qu'il y a trois Magasins de Gros, un pour l'Angleterre, un autre pour l'Ecosse, et un troisième pour l'Irlande, au contraire, l'Union Coopérative embrasse les trois pays, les Iles Britanniques.

Elle comprend à l'heure qu'il est la presque totalité des sociétés, c'est-à-dire 1.300 sociétés et 4 ½ millions de membres.

2° Tandis que les deux Wholesales, celle de Glasgow et celle de Manchester, n'admettent pas comme membres les sociétés de production, l'Union Coopérative accepte en principe les associations ouvrières de production ; mais celles-ci ne forment cependant qu'une infime minorité.

Cette hospitalité ainsi accordée aux associations ouvrières de production n'en est pas moins intéressante à noter, parce qu'elle serait, s'il faut en croire Mme Sidney Webb, une preuve que l'Union Coopérative anglaise est encore sous l'influence des « christian socialists » qui l'ont créée et qui, pendant longtemps l'ont dirigée.

Il est vrai que l'un des membres des socialistes chrétiens, Vansittart-Neale, avait été, pendant près de vingt ans, le secrétaire de l'Union Coopérative ; c'est ce qui expliquerait que l'Union Coopérative portât encore aujourd'hui la marque de cet esprit plutôt individualiste, tandis que la Wholesale est tout à fait fédéraliste. Aussi l'admission des coopératives de production dans l'Union Coopérative est-elle critiquée par les partisans du système collectiviste, notamment M. et Mme Sidney Webb.

Cette Union Coopérative a un rôle extrêmement important : elle a la direction générale du mouvement coopératif ; elle a un service de librairie pour la publication d'innombrables tracts, de livres ; elle traduit les livres étrangers.

La presse coopérative anglaise compte environ 40 journaux mais elle n'a pu encore réaliser son ambition d'avoir un journal quotidien. La plupart sont mensuels, deux seulement hebdomadaires. Le plus important c'est le *Cooperative News* qui tire à près de 100.000 exemplaires, organe quasi officiel mais constitué en société autonome. Le plus répandu c'est le *Wheatheaf (la Gerbe)* qui tire à 700.000 exemplaires mais qui n'est que mensuel.

Le tirage total de ces journaux ne dépasse pas 1.200.000, ce qui n'est pas énorme pour une population de 5 millions de coopérateurs.

Toutefois, hormis quelques personnalités distinguées, la presse coopérative anglaise manque d'intellectuels, de correspondants à l'étranger, et de vues générales. Elle a un peu trop le sentiment qu'elle se suffit à elle-même et la rédaction de ses journaux est moins variée que celle d'organes plus modestes de la presse coopérative de l'Europe continentale.

L'Union organise et dirige les Congrès qui sont le grand événement annuel de la vie coopérative anglaise tous les ans, le jour de Pentecôte. Ces Congrès de l'Union Coopérative votent chaque fois des résolutions qui donnent lieu à de chaudes discussions ; cependant, il ne faut pas se méprendre et croire que ces Congrès aient le caractère d'un Parlement, avec des pouvoirs législatifs, ni que le directeur de l'Union Coopérative ait le rôle d'un premier ministre. Non, chaque société conserve son indépendance. L'Union Coopérative dans ses Congrès vote des résolutions, donne des directives, mais les sociétés restent libres de ne pas y obéir. En fait, assez souvent, elles ne s'y conforment pas.

Pour l'étranger c'est l'Union Coopérative qui représente réellement le mouvement coopératif anglais, beaucoup plus que la Wholesale. Elle en est le cerveau tandis que la Wholesale n'est que l'estomac. Mais en Angleterre il n'en est pas de même. Pour les coopérateurs anglais, au contraire, c'est la Wholesale qui tient le premier rang. La Wholesale est aussi beaucoup plus luxueusement installée dans son siège social que l'Union.

Tout cela n'a pas grande importance sans doute, mais semble indiquer que dans le mouvement coopératif anglais l'esprit des affaires, le *business,* tend à prendre plus de place que l'idéalisme.

CHAPITRE VI.

L'ORGANISATION DE LA PRODUCTION PAR LES CONSOMMATEURS

§ 1. — Les fabriques de la Wholesale anglaise.

J'ai dit que la production était une des raisons d'être de la Fédération d'achats, la principale peut-être.

Si paradoxale que puisse paraître cette affirmation, la production a toujours été visée par la coopérative de consommation, l'organisation de la consommation n'étant que la première étape pour y arriver. Les coopératives de consommation ne diffèrent des coopératives de production proprement dites qu'en ce que pour celles-ci la production reste un acte professionnel qui se suffit à lui-même, tandis que pour les coopératives de consommation la production n'est plus qu'un moyen de mieux servir les consommateurs.

Mais pour s'élever à la production il faut passer de la forme commerciale à la forme industrielle : or celle-ci n'est guère réalisable pour les petites sociétés.

Des coopératives songent, par exemple, à produire directement leur farine pour l'approvisionnement de leurs membres ou bien à installer une blanchisserie. Il faut qu'une société soit très nombreuse pour assurer un revenu suffisant au capital nécessaire pour installer une fabrique; mais pourquoi les sociétés ne s'associeraient-elles pas pour créer une pareille entreprise ? Il y a là une idée extrêmement simple. aussi la création de fédérations partielles d'achat a-t-elle devancé de longtemps la constitution des Magasins de gros. Il y a eu de très bonne heure, en Angleterre, des fédérations locales, régionales, pour créer des moulins et des blanchisseries.

Mais cette entreprise devient beaucoup plus facile du jour où un magasin de gros est installé, car il a, lui, un critérium, une boussole, que n'ont pas les Unions de consommateurs, formées uniquement en vue de la production. Le Magasin de gros sait quelle est la quantité d'articles qu'il vend, farine, chaussures, draps, conserves; il sait donc si ce débit est suffisant pour faire marcher une fabrique; alors il part à coup sûr.

Les magasins de gros de tous pays attendent donc d'avoir dans un de leurs rayons une vente suffisante pour assurer les débouchés et une clientèle à une fabrique : et alors ils ouvrent la fabrique. Il faut pourtant y regarder à deux fois avant de se lancer. C'est ainsi que le magasin de gros de Manchester, qui a été fondé en 1864, a attendu relativement longtemps, jusqu'en 1872, avant d'établir sa première fabrique.

Et sur quelle marchandise a-t-il porté son choix pour ce premier pas ? — Une fabrique de bonbons et une de biscuits, non des biscuits pour les marins mais pour le thé. Vous serez peut-être un peu surpris qu'une grande organisation coopérative, une œuvre de transformation économique et sociale, commence par une confiserie et une pâtisserie. C'est qu'elle a obéi précisément à l'indication que je viens de donner; elle a vu qu'il y avait, dans ses magasins, une vente suffisante de biscuits pour alimenter ces deux fabriques. La classe ouvrière de tous les pays aime beaucoup les bonbons et les petits gâteaux. Une de mes surprises, lorsque j'ai été à Moscou, ce fut que là première fabrique où l'on nous a menés était précisément une fabrique de bonbons, au coloris éclatant. Les bolchevistes semblaient les trouver de leur goût et en consommaient des quantités considérables ; ceux que l'on rencontre dans les rues ne peuvent guère porter entre les dents le couteau légendaire, car ils sont généralement occupés à mastiquer des graines de tournesol, ou à croquer des pommes, ou à sucer des pastilles.

La Wholesale de Glascow, sœur cadette de celle de Manchester, a débuté dans la production d'une façon qui répond mieux à ce que nous attendons d'un mouvement démocratique — par une fabrique dè chemises.

Nous savons dans quelles conditions elle l'a ouverte. Ce fut seulement en 1881, 13 ans après la création du Magasin de Gros de Glascow, qui date de 1868. Ses clients se plaignaient des chemises qu'on leur livrait, elles n'étaient pas solides, elles n'allaient pas bien. Alors un des membres de la Wholesale, dont le nom a été conservé, dit : Je ne vois pas pourquoi, ces chemises, nous ne pourrions les faire nous-mêmes ? — le directeur Maxwell répondit : Oui, et ce fut fait.

Il n'y avait pas seulement, pour ouvrir cette fabrique de chemises, le motif de mieux satisfaire le consommateur, mais aussi une autre raison plus intéressante : c'est que la fabrication des chemises était, à cette époque-là, le siège de la plus épouvantable exploitation de la classe ouvrière; ce qu'on appelait le « sweating-system », le système sudorifique. C'est pour cette industrie de la couture des chemises qu'a été faite, peu de temps avant les Pionniers de Rochdale, en 1841, la fameuse « chanson de la chemise » par Hood, qui a été publiée dans le *Punch* et qui depuis a été répétée tant de fois. La couturière chante :

Travaille, travaille, travaille,
Jusqu'à ce que les étoiles brillent à travers la fenêtre ;
Travaille, travaille, travaille,
Jusqu'à ce que le coq sonne l'aube du jour,

et la chanson se termine sur ces mots :

Tu couds des chemises et tu couds ton linceul.

Il y avait donc une raison morale, pour la Wholesale de Glascow, d'installer une fabrique de chemises dans des conditions tout à fait différentes de celles de l'industrie à domicile.

Si on passait en détail la revue de toutes les entreprises créées par les Fédérations Coopératives, on trouverait à l'origine de chacune d'elles une raison spécifique. Pour revenir à la Wholesale de Manchester, la création des deux fabriques de biscuits et de bonbons fut suivie par une série d'autres fabriques ; — meuneries pour la farine, il y en a huit aujourd'hui ; fabriques de tissage et de drap, il y en a dix ; fabriques d. chaussures, dix aussi; sept de vêtements confectionnés; quatre de lingerie; quatre de mobiliers d'appartement; et encore beaucoup d'autres, fabriques de bicyclettes, de brosses à habits, de harnais pour voitures, de coutellerie, de broderie. Bref, j'ai sous les yeux une liste de 111 fabriques installées par la Wholesale anglaise depuis la date que j'ai indiquée jusqu'à nos jours.

Ces 111 fabriques emploient 80.000 ouvriers et produisent pour 22 millions de livres (550 millions de francs-or) de produits divers.

§ 2. — Les fabriques de la Wholesale écossaise.

La Wholesale de Glascow a suivi l'exemple de sa grande sœur. Elle n'est pas naturellement aussi riche, mais on peut dire que proportionnellement elle fait encore plus de production et compte plus de fabriques que la Wholesale de Manchestor, étant donnée la population des deux pays. Elle fabrique pour 6 millions de livres de produits divers. Ainsi les deux Wholesales réunies représentent une production de 28 millions de livres (700 millions de francs-or).

Tout de même elles sont loin d'être arrivées à la limite du possible.

En effet, ces 28 millions de livres ne représentent qu'une faible partie de ce que vend, à elle seule, la Wholesale anglaise; vente qui varie de 80 à 100 millions de livres et qui, si on réunit les deux Wholesales, s'élève à 140 millions. Cela veut dire que les magasins de gros sont loin de fabriquer eux-mêmes tout ce qu'ils vendent, et bien plus loin encore de fabriquer tout ce que consomment les sociétés coopératives anglaises, puisque le total des ventes de celles-ci s'élève à 4 milliards 1/2 de francs-or. A ce point de vue elles ont une marge énorme d'agrandissement. D'autre part, il y a beaucoup d'industries qu'elles n'ont point abordées parce qu'elles ne trouvent pas dans le milieu coopératif les débouchés qu'il faudrait; par exemple il n'y a pas encore de fabriques d'automobiles. Si la Wholesale était situé aux Etats-Unis, elle en aurait créé depuis longtemps et ferait concurrence à Ford; mais la classe ouvrière anglaise, bien qu'elle touche des salaires notablement plus élevés que les ouvriers français (1), n'a tout de même pas des salaires comme ceux des ouvriers des Etats-Unis (2) lui permettant d'aller de sa ville à la fabrique en auto. Mais cela viendra.

Il n'y a pas non plus de raffinerie de sucre; pourtant le sucre, dans un pays où l'on boit continuellement du thé, est d'une consommation énorme. Mais des raffineries de sucre c'est une grosse affaire : on ne l'a pas encore tenté, mais on y pense. On sait qu'en France aussi il n'est guère facile de faire concurrence à ces grandes maisons investies d'un quasi monopole.

On n'a pas non plus installé de fabriques de papier, quoique les sociétés coopératives en consomment beaucoup : c'est que l'Angleterre ne produit point de bois ; il faut le faire venir de Norvège.

On a envisagé plusieurs fois l'acquisition de mines de charbon, mais il faudrait un énorme capital et, en outre, on a craint que ce ne devint une cause de conflit avec les ouvriers : on sait que c'est une question brûlante en ce moment.

On avait songé aussi, mais on a immédiatement rejeté la proposition, à établir des distilleries de gin ou de whisky. Assurément il y aurait là un débit suffisant, l'Angleterre ni l'Ecosse n'étant pas des pays « secs » comme les Etats-Unis; mais si les coopérateurs anglais sont libres de boire des boissons alcooliques, et si les coopératives ne s'interdisent pas de les vendre — et qu'à cet égard elles n'aient pas suivi le bon exemple de leurs sœurs, les coopératives belges, qui n'en vendent jamais — cependant elles ne vont pas jusqu'à en fabriquer. Toutefois elles n'ont pas eu les mêmes scrupules pour les fabriques de tabac : elles en ont.

Les Wholesales ne sont pas les seules à faire de la production. J'ai dit tout à l'heure, il est vrai, que les magasins de gros étaient beaucoup mieux en situation de produire que les sociétés locales. Cependant il y a en Angleterre de très grandes sociétés locales qui ont 50.000, 60.000 et jusqu'à

____

(1) 6 à 7 shillings (8 à 9 francs-or), contre 20 à 25 francs papier (4 à 5 fr. or) pour les ouvriers français.

(2) 6, 10, et jusqu'à 16 dollars (30, 60, 80 fr.-or (200 à 400 francs papier).

100.000 membres et qui par conséquent peuvent trouver dans leur propre sein une clientèle suffisante. D'autres, plus petites, se groupent. En somme il y a plusieurs centaines de sociétés qui font de la production et pour un chiffre considérable. Il n'y a pas de statistique pour la production des sociétés locales, mais on pense que le chiffre total de ces sociétés productrices doit égaler, à peu de choses près, celui des deux magasins de gros, c'est-à-dire 20 à 30 millions de livres. Si donc on additionne la production des magasins de gros et celle des sociétés locales, on arrive à un total de 50 millions de livres et l'on peut dire que les sociétés coopératives anglaises produisent déjà plus d'un quart (28 p. 100) de ce qu'elles consomment.

§ 3. — Les entreprises agricoles.

Il y a un genre de production dont je n'ai pas parlé, c'est la production agricole. Les fédérations d'achat, les Wholesales, ne l'ont pourtant pas oubliée. J'ai dit, dans une précédente leçon, qu'en 1896 la Wholesale anglaise avait acheté un vaste domaine de trois cents hectares, dans lequel elle a installé des jardins pour la production de tomates, de fraises et autres fruits et légumes. Elle ne s'en est pas tenue là. Elle a acheté successivement ou loué une série de fermes qui représentent une étendue totale de 40.000 acres (environ 16.000 hectares), ce qui commence à être un domaine considérable.

Il faut avouer pourtant que dans ce domaine-là elle n'a pas eu les mêmes succès que dans l'industrie : les comptes d'exploitation se soldent presque tous les ans en déficit (1). Il est vrai qu'il y a certaines circonstances atténuantes. D'abord une circonstance atténuante, c'est le mode de comptabilité. Les coopératives anglaises, comme d'ailleurs doit le faire tout propriétaire qui tient bien ses comptes, inscrivent dans les frais généraux l'intérêt du capital représenté par le domaine, chiffre d'achat ou d'installation (2). Et si le revenu brut ne donne

---

(1) Déficits. — 1922 : 3.440.000 francs-or.
— 1923 : 2.060.000 —
— 1924 : 2.290.000 —

(2) On compte dans les frais : 21.000 francs pour le fermage des terres affermées ; 131.000 fr. pour l'intérêt du prix d'achat et du prix d'installation des terres acquises par la C. W. S. Le premier article représente en effet des frais, mais le second représente un revenu.

pas au moins l'intérêt de ce capital, ils disent qu'il y a déficit.
Et ils disent bien. Mais si le compte était établi à la façon
simpliste de presque tous les propriétaires en France, le déficit
pourrait se changer en excédent. En effet ceux-ci ne font
guère cette distinction entre l'intérêt du capital, d'une part.
et le bénéfice agricole d'autre part, quoique cependant les
feuilles qu'ils ont à remplir pour le fisc fassent cette distinction : même si leur récolte annuelle ne fait que couvrir l'intérêt du capital foncier, ils estiment tout de même avoir fait un
bénéfice. Si donc les coopératives anglaises ne déduisaient pas
la *rent* du revenu annuel, alors les comptes feraient apparaître
un petit excédent, mais qui, même ainsi compté, représenterait
bien peu de chose, 2 % à peu près du capital mis dans l'exploitation. Or on peut dire qu'un propriétaire qui ne tire que 2 %,
y compris l'intérêt de l'argent, a fait une mauvaise affaire.

Il est vrai qu'avec leurs domaines les coopératives ne cherchent pas précisément à faire des bénéfices. Leur but était de
fournir des approvisionnements aux sociétés locales, de leur
donner des fruits, des légumes, éventuellement du pain. Ceci
n'est plus une affaire de comptabilité. C'est exactement comme
dans un ménage de paysans ; on ne calcule pas à combien
reviennent les denrées que l'on consomme ; on mange, on vit,
et c'est assez.

Néanmoins, et même en faisant état de ces avantages non
mesurables en chiffres, il faut reconnaître que, autant la coopération a réussi et merveilleusement dans le domaine de la
production industrielle, autant elle a échoué dans le domaine
de la production agricole. Il en est de même dans d'autres
pays : en Suisse, par exemple, où l'Union Coopérative est
entrée dans cette voie il y a une dizaine d'années et possède
huit fermes, les résultats sont médiocres.

C'est là une constatation grave, je dirai même inquiétante
pour l'avenir du mouvement coopératif et la réalisation de
son programme qui est d'arriver un jour à ce que les consommateurs produisent eux-mêmes, par leurs propres moyens,
dans leurs propres usines, dans leurs propres domaines, tout
ce qu'ils consomment, après avoir éliminé successivement les
commerçants, les industriels et les propriétaires fonciers.
L'expérience, qui semblait confirmer ces ambitions en ce qui
concerne les deux premières étapes, semble jeter une douche
réfrigérante sur la dernière. Il y avait lieu de s'y attendre,

car l'insuccès de l'entreprise coopérative semble bien confirmer d'autres expérimentations faites par les entreprises capitalistes. La production agricole ne semble pouvoir réussir que sous la forme individuelle et être réfractaire à l'exploitation collective, aussi bien sous la forme de sociétés capitalistes par actions que sous la forme coopérative des magasins de gros, ou aussi la forme communiste. En Russie, ce qu'on appelle le ménage collectif agricole, c'est-à-dire la culture en communauté, n'a pas réussi, malgré les efforts du gouvernement soviétique pour le propager. Et en Italie aussi les associations de travailleurs qui afferment collectivement des domaines, préfèrent les exploiter par lots individuels. Et dans les colonies sionistes de Palestine de même !

Il faut donc croire qu'il y a dans l'évolution économique comme deux voies divergentes: celle de la production industrielle qui évoluerait vers la grande production collective; et celle de la production agricole qui semblerait tendre à la production individuelle, à la propriété paysanne.

Mais remarquez que la coopération dont nous parlons ici c'est la coopération de consommation, et si même pour celle-ci l'agriculture devait rester un domaine interdit, il n'en faudrait pas conclure que l'agriculture ne puisse se prêter à d'autres formes de la Coopération. Les coopératives agricoles, dans d'autres pays, sont très nombreuses et très prospères : elles ont fait l'objet de l'un de nos cours de l'hiver dernier.

Il est d'ailleurs un autre domaine de production agricole dans lequel les Wholesales ont mieux réussi : je veux parler de leurs domaines d'outre-mer. Car l'ambition des magasins de gros anglais ne s'est pas bornée à la terre nationale, à la métropole; elle a débordé au-delà des mers, où les magasins de gros ont acheté des plantations, d'abord pour produire le thé à Ceylan et dans l'Inde anglaise du Sud; elles possèdent actuellement un domaine colonial aussi considérable que celui qu'elles ont en Angleterre ; environ 14.000 hectares de plantations dans l'Inde anglaise et à Ceylan. Il ne leur produit jusqu'à présent que 600.000 livres de thé par an ; la production sera un peu plus forte lorsque tous les domaines seront en culture. Ces 600.000 livres de thé ne représentent que 1 ½ à 2 % de ce que consomment les coopérateurs anglais ; il faudrait multiplier l'étendue de ces plantations par 50 ou 60 pour arriver au but, c'est-à-dire que les coopérateurs ne boivent plus que le thé qu'ils auront produit eux-mêmes ; on s'y achemine.

La Wholesale ne s'en est pas tenue là : elle a acheté dans l'Afrique Occidentale anglaise 4.000 hectares, surtout de forêts de palmiers, pour produire les matières premières utilisées par les magasins de gros anglais : c'est une sorte d'huile qui sert à faire le savon, extraite des noix de certains palmiers d'Afrique. C'est pour se défendre contre la grande fabrique de savons *Sunlight,* qui voulait constituer un trust des savons, que la Wholesale a cherché le moyen de se procurer directement la matière première de ses savons. Ils ont aussi d'autres palmiers qui produisent une denrée servant de succédané à la margarine; c'est la végétaline; nous l'employons aussi, dans une certaine mesure, en France. Et puis du cacao pour le chocolat, des tomates, des fruits, du tabac, et divers produits exotiques.

Quant au magasin de gros d'Ecosse, il n'a encore pris pied ni en Asie, ni en Afrique, mais bien au Canada où il a acheté d'immenses domaines pour y produire du blé en vue d'approvisionner les colossales boulangeries coopératives de Glascow et d'Edimbourg qui produisent jusqu'à cent mille kilos de pain par jour. Ainsi, bientôt les coopérateurs écossais mangeront le pain qui non seulement aura été cuit par leurs fours, broyé dans leurs moulins, mais qui aura été semé et moissonné sur leurs terres.

La différence de résultat entre le succès de la production agricole coloniale et l'échec de la production agricole nationale peut s'expliquer si l'on remarque que la production coloniale est une production quasi industrielle; on y emploie la main-d'œuvre indigène; ce sont de véritables fabriques que ces plantations de thé et ces exploitations de forêts. Ce sont là des modes d'exploitation tout différents de la culture individuelle du propriétaire qui soigne sa terre et produit pour lui-même son pain et son vin.

§ 4. — Le conflit entre les magasins de gros et les coopératives ouvrières de production.

Dans cette extension progressive de la fabrication par les coopératives de consommation il arrive un jour où elles se trouvent en conflit avec une autre branche du mouvement coopératif, avec les coopératives de production.

Il n'est pas besoin de rappeler que dans un grand nombre de pays, en France, en Italie et aussi en Angleterre, en outre des coopératives de consommation il y a des coopératives de production. Elles ont fait l'objet d'un de mes cours il y a deux ans.

Or, ce sont là deux mouvements tout à fait distincts et qui même n'ont pas toujours, l'un pour l'autre, des sentiments très fraternels.

Or les coopératives de production pensent que la production est un domaine qui doit leur être laissé et elles voient de mauvais œil — ce qui est assez naturel de leur part — les sociétés de consommation empiéter sur ce domaine et même émettre la prétention de l'annexer un jour tout entier. Quelle compétence, disent-elles, peuvent bien avoir les consommateurs en ce qui concerne la fabrication ? Aucune ! Qu'ils ne nous fassent donc pas concurrence !

Et ce n'est pas seulement un conflit d'intérêts mais de doctrines, car, disent les coopératives de production, c'est notre programme social lui-même qui est en péril. Les coopératives ouvrières de production ont un but précis qui est la suppression du patronat et du salariat, par la création d'entreprises qui leur appartiennent en propre. Ces ouvriers veulent, par la possession de leurs instruments de travail, garder l'intégralité du profit de leur travail et devenir leurs propres patrons. Cet idéal magnifique de tous les socialistes français de 1848, qui voyaient dans l'association ouvrière de production la solution de la question sociale, l'émancipation de la classe ouvrière — n'est encore réalisé que pour un petit nombre, il est vrai, mais enfin il y en a un certain nombre en France et en Angleterre qui péniblement sont arrivés à leur but. Eh bien, voici la coopération de consommation qui, au lieu d'aider à cette œuvre d'émancipation sociale, vient la ruiner !

En Angleterre, par exemple, il y avait une association ouvrière de production qui remontait par une glorieuse histoire aux socialistes chrétiens dont j'ai parlé; c'était l'association ouvrière de Hebden-Bridge, association pour la fabrication d'une sorte de velours pour vêtements ouvriers. Elle avait donc un demi-siècle d'existence. Elle était une des gloires de la coopération ouvrière anglaise. Or, il y a cinq ou six ans, elle a été achetée par la Wholesale de Manchester et maintenant c'est tout simplement une des cent usines qui figurent sur la liste triomphale des entreprises de la Wholesale de Manchester. Vous pourriez, certes, me dire : pourquoi se sont-ils laissés acheter ? ils n'avaient qu'à refuser. Non, ils ne le pouvaient même pas. En effet ces associations de production anglaises sont constituées en forme de sociétés par actions et ces actions appartiennent, pour une grande partie, aux sociétés de consommation ou à la Wholesale. Les coopératives de consommation ou la Wholesale avaient donc, sans doute, la majorité et lorsque à l'assemblée générale on a posé la question : voulez-vous vous dissoudre et devenir un atelier de la Wholesale ? malgré que les vieux ouvriers aient protesté et dit : non ! le transfert et la suppression ont été votés.

D'ailleurs, le même fait s'est produit en France, quoique la situation n'y soit pas la même. Il y avait en France, à Fougères, ville célèbre par la fabrication des chaussures, une association ouvrière de production assez prospère. Notre magasin de gros, qui n'est pourtant pas à comparer au colosse anglais, mais qui a tout de même des capitaux disponibles, a acheté la fabrique ouvrière de Fougères. Et aujourd'hui l'association autonome n'est plus qu'un atelier de la Fédération Nationale française des sociétés de consommation.

Ces annexions n'ont pas été sans susciter, en Angleterre comme en France, de vives protestations. En France, la Chambre Consultative des Associations ouvrières de production, qui a pour mission de défendre les intérêts du mouvement coopératif de production, a crié au scandale. Comment, a-t-elle dit, c'est vous, coopérateurs de Rochdale ou de Nîmes qui avez inscrit dans votre programme l'abolition du salariat et voici que vous ramenez sous son joug ceux qui s'en étaient libérés ! C'est là, dit-on, une déviation, une perversion, du mouvement coopératif.

Que répondent à ces griefs les coopératives de consommation et leur Magasin de Gros ? Ils répondent avec le plus grand mépris : Vous n'êtes rien du tout; vous ne serez jamais rien ! En effet il est facile de les écraser sous des chiffres.

Voici en effet quelques chiffres qui semblent probants : ce sont ceux que, en Angleterre mesurent la production coopérative en mettant en regard, d'une part, la production par les coopératives de production, d'autre part la production par les sociétés de consommation, les Wholesales comprises :

Pour celles-ci le chiffre de la production s'est élevé, comme nous l'avons dit, à 56 millions de livres, en 1924, ce qui fait 1.400 millions de francs-or; tandis que la production de toutes les associations de production réunies ne s'est élevé qu'à 5 ½ millions de livres (132 millions de francs-or), c'est-à-dire, pas même la dixième partie. Alors, on leur dit : il faut abandonner vos ambitions. L'avenir de la production coopérative ne doit pas être cherché par la route de la production coopérative, mais par celle des associations de consommateurs.

Je trouve néanmoins ce jugement un peu dur. Il ne faut pas toujours mesurer la valeur des mouvements sociaux par des chiffres; d'autant plus que la situation n'est pas la même partout. Si de l'Angleterre nous passons à la France, et que nous mettions en regard les chiffres des deux mouvements, nous trouvons que les associations coopératives ouvrières de production ont produit à peu près pour 200 millions de francs-papier et notre Magasin de gros a produit seulement pour une trentaine de millions.

Je ne veux pourtant pas dire que ces chiffres suffisent à réfuter les précédents; ils s'expliquent par le fait que le groupement des magasins de gros en France est beaucoup plus récent qu'en Angleterre, tandis qu'au contraire le mouvement des associations de production est beaucoup plus ancien et a jeté des racines plus profondes dans la classe ouvrière. J'admets donc comme très probable qu'en France même cette situation tendra à se rapprocher de la situation de l'Angleterre et que la production par les sociétés de consommation a plus de chances d'avenir que celle par les coopératives de production.

Mais, quoi qu'il en soit, je n'ai jamais voulu désespérer de l'avenir des associations ouvrières de production; il faut un certain courage pour dire cela, car ceux qui les défendent sont considérés comme de vieilles barbes, apôtres surannés du socialisme de 1848, qui n'ont pas compris l'évolution industrielle et économique de notre temps. Néanmoins je persiste à croire que dans l'économie présente, et même dans celle future, il peut y avoir place pour ces deux formes de la coopération, et même pour beaucoup d'autres comme celle de crédit, d'habitation, de vente et d'achat, etc.

Remarquez qu'il n'y a pas nécessité pour elles de se disputer le terrain, car généralement elles se trouvent, les unes et les autres, sur des plans différents.

Si nous prenons la liste des associations ouvrières de production, par exemple, pour la France, nous voyons que la plupart de ces associations coopératives de production se livrent à des industries qui sont en dehors de la sphère d'action des sociétés de consommation : les plus nombreuses en France sont les associations de peintres en bâtiment, charpentiers, menuisiers, maçons, plombiers, ferblantiers, zingueurs. Or, il n'y a aucun de ces métiers qui fasse concurrence aux industries des sociétés de consommation, car celles-ci ne font bâtir qu'occasionnellement. Voici par exemple à Saint-Claude des associations de production pour tailler les diamants. Eh bien, qu'ont à faire les sociétés de consommation avec la taille des diamants ?

D'autre part, les plus nombreuses des associations coopératives de production ce sont celles de production agricole, telles que celles pour la fabrication du beurre, du fromage, du vin, du cidre, etc. Or, les sociétés coopératives de consommation ne sont pas entrées dans cette voie, pas même les Wholesales sur leurs domaines.

Je l'ai déjà dit : les grandes fédérations de consommation coopérative ne s'engagent dans une entreprise, une industrie, qu'autant qu'elles vendent dans leur magasin une quantité de ces produits telle que le débit en puisse être assuré.. Pour celles-ci, qu'elles emploient tous les procédés de la grande industrie, oui ! Qu'elles se réservent le domaine de la grande production, les puissantes installations mécaniques, ou les grandes entreprises d'outre-mer pour lesquelles l'association ouvrière autonome de production serait impuissante parce qu'elle ne peut dépasser la limite de la petite industrie, soit ! — mais dans le domaine de la petite industrie il y a encore de la place pour les coopératives de production.

Non seulement il ne me paraît pas inévitable que les coopératives de consommation tuent les coopératives de production, mais même je pense qu'elles pourraient et devraient les aider. Si elles l'avaient fait, les coopératives de production pourraient montrer aujourd'hui des chiffres beaucoup plus imposants que ceux qu'on leur reproche.

Ce qui leur manque ce sont des capitaux et une clientèle. En France et en Italie c'est l'Etat qui vient à leur aide, en leur faisant des prêts et des commandes. Cela ne va pas sans inconvénients. Eh bien, les grandes organisations fédéralistes de consommation ne seraient-elles pas mieux placées pour leur avancer des fonds et leur fournir la vaste clientèle de leurs sociétaires ? En retour, elles pourraient très bien stipuler qu'elles recevraient une ristourne sur les achats qu'elles feraient à ces coopératives de production.

Il se formerait ainsi un contrat d'aide mutuelle entre les unes . les autres. Au reste, le système que je viens d'indiquer est provisoirement celui qui existe en Angleterre : les associations de production sont pour une bonne part entretenues par les grandes sociétés de consommation, lesquelles sont à la fois leurs principaux actionnaires et leurs principaux clients. Elles risquent, il est vrai, de se mettre ainsi peu à peu à leur merci et j'en ai cité tout à l'heure un exemple, mais tant pis ! Toute entente implique une certaine dépendance.

CHAPITRE VI

LE PROGRAMME FEDERALISTE ET LE PROGRAMME INDIVIDUALISTE

§ 1. — Statistique des Coopératives de Grande-Bretagne.

Il y a actuellement, au 1er janvier 1925 — c'est la dernière statistique publiée (1) — 1.314 sociétés coopératives de consommation. Ce nombre n'est pas considérable, relativement aux autres pays : En France, il y en a 4.000 ; en Russie, 30.000 et

---

(1) Les chiffres pour 1925 ont été publiés depuis lors. Voici les principaux :

nombre de sociétaires... 4.972.000.
montant des ventes...... 185 millions livres (4.700 millions fr.-or).
— des bénéfices . 20,6 — (510 millions fr.-or).

Nous ne comptons dans ces statistiques que les coopératives de consommation ; celles de production et de crédit sont peu nombreuses en Angleterre. Mais en Irlande ce sont les coopératives agricoles qui figurent au premier plan : 800 sociétés avec 150.000 membres ; la plupart sont des laiteries.

même dans le petit Danemark 1.500. Mais c'est précisément la supériorité du mouvement coopératif anglais que le nombre des sociétés aille diminuant de recensement en recensement ; cela prouve qu'il y a un mouvement de concentration. Elles diminuent en nombre (le maximum a été 1.455 en 1913), mais augmentent en volume, c'est-à-dire comme nombre de sociétaires : il y a 62 sociétés qui comptent plus de 10.000 membres; sur ce nombre, 45 qui comptent plus de 20.000 membres et 2 qui comptent plus de 100.000 familles (1).

Le nombre total des membres de ces sociétés coopératives est de 4.700.000. Si on multiplie ce chiffre par le nombre des membres de la famille : 4 ou 5 généralement, — car ce sont des familles les plus nombreuses qui ont le plus d'intérêt à adhérer aux coopératives — on peut évaluer à 18 millions le nombre de personnes. Il est vrai qu'il y a des familles où la femme et le mari sont inscrits à la fois comme sociétaires et il y a même une tendance en ce sens : si elle se généralisait, alors le coefficient de 4 à 5 serait trop élevé.

Si on veut établir la proportion avec la population totale de l'Angleterre, l'Ecosse et le Pays de Galles, qui est de 42 millions d'habitants (à l'exclusion de l'Irlande parce que pour la coopérative de consommation elle ne compte presque pas), cela donnerait la proportion de 43 p. 100 (2). C'est une des plus élevées de l'Europe, quoiqu'elle soit dépassée dans quelques petits pays.

C'est donc une grande puissance que cette organisation qui englobe près de la moitié de la population de la Grande-Bretagne.

Le chiffre des ventes est de 175 millions de livres, ce qui fait à peu près 4 milliards de francs-or. Cela représente comme achats par sociétaire environ 37 livres, un peu plus de 900 francs-or.

---

(1) Le nombre moyen des membres par société en 1924, est de 3.579 ; il n'était que de 1.366 en 1900.

(2) La proportion exacte est : Ecosse, 54 pour 100.
Angleterre : 43 pour 100.
Galles : 25 pour 100.
Irlande : 13 pour 100.

Ces pourcentages, calculés pour 1924, doivent être un peu majorés aujourd'hui, puisque le nombre total de sociétaires s'élèvent à 5 millions.

Le chiffre des bénéfices est de 19 millions de livres (3.413.000 £ intérêts et 15.533.000 £ bénéfices proprement dits), ce qui fait 480 millions de francs-or. Rappelons que sur ces bénéfices, il y a une part modeste, 2 p. 100 environ, mais cependant supérieure à celle de beaucoup d'autres pays, qui est employée à des dépenses d'intérêts collectifs ; mais la presque totalité est répartie individuellement. Si on cherche quel est le quotient, il est évidemment bien modeste, guère plus de 4 livres (un peu plus de 100 francs or) par famille, et si le résultat de tout le magnifique mouvement dont nous venons de faire l'histoire ne devrait être mesuré que par ce chiffre, ce serait la fable de la montagne accouchant d'une souris. Mais les vertus de la Coopération ne se mesurent pas en livres et en pences.

La presque totalité de ces sociétés se trouve groupée en une organisation centrale dont nous avons déjà donné les chiffres imposants

§ 2. — Les griefs contre le système fédéraliste.

Cette magnifique extension de la Coopération anglaise ne laisse pas que de susciter certaines oppositions et certaines appréhensions.

Elles ont surgi de trois côtés opposés.

1° Voici d'abord les coopérateurs qu'on désigne en anglais sous le nom d'individualistes, quoique ce qualificatif convienne bien peu à ceux qui sont en réalité de fervents associationnistes et qui s'inspirent de l'esprit des socialistes chrétiens.

Le but de la coopération, à leurs yeux, c'est d'élever la personnalité de l'ouvrier en l'émancipant du salariat, en le mettant en situation de se sentir son propre maître et de recueillir les fruits de son travail. A cette condition seulement le travail deviendra ce qu'il doit être, joyeux et fécond.

Or, le régime coopératif, tel qu'il tend à se réaliser sous l'action des Wholesales, ne donne rien de tel. S'il peut procurer de grands avantages à l'ouvrier en tant que consommateur, il n'apporte rien à l'ouvrier en tant que producteur. Il ne fait que perpétuer et généraliser le régime du salariat. Que sont, en effet, les 200.000 employés ou ouvriers qui sont au service des Coopératives et des Wholesales dans leurs magasins ou leurs fabriques ? Rien d'autre que des salariés, tout pareils à ceux qui sont employés dans les mines, les chemins de fer, les bazars, ou toute autre grande firme. Et même, sans doute, bon nombre d'entr'eux étaient-ils naguère de petits entrepreneurs indépendants, tels que boutiquiers ou artisans ou membres de coopératives de production, qui se sont trouvés annexés et absorbés par la pieuvre tentaculaire qu'est la Wholesale — ainsi que nous l'avons vu pour l'association ouvrière d'Hebden-Bridge.

Quels étaient donc les vices que l'on dénonçait dans le régime du salariat ? On disait : c'est un régime condamné parce que le salarié a le sentiment qu'il ne travaille pas pour lui, qu'il se sent dépendant, qu'il travaille pour créer des profits à un patron, qu'il travaille pour que d'autres moissonnent, et que ce sentiment amer empoisonne le travail et le stérilise. Eh bien ! ce grief demeure sous le régime coopératif. Il n'y a pas de raison pour que les ouvriers des Wholesales mettent plus de cœur à leur travail que les ouvriers des entreprises capitalistes, car les uns comme les autres ne travaillent pas pour eux : la solution du problème n'a donc pas fait un pas.

En somme, le régime coopératif qu'on désigne sous le nom de fédéralisme c'est simplement le collectivisme. Il n'est réalisé pour le moment que dans un certain domaine. Mais si on suppose que le système des magasins de gros pousse jusqu'à la limite visée, c'est-à-dire qu'un jour il englobe toute la nation et toute la production, alors ce sera bien le collectivisme. Il est vrai qu'il n'aura pas été imposé par la force et la dictature et qu'il sera le résultat d'une évolution libre, ce qui constitue assurément une grande supériorité, mais il n'en présentera pas moins tous les dangers que l'on a depuis si longtemps signalés : la bureaucratie, la concentration, l'étouffement des initiatives individuelles.

2° On pourrait croire que si cette organisation déplaît aux coopérateurs de l'école libérale, elle sera mieux appréciée par les Trade-Unions ? Nullement ! et voici de nouveaux griefs.

Il y a deux ans, dans un congrès de l'organisation anglaise qui correspond à notre C. G. T. en France, les représentants votaient la résolution que voici :

« L'année qui vient de s'écouler n'a pas été favorable en ce qui concerne les rapports avec le mouvement coopératif.

« Nous avons toujours prêché (*sic*) que la coopération est notre but, qu'elle représente la forme la plus humaine, la plus saine et la plus avancée des relations entre l'employeur et l'employé.

« Nous croyons encore que c'est vrai et nous avons besoin de continuer à croire que c'est vrai, en droit et en fait. Mais, à moins qu'un esprit plus large ne se manifeste à bref délai dans la direction du mouvement coopératif, il ne restera plus aux trade-unions d'autre alternative que de remplacer cette alliance par l'opposition.

« C'est à regret que nous le ferions et nous espérons encore sincèrement que l'esprit de la vraie coopération pourra prévaloir dans toutes les éventualités. »

Voilà une sorte d'ultimatum presque comme ceux qui précèdent une déclaration de guerre.

3° Voici maintenant les réclamations des ouvriers et des employés. Ils disent :

Nous reconnaissons que les sociétés coopératives de consommation, et particulièrement les grandes fédérations de Manchester ou de Glascow, sont de bons patrons. Elles donnent des salaires égaux, parfois supérieurs, à ceux des patrons ou des sociétés capitalistes. Elles ont été les premières à appliquer les nouvelles mesures de la semaine anglaise, de la courte journée.

Mais ce sont tout de même des patrons et qui, comme tels, ont des intérêts différents des nôtres ou même opposés. Ce n'est pas la peine alors d'avoir fait un grand mouvement comme le mouvement coopératif, qui a l'ambition de réformer le monde économique et de créer une économie nouvelle, pour aboutir simplement à quelques petites améliorations que nous pourrions trouver aussi bien chez bon nombre de patrons capitalistes.

Par conséquent, nous devons pour défendre nos intérêts recourir aux mêmes moyens que ceux usités par nos camarades dans les maisons capitalistes, à savoir le syndicat et au besoin la grève.

C'est pourquoi les employés ont créé, il y a déjà un certain nombre d'années, une « trade union », un syndicat énorme qui compte aujourd'hui plus de cent mille membres. Ces membres sont recrutés dans tous les ateliers et les magasins des sociétés coopératives, d'où il résulte que cette association syndicale comprend les ouvriers de tous métiers des 2.000 magasins et des 100 établissements industriels qui relèvent du mouvement coopératif anglais. Au point de vue syndical, c'est un monstre que cette association des employés des coopératives anglaises, puisque le caractère de toute association syndicale c'est d'être composée d'hommes, ouvriers ou employés, de la même profession. C'est même là la définition légale du syndicat ; tandis qu'ici le syndicat des employés des coopératives comprend des hommes de toutes catégories.

Quel est donc le lien qui les unit ?

C'est uniquement, je ne dirai pas la guerre, mais l'opposition aux administrateurs des sociétés coopératives de consommation. Et même c'est une des associations syndicales les plus agressives, à tel point que le Conseil central des Trades Unions (qui est la C. G. T. anglaise) a dû plus d'une fois intervenir pour soutenir la Wholesale contre le syndicat de ses employés.

§ 3. — Les remèdes proposés.

Alors, quelle est la conclusion pratique de toutes ces critiques ? quelles solutions propose-t-on si on ne veut pas de la politique des Wholesales ?

Les remèdes proposés sont différents, selon le côté d'où ils viennent.

Pour les coopérateurs individualistes, la solution c'est la *copartnership*, mot qui signifie simplement l'association. Cela veut dire qu'on réclame pour tout ouvrier ce qui caractérise légalement le sociétaire, à savoir la participation au capital, au profit, à la direction et à la responsabilité, le tout contenu simplement dans la qualité d'*actionnaire*.

Nous avons en France, depuis quelques années, une loi qui a précisément consacré ce que demandent les coopérateurs individualistes anglais ; c'est « la société en participation ouvrière », c'est-à-dire une société dans laquelle les ouvriers reçoivent des actions de l'entreprise dans laquelle ils travaillent et, par conséquent, sont investis de tous les droits des sociétaires : droit de participer aux dividendes dans la proportion des actions qu'ils possèdent, et aussi droit de participer au gouvernement de l'entreprise, comme tous les actionnaires d'une société quelconque, en assistant aux assemblées générales, en prenant part aux élections et même à la direction s'ils sont élus au Conseil. Bien entendu, cette nouvelle forme de société n'est pas obligatoire; elle est simplement facultative: c'est un cadre légal qui n'existait pas encore et que la législation offre aux fondateurs d'entreprise qui voudraient tenter l'expérience. En fait, il n'y en a qu'une demi-douzaine qui en aient essayé.

Mais qu'ont répondu les coopératives anglaises à cette suggestion ? Ce qu'il y a de curieux c'est que les deux Magasins de Gros n'ont pas fait la même réponse.

Le Magasin de Gros écossais a été frappé par les arguments qui viennent d'être résumés. Presque aussitôt créé, dès 1870, il a établi d'abord la participation aux bénéfices (*profit-sharing*) et, plus tard, la société en participation sous forme d'actions (*copartnership*). Il est vrai qu'en 1914 il a renoncé à la participation aux bénéfices, mais il a maintenu la société en participation ouvrière sous la forme d'actions attribuées aux ouvriers.

Au contraire, la Wholesale de Manchester s'est refusée absolument à la participation ouvrière, dans tous les congrès où a été évoquée cette question. Et voici quelles raisons de son refus elle a donné.

D'abord, en ce qui concerne la participation au profit, ce serait en contradiction avec le principe même du mouvement coopératif de consommation. En effet, que vise-t-il ce mouvement ? Qu'est-ce que l'on a enseigné depuis Rochdale ? C'est que la coopérative de consommation a pour but la suppression du profit, c'est de faire disparaître ce qu'Owen qualifiait de cancer social. Et vous, individualistes, que demandez-vous ? D'associer nos ouvriers au profit et par là même de le consacrer ! Nous disons que c'est le produit d'un vol et vous dites : il faut le partager avec les ouvriers ! On ne partage pas un *trop perçu : on le rend.*

Quand nous prenons pour règle de le restituer à ceux auxquels il a été pris, c'est-à-dire aux acheteurs, vous voudriez que nous le restituions aux employés et ouvriers ?

Quand le sociétaire vient faire un achat dans nos magasins

et que, de même que les marchands, nous lui faisons payer 10 francs ce qui n'en vaut que 9, nous lui avons toujours dit : rassurez-vous ! les 10 p. 100 que vous avez payé en trop, nous nous engageons à vous les restituer. Et voilà maintenant que, nous tournant vers notre employé vendeur, nous devrions lui donner la moitié de ce que le consommateur a payé en trop ! Mais à quel titre ? Ce prélèvement serait pris au camarade, au consommateur, c'est un conflit entr'eux qui va être créé.

Et d'ailleurs, le profit réalisé par les Wholesales est quasi nul, et il porte sur des millions d'opérations : pourquoi l'ouvrier qui travaille dans une des cent usines ou un des trois mille magasins, aurait-il un droit sur l'ensemble de ces affaires ?

Quant à la *copartnership*, à l'actionnariat ouvrier, ici aussi les deux Wholesales ont donné des réponses différentes.

La Wholesale de Glascow s'est laissée toucher par les arguments des coopérateurs individualistes : elle a attribué des action à ses ouvriers et même, après avoir supprimé la participation aux bénéfices en 1912, elle a maintenu la *copartnership*, sous cette seule limite qu'il n'y aura qu'un représentant dans les assemblées générales pour 150 employés.

Mais la Wholesale de Manchester s'y est refusée absolument.

Les ouvriers et employés, dit-elle, quand nous les aurons fait nos sociétaires, qu'arrivera-t-il ? Ils viendront dans les assemblées et ils feront la loi. Or toute entreprise gouvernée par ceux qui sont à son service ne peut que tomber dans l'anarchie.

La preuve en a été donnée par les Soviets eux-mêmes qui, au début de la révolution avaient introduit ce système : les usines étaient remises aux mains de leurs propres ouvriers, réunis en comité. Mais on a dû y renoncer au bout de quelques mois ; le rendement de toutes les fabriques étant tombé à rien.

Et il ne suffit pas, pour conjurer ce danger, de dire que les ouvriers et employés d'une coopérative ne seront jamais qu'une petite minorité en regard du nombre total des sociétaires. Cela n'est pas tout à fait exact, car il peut arriver qu'ils se trouvent en proportion considérable aux assemblées. En effet, la plupart des sociétaires ne se rendent pas aux assemblées tandis qu'au contraire les employés sont beaucoup plus assidus, surtout quand il s'agit de questions qui touchent à leurs intérêts.

On a vu, justement dans la Wholesale de Glascow où ce système est appliqué, des employés — qui avaient été réprimandés par un directeur parce qu'il avaient mal fait leur service — venir le soir de l'Assemblée générale et profiter de ce que leurs camarades étaient venus en masse, tandis que les sociétaires consommateurs n'avaient pas pris la peine de se déranger, pour obtenir une majorité de surprise et révoquer séance tenante leur directeur. Sans doute on peut prendre certaines précautions ; la Wholesale de Glascow, pour parer à ce danger, nous venons de le dire, a limité le nombre des employés associés ; le danger demeure cependant.

Le programme des coopérateurs individualistes ne semble donc pas avoir beaucoup de chances de succès. Il est énergiquement combattu par les socialistes collectivistes, comme M. et Mme Sidney Webb, qui opposent la tradition oweniste à celle des socialistes chrétiens.

Est-il du moins soutenu par les employés des coopératives ? Pas précisément.

En ce qui concerne la participation aux profits, ils n'y attachent guère d'importance, pas plus dans les coopératives que dans les entreprises patronales, et préfèrent de beaucoup les augmentations de salaires.

En ce qui concerne l'actionnariat, si les ouvriers n'ont pas l'esprit coopératif, ils ne tiennent guère à devenir sociétaire de la coopérative, ce qui ne pourrait que les gêner dans leurs réclamations. Et si, au contraire, ce sont de bons coopérateurs, ils n'ont qu'à se faire recevoir dans la société et dès lors ils auront naturellement les mêmes droits que les autres sociétaires. En fait, c'est le cas de la plupart des employés des coopératives anglaises.

Il est vrai qu'autrefois bon nombre de sociétés n'admettaient pas que leurs employés devinssent sociétaires. Elles craignaient que si l'employé était en même temps sociétaire, s'il faisait ses achats à la société coopérative, il n'y eut lieu à des abus à raison de son double rôle de vendeur et d'acheteur. Cette interdiction était vraiment injurieuse pour les employés et rappelle un peu trop cette coutume barbare des Romains qui faisaient museler les esclaves chargés de faire tourner la meule, afin qu'ils ne pussent pas manger la farine! D'ailleurs, refuser le titre de sociétaire à un employé ne peut l'empêcher de faire des achats à la société si la société vend au public, et c'est le cas de toutes les sociétés en Angleterre.

Je ne pense pas que dans les magasins du Louvre ou du Bon Marché, on défende aux employés de faire leurs achats au magasin ?

Aussi les coopératives ont-elle généralement cessé de faire cette injure à leurs employés et même, au contraire, il en est bon nombre aujourd'hui qui imposent à leurs employés de devenir membres de la société, sous peine de renvoi.

Il y a toutefois une exception et elle est considérable : c'est la Wholesale de Manchester qui n'admet pas ses employés et ouvriers comme sociétaires. Mais elle a pour ce refus une raison péremptoire : ce n'est pas seulement que son personnel, ouvrier ou employé, se chiffre par 75.000, mais c'est parce que ses statuts et sa définition même ne le lui permettent pas. Rappelez-vous, en effet, la définition que j'ai donnée des fédérations d'achat et des magasins de gros : j'ai dit que ces fédérations étaient des « sociétés de sociétés », des coopératives au second degré. Par conséquent, les Wholesales ne peuvent avoir de membres individuels.

Il est vrai que la Wholesale de Glascow, à la différence de sa sœur aînée, admet comme sociétaires ses employés, mais cette concession est évidemment illogique.

Un certain nombre de sociétés, tout en admettant les employés comme sociétaires, leur refusent le droit d'être élus comme administrateurs par les motifs indiqués tout à l'heure — ou tout au moins ne leur accordent qu'une proportion limitée dans le Conseil.

Mais tout cela ce n'est pas précisément ce que demandent les employés et ouvriers : ils ne se soucient guère plus de la *copartnership* que du *profit-sharing*. Ce qu'ils veulent c'est avoir un droit de contrôle sur la coopération, non pas en tant qu'associé consommateur, mais en tant que producteur salarié. Nous avons un double titre à faire valoir, disent-il : celui d'acheteur comme tous les autres membres, si nous faisons partie de la société, et celui de travailleurs. Il ne suffit pas de dire que nous pouvons avoir, comme tous les autres membres, un droit de vote dans la foule, parmi les 1.000, ou 10.000 ou 100.000 sociétaires des grandes sociétés où nous ne serons jamais qu'une infime minorité, quels que puissent être les hasards d'un scrutin.

Ce qu'ils demandent, en somme, c'est le droit de contrôle (1). C'est en ce moment, en France, l'article principal des revendications ouvrières : droit de contrôle sur les règlements du travail, l'embauchage et le congédiement des ouvriers, le taux minimum des salaires, en un mot tout ce qui pourra donner aux ouvriers le sentiment que dans la fabrique ils se gouvernent eux-mêmes.

Et les Trades-Unions, que disent-elles du régime coopératif actuel, et puisqu'elles menacent de rompre avec les dirigeants des Wholesales, comme nous l'avons vu tout à l'heure, que demandent-elles ? Est-ce la participation et l'actionnariat ouvrier ? Point du tout : ce n'est là que du réformisme bourgeois ? Est-ce le droit de contrôle pour les employés ? Oui, mais avec cette grave différence que ce contrôle ne doit pas être remis aux ouvriers de l'entreprise, pas plus dans celle coopérative que dans celle capitaliste, mais devra être exercé par les Trades-Unions. Même thèse en France où les syndicalistes rejettent les comités d'usines comme ne représentant que des intérêts corporatifs. C'est, disent-ils, la C. G. T. qui doit exercer ce contrôle dans l'intérêt de la classe ouvrière tout entière.

---

(1) En mars 1926, les employés de la plus grande Coopérative de Consommation de Suisse, celle de Bâle (40.000 membres) ont menacé de se mettre en grève si on ne faisait pas droit aux réclamations que voici :

1° Augmentation de salaire ;
2° Emplois réservés uniquement aux syndiqués ;
3° Droit pour les employés de participer à l'administration.

Les deux premières réclamations ont été admises par le Conseil d'Administration de la Société à une faible majorité, mais la troisième a été repoussée à une énorme majorité de 64 contre 29, ce qui veut dire que même les socialistes membres du Conseil ont pour la plupart voté contre.

Du reste, un referendum de tous les sociétaires ayant été demandé, toutes les demandes ont été rejetées.

LIVRE II

LA COOPÉRATION EN RUSSIE

CHAPITRE I.

LA COOPÉRATION RUSSE AVANT LA RÉVOLUTION DE 1917

§ 1. — Les origines de la Coopération en Russie.

De l'Angleterre à la Russie le saut est grand, au point de vue coopératif surtout, car le type de Moscou est tout à fait différent de celui de Rochdale.

Mais ce type de la coopération communiste ne s'est réalisé qu'après la révolution bolcheviste, et pour le comprendre il faut commencer par faire l'histoire de la coopération antérieure à la Révolution.

La Russie est une terre qui paraît particulièrement disposée pour la coopération. Le peuple russe est doué des vertus qui en facilitent la pratique : familiarité, tendance au groupement. Le mot *tovarich* a une signification beaucoup plus affectueuse que notre mot de citoyen ou même de camarade. Il est très fréquent dans une ville russe d'être accosté par quelque passant qui vous parle comme à une vieille connaissance : c'est tantôt, par exemple, une femme qui vous demande de lui lire une lettre qu'elle ne sait pas lire ; tantôt, comme cela m'est arrivé en visitant un musée de Moscou, c'est un moujik, avec la blouse et les molletières en écorce de bouleau, qui m'adressa une interrogation amicale, que je ne compris pas naturellement, mais mon compagnon me dit : Il vous demande si vous êtes du Parti communiste ? On serait vraiment surpris, à Paris, si au musée du Louvre un ouvrier abordait un vieux monsieur occupé à regarder les tableaux pour lui demander s'il est du parti communiste.

Cette sociabilité n'est pas seulement au dehors. La pratique de la coopération est en effet très ancienne en Russie.

Elle était réalisée sous une double forme : sous celle du *mir* et sous celle de l'*artel*.

Le *mir*, comme tout le monde sait, c'est la commune

paysanne : la terre appartenant à la commune et répartie par des partages périodiques, plus ou moins espacés, entre tous les membres de la commune. Il est vrai que chacun cultive individuellement sa part ; mais tout de même, le *mir* crée entr'eux une association forcée pour de mutuels services.

Depuis l'abolition du servage, en 1861, cette association de fait avait pris le caractère d'une solidarité juridique, car les communes avaient été rendues responsables du paiement des indemnités pour le rachat du servage.

Il y avait donc déjà, dans cette pratique du *mir*, quoi qu'elle ne fût pas universelle en Russie, une initiation à la coopération.

L'autre forme d'association, très répandue, était l'*artel*, ce que nous appellerions en France la coopérative de main-d'œuvre. Nous aurons à y revenir plus loin, de même que sur le *mir*.

Pourtant si par le tempérament de sa race, par ses traditions, la Russie était prédisposée à la coopération, d'autre part, il y avait bien des obstacles qui s'y opposaient.

Il y avait d'abord la dispersion extrême de la population en Russie ; ce sont de petits villages, séparés les uns des autres par de très grandes distances.

Nous avons vu dans la première leçon de ce cours que la densité de la population était une des conditions pour la naissance et le développement du mouvement coopératif. Il est difficile de grouper des populations qui sont disséminées sur une immense étendue.

Ces communes russes ne sont pas seulement disséminées, elles sont pauvres et dans l'impossibilité de réunir, sous forme de versements d'actions, le modeste capital qui est nécessaire à la plus modeste coopérative, que ce soit une coopérative de consommation, de production ou de crédit.

Ajoutez encore l'ignorance. J'ai bien dit dans la première leçon de ce cours qu'il ne fallait pas faire de la coopération le privilège des intellectuels et que le mouvement coopératif dans le monde nous montrait que les plus ignorants peuvent tout de même devenir de fervents coopérateurs. Néanmoins, c'est un obstacle au développement de la coopération que les associés ne soient pas capables de lire les journaux ou tracts coopératifs, ni même le texte des articles de leurs statuts, ni moins encore d'écrire une lettre.

Ajoutez encore l'alcoolisme. Vous savez que la vente de

l'alcool était un monopole d[...] vernement russe et qu'il en
tirait des revenus énormes. On [n]e pouvait pas vendre et con-
sommer l'alcool dans les débits, c'était défendu, mais c'était
l'État lui-même qui en vendait. Comme on va, en France, au
bureau de tabac chercher des timbres-poste ou du tabac, on
allait en Russie chercher des flacons d'eau-de-vie ; on allait
les boire au restaurant ou simplement dans la rue, et lorsque
les paysans venaient en ville les jours de marché, ils buvaient
en une fois la consommation de huit jours et tombaient
dans la rue ivres morts.

Or, l'alcoolisme est pour la coopération un toxique violent.
C'est pourquoi en divers pays, en Belgique, par exemple, la
vente de l'alcool est absolument interdite. Ces paysans russes,
qui dépensaient tout leur gain en bouteilles d'eau-de-vie
n'étaient évidemment pas des candidats à la coopération.

A tous ces obstacles, ajoutez enfin le plus grand de tous :
l'hostilité des pouvoirs publics et du gouvernement, qui ont
fait tout ce qu'ils ont pu pendant longtemps pour enrayer le
développement du mouvement coopératif et pour le faire
avorter.

C'est l'honneur des sociétés coopératives que dans tous les
pays où il y a des gouvernements plus ou moins despotiques,
elles sont suspectes et souvent traquées.

D'ailleurs, nous Français, nous n'avons pas lieu d'en être
scandalisés, car dans nos colonies françaises nous avons exactement la même politique. Les indigènes de Madagascar, de
l'Indo-Chine et de nos autres colonies, n'ont pas le droit, généralement, de constituer des sociétés coopératives. Et pourtant
c'est là surtout que colons et indigènes sont exploités par les
mercantis.

Au temps où l'Allemagne était déjà riche en associations
coopératives de crédit, le gouvernement russe s'était défendu
contre cette dangereuse importation. En 1860, quand Schulze
Delitzsch voulait faire une conférence sur les coopératives de
crédit, à Riga, qui était alors ville russe, la conférence fut
interdite.

Cependant, ce fut par cette porte que le gouvernement avait
vainement essayé de fermer, par Riga, le pont de communica-
tion avec l'Allemagne, que s'introduisit en 1865 la première
société coopérative de consommation. Toutefois l'Ukraine lui
a disputé cette priorité.

C'est une date intéressante que celle de 1865 parce que, par une singulière coïncidence, nous la retrouvons dans un grand nombre de pays. Même en France la date de 1865 a été celle de la naissance d'un assez grand nombre de sociétés coopératives de consommation importantes, dont quelques-unes existent encore aujourd'hui. C'est là un exemple curieux de cette simultanéité si fréquente dans les mouvements économiques et sociaux.

De 1865 à 1875, le mouvement grandit; il marquait même un beau départ et il semblait qu'on allait marcher grand train. A raison même de l'hostilité du gouvernement tsariste, le mouvement trouva à ce moment un concours passionné parmi les intellectuels révolutionnaires qui y saluaient une forme pratique de socialisme, ou même parmi tous ceux simplement d'esprit libéral.

Il serait inutile de rappeler les noms de ces intellectuels russes qui furent les premiers apôtres du mouvement coopératif en Russie. Je citerai seulement comme exemple l'histoire de l'un d'eux avec lequel j'ai été en relations par correspondance; il se nommait Nicolas Balline, de Kharkov, dans l'Ukraine; il était de son métier libraire, ce qui lui avait permis de lire, de s'instruire et d'acquérir des connaissances assez étendues sur la coopération. Il avait même fait un voyage dans l'Europe Occidentale et visité la coopération anglaise. A raison de ses connaissances en langues étrangères, il fut ensuite nommé assistant à la bibliothèque de l'Université de Karkov. Il y donna des conférences sur la coopération; mais, à la suite d'une de ces conférences, l'évêque trouva que ce qu'il racontait là était très dangereux et adressa une plainte au procureur général du Saint-Synode, Pobiedonostzev, qui pendant longtemps a exercé en Russie les mêmes pouvoirs que le Grand-Inquisiteur en Espagne autrefois. Pobiedonostzev écrivit donc au gouvernement de Kharkov pour lui demander qui était ce Balline ? Le gouverneur répondit par une lettre dont j'extrais ce passage assez divertissant, parce qu'il montre quels étaient les sentiments des autorités russes à cette époque pour le mouvement coopératif.

« Balline a pris un grand intérêt à la coopération. Il a beaucoup lu et lit encore une masse de livres sur ce sujet. Il en est résulté qu'il cherche a réaliser le bonheur de tout le genre humain par le moyen de la coopération appliquée à

chaque branche de l'activité économique, ce qui est certainement une des formes manifestes de la démence. »

« Comme la publication dans les journaux locaux de ces
programmes de conférences, qui n'ont pas le sens commun et
qui montrent des affinités avec les enseignements des communistes et des phalanstériens, pourrait donner au public l'impression que ces conférences sont données avec l'approbation
de la Direction de l'Enseignement, j'ai interdit la seconde
conférence, l'état mental de Balline le rendant tout à fait
disqualifié pour cette tâche. »

Il fut en effet révoqué, mais il trouva un emploi comme
employé dans un magasin de commerce. Cependant, il n'était
nullement fou ; mais, tout en conservant de lui un affectueux
souvenir, je dois reconnaître qu'il était ce qu'on appelle un
illuminé. Voici quelques passages d'un message qu'il envoya
pour le Congrès Coopératif français qui se réunit à Tours, en
1887. Il est très long, je ne puis en lire qu'un ou deux
passages :

« Quant au peuple russe, peuple martyr, il marche dans la
nuit, n'ayant pour le guider que quelques éclairs çà et là ;
mais l'éclair éblouit et aveugle. Vous nous donnerez [les
coopérateurs français] la pure lumière qui éclaire...

« Je vous écris pour affirmer la solidarité de sentiment
qui nous unit ; je suis heureux de penser que nous poursuivons, Russes et Français, le même idéal, de même que
lorsque je regarde une étoile, je suis heureux de penser que
mon frère, de loin, la regarde aussi.

« Quand pour la première fois, à Pétersbourg, je rencontrai
Verestchagine, un des premiers coopérateurs qui était jeune
alors et au début de sa carrière coopérative, son regard limpide
et sincère me frappa et je lui demandai : Faites-vous de bons
fromages dans votre coopérative ? — Ils sont bons, me dit-il,
parce que je suis un bon coopérateur... C'est vrai, les coopérateurs ce sont les hommes de bien. Dieu aussi est avec les
coopérateurs. Que pourraient leurs ennemis ? »...

Ces citations vous montrent quel était l'état d'esprit mystique
des promoteurs de la coopéraion russe à ce moment-là.

Pourtant, ce beau feu ne dura qu'une dizaine d'années. Dix
ans plus tard, en 1875, on put croire qu'il était éteint. Et
pendant trente années ce fût une période de stagnation et

...ême de régression du mouvement coopératif russe. Je ne saurais pas bien dire pourquoi. Peut-être parce que le gouvernement redoubla de rigueur, précisément en voyant les intellectuels porter un tel intérêt à la coopération, ce qui suffisait assurément pour disqualifier à ses yeux le mouvement coopératif ; ou peut-être, au contraire, parce que le zèle des intellectuels se refroidit, ceux-ci étant plutôt attirés par l'éclat grandissant du marxisme.

§ 2. — Les progrès et l'orientation du mouvement coopératif.

Pourtant la rigueur du gouvernement s'était relâchée peu à peu au cours de cette période où le mouvement coopératif se ralentit. Cette détente fut surtout due aux famines qui désolèrent la Russie. En effet, il y eut en Russie deux grandes famines, en 1891 et en 1897.

A la suite de ces famines, en face desquelles les pouvoirs publics étaient restés tout à fait impuissants, il parût difficile d'empêcher la population de chercher les moyens de mieux s'alimenter, ou à meilleur marché, dans les coopératives. On finit donc par donner une consécration légale au mouvement coopératif par une loi qui en reconnaissait les statuts.

Toutefois, ce ne fut d'abord que pour les coopératives de crédit, parce que les coopératives de crédit n'ont jamais suscité grande défiance de la part des gouvernements. Elles n'avaient, en effet, d'autre but que de défendre les paysans contre l'usure qui était une des plaies de la Russie à ce moment-là et qui ne pouvait laisser les pouvoirs publics absolument indifférents. On créa même une banque spéciale pour leur faire des avances à ces sociétés coopératives imitées de celles d'Allemagne.

Pour les coopératives de consommation, on hésita davantage ; mais tout de même, le gouvernement finit par céder aussi.

En 1905, à la suite de la guerre russo-japonaise et de la défaite des armées russes, il y eut un premier essai de révolution qui échoua parce que l'armée à ce moment-là resta fidèle au gouvernement et écrasa férocement l'insurrection. Mais, malgré sa victoire, le gouvernement tsariste fut obligé de faire certaines concessions.

C'est à cette date qu'on fit l'essai, qui fut presque tout de suite abandonné, d'un gouvernement parlementaire, par la convocation de la Doûma.

Le mouvement coopératif bénéficia tout naturellement de cette nouvelle tendance politique. Et c'est pourquoi, à partir de 1895, le mouvement coopératif repartit à nouveau et, cette fois, ne s'est plus arrêté. Tandis que dans les trente ou quarante années précédentes c'est à peine si on comptait 20, 30 ou 40 sociétés coopératives fondées chaque année, à partir de 1905 c'est par milliers qu'on les compta chaque année.

En 1905, il y avait 5.000 sociétés en Russie, parmi lesquelles on comptait seulement, en chiffre rond, mille sociétés de consommation ; le reste, c'étaient des sociétés de crédit et des associations agricoles. En 1914, à la veille de la guerre, il y en avait déjà plus de 30.000, dont 10.000 de consommation.

C'est donc pendant cette période, de 1905 à 1914, que le mouvement coopératif s'est organisé complètement en Russie. C'est à ce moment là qu'il a acquis successivement ses différents organes : la Banque Coopérative de Moscou (1911), les Unions Régionales (1908) et, par dessus les Unions Régionales, l'Union Centrale.

C'est à partir de cette époque que les coopératives ont commencé à tenir des congrès, ce que le gouvernement russe redoutait le plus, car les congrès ont toujours été un objet d'effroi pour les gouvernements.

Le premier congrès eut lieu à Nijni-Novogorod, en 1906 ; le second à Moscou, en 1908. Il fut surveillé de très près par la police ; au bout de quelques jours, trouvant qu'il durait trop longtemps, la police le fit clôturer. Mais tout de même, il avait eu lieu. Il avait formulé des vœux, les desiderata de la coopération russe. Ce fut dans ce congrès — c'est un point historique intéressant à noter — que les coopératives russes adoptèrent les statuts de Rochdale. En effet, pendant toute cette période et jusqu'à la révolution de 1917, les coopératives russes se sont bornées à reproduire, comme d'ailleurs les coopératives de tous les pays d'Europe et du monde, le type de Rochdale, avec toutes ses règles bien connues : une seule voix pour chaque sociétaire ; la répartition des bonis non pas au prorata du capital mais au prorata des achats ; la vente au comptant, etc.

Cependant, quoiqu'elle eût adopté les règles classiques de

Rochdale, la coopération russe s'en distinguait déjà par certains caractères spéciaux qu'elle a d'ailleurs encore aujourd'hui.

D'abord, c'est un mouvement qui est surtout rural. La Russie est un pays dans lequel 90 p. 100 de la population habite au village ; c'est une proportion beaucoup plus forte que dans aucun autre pays d'Europe et même du monde entier. Et naturellement, le mouvement coopératif a le même caractère : les neuf dixièmes des sociétés coopératives sont des coopératives de paysans.

C'est un fait assez rare, car généralement la coopération est un mouvement urbain, comme d'ailleurs, le syndicat. Cependant il y a quelques autres pays, tels que la Finlande, le Danemark, dans lesquels la coopérative de consommation est aussi en grande majorité rurale.

Un second caractère de la coopérative russe, c'est la fraternisation et même la confusion de toutes les formes de la coopération : production, consommation, crédit, agriculture, etc. Dans les autres pays elles sont complètement séparées.

Ainsi en France, par exemple, les trois formes de la coopération : consommation, production et crédit, non seulement sont absolument distinctes par leurs organisations, mais on peut même dire qu'elles sont plutôt antagonistes.

La coopération de crédit est formée d'associations de propriétaires qui n'ont aucune velléité socialiste et ne songent nullement à l'abolition du salariat ou du profit.

Quant aux coopératives de production, elles représentent une sorte d'aristocratie ouvrière qui a un certain mépris pour les coopératives de consommation où elles ne voient que des boutiques de marchands ; et les coopératives de consommation leur rendent dans une certaine mesure ce même sentiment en n'y voyant que des ouvriers parvenus au patronat.

En Russie, ce n'est pas cela du tout. Ces trois formes ne font qu'une, tout particulièrement les coopératives de production et celles de consommation. C'est tantôt l'une, tantôt l'autre qui commence et qui, par une espèce d'intégration progressive, revêt toutes les formes.

C'est ainsi, par exemple, qu'en Sibérie s'est fondée il y a longtemps déjà, en 1891, une grande entreprise coopérative de production du beurre. Elle a pris une très grande extension, telle qu'elle a fini par faire disparaître toutes les entreprises capitalistes ; elle fournit le beurre non seulement à la Russie, mais encore aux divers pays d'Europe, à des entrepôts, à l'Angleterre. Or, cette grande coopérative, qui est donc par ses origines une coopérative agricole de production, est devenue en même temps une société coopérative de consommation en ce sens que, dans toutes les villes de Sibérie, elle a ouvert des magasins et fournit à ses membres, aux paysans qui sont ses associés, tous les objets dont ils ont besoin.

Inversement, une foule de sociétés, après avoir débuté comme sociétés de consommation, ouvrent ensuite des ateliers dans lesquels elles produisent tous les objets dont je parlais tout à l'heure et qui sont la spécialité des *artels* : vêtements, broderies, cuirs, chaussures, objets en bois, etc.

Cette solidarité entre ces mouvements a permis d'éviter le danger que j'ai signalé dans une des précédentes leçons comme un des plus gros problèmes de la coopérative anglaise : d'abord le conflit entre les coopératives de consommation et celles de production, et aussi peut-être l'antagonisme entre l'ouvrier qui travaille pour la coopérative, d'une part, et le consommateur d'autre part. En Russie, le problème ne se pose pas, jusqu'à présent du moins. Que les ouvriers soient producteurs dans la coopérative ou qu'ils y soient acheteurs, ils sont tout de même camarades et n'ont pas la moindre idée d'entrer en conflit les uns avec les autres.

Il faut signaler aussi la forme hiérarchique de la coopération russe : c'est un édifice non à deux, mais à trois et même à quatre étages.

En Angleterre et dans les autres pays il n'y a que des sociétés locales et au-dessus la fédération d'achat, la Wholesale. Il y a bien en Angleterre et en France une répartition des sociétés par régions, mais ces unions régionales n'ont pas de vie propre. En Russie, les Unions régionales ont une vraie autonomie et plus encore celles qui embrassent toute une des Républiques qui constituent l'Union Soviétique, par exemple l'Union de l'Ukraine ou celle de la Transcaucasie. Quant à l'Union Centrale c'est l'ancienne Union régionale de Moscou qui a été érigée à cette dignité : elle est connue sous le nom de *Centrosoyus*, ce qui veut dire simplement la société centrale.

Signalons un dernier trait de la coopération russe : c'est un besoin, une passion de l'enseignement, d'autant plus remarquable qu'il se manifeste dans une population illettrée. Il n'y a pas de coopérative, ou du moins pas d'Union régionale, qui n'ait une bibliothèque, des conférences, des traités de propagande. Il y a eu des cours sur la coopération en Russie longtemps avant qu'on en eut inauguré en France.

Pendant toute cette période que je viens de résumer, ils ont traduit tous les livres sur la coopération étrangère. S'il m'est permis de prendre un exemple personnel, mes livres sur la coopération ont eu en Russie dix fois plus de lecteurs qu'en France, et ce n'est pas assez dire. Il en est de même pour tous les livres, anglais, français, qui ont paru sur la coopération ; ils ont été traduits en russe. Lorsqu'ils étaient trop longs, ils ont été coupés par petits tracts et distribués à des centaines de milliers d'exemplaires.

En outre, tandis que les professeurs des Universités, dans la plupart des pays, en France notamment et même en Angleterre, restaient très indifférents au mouvement coopératif, ou n'en parlaient qu'avec une bienveillance un peu dédaigneuse, au contraire les principaux économistes russes, Kowalewski à Saint-Pétersbourg, Oseroff à Moscou, Levitzky, à Kharkow, Tschaïkowski, réfugié en Angleterre, en parlaient avec la plus vive sympathie et déjà avant la Révolution ils y voyaient un des grands facteurs de la vie nationale russe. ——

§ 3. — L'essor de la coopération russe pendant et après la guerre.

Et nous voici maintenant en 1914 ; c'est la Grande Guerre, qui a éprouvé le peuple russe plus qu'aucun autre. On ne saura jamais le nombre des morts dans les armées russes pendant la guerre. Mais il n'y eut pas seulement des victimes sur les champs de bataille, il y en eût dans toute la population russe : ce fut le bouleversement général qui a précédé et préparé la Révolution bolcheviste.

Pourtant la guerre, qui a fait tant de mal, a eu du moins cet effet bienfaisant de stimuler le mouvement coopératif dans tous les pays, et en Russie plus qu'ailleurs. La raison a été la même partout, à savoir la hausse des prix et la rareté des subsistances, qui ont déterminé les populations à se réfugier, comme dans des lieux d'asile, dans les sociétés coopératives où elles espéraient trouver des aliments à meilleur marché et où, tout au moins, elles eussent l'assurance de ne pas être exploitées par les mercantis et les profiteurs. En outre, il y a eu certaines causes de cet essor coopératif qui ont été spéciales à la Russie.

D'abord, il y a eu un enrichissement énorme des paysans. Il est vrai que dans d'autres pays, comme en France, la guerre a eu aussi cet effet de faire gagner beaucoup d'argent aux paysans et aux propriétaires ; mais en Russie, la dépréciation du rouble a été tout de suite énorme et telle que bientôt les paysans ont refusé de recevoir le rouble-papier et n'ont plus échangé leurs produits alimentaires que contre des objets d'une valeur réelle ; c'est le troc en nature qui a été pratiqué. Les gens de la ville qui voulaient manger allaient dans les campagnes avec des sacs vides pour faire leurs provisions : ils n'emportaient pas de billets de banque mais ce qu'ils avaient de plus précieux, ou ce qu'ils pensaient devoir plaire aux paysans, des meubles, des icônes, des bijoux, de la vaisselle, des vêtements riches. Les maisons des moujiks se sont enrichies pendant ces trois années de guerre de tous les trésors des maisons bourgeoises. Par conséquent, l'obstacle qui avait empêché ou gêné le mouvement coopératif, celui de l'insuffisance de ressources, de manque de capital, a été atténué. Les paysans n'ont plus eu autant de peine à fonder des sociétés coopératives de consommation ou de crédit.

Il y a eu une autre raison : c'est que l'alcoolisme a disparu durant la guerre. Un ukase du tzar supprima la vente de l'alcool. C'est un geste qui, à première vue tout au moins, parait admirable et presque de nature à réhabiliter la mémoire de l'infortuné empereur. Mais le gouvernement tsariste ne l'a fait que parce que, dit-on, toutes les recrues qui arrivaient aux armées y arrivaient ivres. Et d'autre part, quoique le monopole de l'alcool rapporta des sommes considérables, un milliard et demi de roubles-or, je crois, cependant, étant données les dépenses de centaines de milliards que coûtaient la guerre, les recettes de l'alcool étaient bien peu de chose dans ce gouffre. En tout cas, la coopération en profita : tout l'argent que les paysans apportaient en ville pour acheter de l'alcool devint disponible pour acheter dans les magasins coopératifs.

Et surtout, pendant la guerre, les mesures restrictives des

pouvoirs publics furent complètement supprimées ; et tout au
contraire, le gouvernement s'employa à favoriser les sociétés
coopératives. Il en fit même, dans une certaine mesure, des
centres d'alimentation et de ravitaillement de la population.
Toutefois la nécessité de l'autorisation préalable ne fut supprimée qu'après la fin du tzarisme par le gouvernement de
Kerensky (le 20 mars 1917).

Voilà pourquoi, pendant cette période de guerre, la coopération prit un développement énorme. Le nombre des coopératives de consommation qui était évalué à 10.000 en 1914 au
début de la guerre, était évalué en 1917, à la veille de la
Révolution, à près de 20.000 et le total des coopératives à 46.000.

La courte période qui se place entre l'abdication du tzar et
la Révolution d'octobre 1917, celle du gouvernement de
Kérensky, a marqué l'apogée du mouvement coopératif. On a
vu même entrer dans le nouveau ministère des militants de la
coopération. Il y avait dans le ministère Kerensky sept ou huit
ministres ou secrétaires d'Etat qui étaient des coopérateurs
pratiquants et militants, parmi lesquels Zellheim, un des pionniers de la coopération de consommation.

D'ailleurs, la Russie n'a pas été le seul pays à donner cet
exemple, très flatteur pour les coopérateurs. Dans beaucoup
de pays, pendant la guerre et dans la période qui a suivi, on
a vu des coopérateurs appelés au gouvernement, ou à la direction des affaires publiques. Je n'ai pas besoin de vous rappeler
que Wojciechowski, le président de la République polonaise,
a été un coopérateur militant, président d'une des grandes
sociétés de Varsovie. En France même, on a vu au ministère
de l'armement, Albert Thomas, depuis lors directeur du
Bureau International du Travail, qui était et est resté un fidèle
coopérateur.

Seulement, cette entrée des coopérateurs dans les conseils
du gouvernement a eu cet effet fâcheux, à notre avis, d'orienter
le mouvement coopératif vers la politique. Et c'est en Russie
surtout que les conséquences ont été funestes.

Au mois de mars 1917, il y eût, à Moscou, un Congrès au
cours duquel s'est engagée une très vive discussion entre
coopérateurs sur la question de savoir si les coopératives
devaient faire ou non de la politique ? Les vieux coopérateurs,
ceux qui avaient conduit jusque là le mouvement coopératif

—, et parmi eux notamment, le professeur Totomiantz, qui enseignait la coopération à Moscou, et qui est encore aujourd'hui un de ses grands propagandistes — ont lutté contre cette poussée. Ils demandèrent qu'en Russie, comme en Angleterre et dans tous les pays d'Europe, on observât la neutralité et que le mouvement coopératif se consacrât à la tâche, déjà assez lourde, d'assurer le ravitaillement de la Russie et de grouper les bonnes volontés dans l'œuvre de reconstitution sociale.

Mais il y avait dans le Congrès un fort parti qui poussa en sens contraire et qui demanda que la coopération fît de la politique et ceci, contradiction assez curieuse, afin d'empêcher que le gouvernement passât aux mains des politiciens.

Cette thèse fut soutenue par d'éloquents orateurs, entre autres par une dame, Madame Kuskova, qui eut un grand succès. Elle fut soutenue surtout par un économiste qui était alors le plus éminent représentant des économistes russes, le professeur Tugan Baranowski, dont le nom est connu de tous les économistes, surtout par un de ses livres sur « les crises économiques » qui a été traduit en français. Le professeur Tugan Baranowski, qui avait été jusqu'alors pour la neutralité du mouvement coopératif, déclara que dans ces circonstances exceptionnelles il changeait d'avis et qu'il était aussi pour que le mouvement coopératif s'engageât résolument dans la voie de la politique afin de diriger la jeune République.

Toutefois il s'agissait seulement d'engager les coopératives à s'intéresser aux élections et à faire l'éducation politique des masses.

Mais dans un second Congrès la même année (17-19 octobre 1917), par conséquent à l'heure même où la Révolution bolcheviste allait triompher, le programme fut modifié : il fût décidé de porter des candidats aux élections, qui représenteraient directement les coopératives et se sépareraient aussi bien des bolchevistes que des menchevistes. En conséquence on proposa l'ordre du jour que voici :

« A ce moment d'élire une Assemblée Constituante, nous pensons que c'est notre devoir, à nous coopérateurs, de présenter une liste de candidats aux élections, en dehors de ceux présentés par les autres partis. C'est un devoir dont nous sentons le poids, car il nous force à nous mêler à des luttes (*struggle*) qui ont causé beaucoup de calamités, nous le savons; mais il n'y a pas d'autre parti à prendre puisqu'aucun des partis qui participent à la campagne électorale ne s'engage courageusement dans la voie que nous croyons la bonne route.

« Le mouvement coopératif crée des formes nouvelles de vie économique, sur la base de la solidarité, et prépare ainsi la réalisation d'un splendide idéal socialiste. Nous voulons soutenir ce programme.

« Parmi les membres du parti socialiste, il y en a beaucoup qui sont de nos amis. Mais à leur côté et sur la même liste il y en a d'autres qui voudraient entraîner la Russie dans une voie qui, c'est notre conviction, serait la ruine de la nation. nous ne pouvons donc voter pour ces listes.

« Il y a une autre raison qui ne nous permet pas de voter pour les partis en présence, parce que dans l'Assemblée Constituante appelée à reconstituer la Russie, il faut d'autres hommes que des politiciens, des hommes dont les compétences techniques soient établies par de longues années d'activité pratique. »

Ce fût cette résolution qui l'emporta à une très grande majorité. Le professeur Totomiantz lui-même s'y rallia.

Evidemment les coopérateurs qui votèrent en ce sens le firent dans l'espoir qu'ils auraient chance de prendre en mains le nouveau gouvernement, ambition qui d'ailleurs était exempte de toute vanité personnelle mais qui voulait unir, pour le plus grand bien de l'une et de l'autre, la destinée de la nouvelle Russie et celle de la Coopération.

Les coopérateurs russes n'étaient pas communistes, ni marxistes, c'est-à-dire du parti qui allait faire un coup d'Etat, mais ils étaient pourtant déjà fortement socialistes et même rouges, plus qu'en aucun autre pays, même qu'en Belgique. C'est ainsi que le même professeur Tugan Baranowski, à cette même époque, disait que la situation de la Russie, où il n'y a que la masse des travailleurs en face d'une aristocratie possédante, est préférable au point de vue révolutionnaire à celle des pays de l'Europe Occidentale où l'existence d'une classe moyenne sert de lubréfiant « et infecte la classe prolétarienne de son amour de l'ordre et de la propriété », et il en tirait un bon augure pour le succès de la révolution sociale en Russie (1).

Il allait être satisfait — et déçu ! Il est mort deux ans après, des misères, à ce qu'on dit, qu'il a endurées.

____

(1) Dans le *Russian Cooperator*, de Londres, juin 1917.

CHAPITRE II

LA COOPÉRATION APRÈS LA RÉVOLUTION BOLCHEVISTE

§ 1. — Karl Marx et la Coopération.

C'est la date du 6 novembre 1917 qui a été consacrée comme celle de la Révolution communiste et qui est devenue le jour de la fête nationale. C'est celle où le cuirassé Aurora, embossé dans la Néva, bombarda le palais impérial et mit fin aux dernières résistances.

Voici donc l'avènement du régime communiste. Je n'ai ici à présenter aucune appréciation politique sur le régime soviétique. Nous nous occupons uniquement du mouvement coopératif ; mais, à ce point de vue, il importe de se demander ce que la coopération pouvait craindre ou espérer des doctrines qui allaient se réaliser en actes.

Il n'est pas besoin de dire que la République soviétique, au point de vue économique et social, prétendait être la réalisation de la doctrine marxiste et que tous ses chefs, à commencer par Lénine, étaient des disciples fervents de Karl Marx. Il est donc indispensable, puisque toute l'évolution économique de la Russie, depuis la Révolution de 1917 se trouve ainsi sous le patronage de Karl Marx, de savoir ce que celui-ci a pensé de la coopération.

On dit généralement, et on a répété très souvent, que Karl Marx avait un profond dédain pour le mouvement coopératif, qu'il l'avait même condamné comme étant tout à fait en dehors du véritable socialisme. Ce n'est pas tout à fait exact.

D'abord, Karl Marx est mort en 1883. A ce moment là la coopération de consommation n'avait pas pris encore un grand essor et ne pouvait guère être qualifiée de mouvement social ; elle était loin de songer à la République Coopérative dont on a parlé plus tard. Ce que Karl Marx avait sous les yeux, déjà de son vivant, c'était seulement la coopération sous la forme de la société ouvrière de production, telle qu'elle existait déjà en France, avec un certain éclat, depuis la Révolution de 1848, et aussi la coopération sous forme de société de crédit, qui avait pris déjà un grand développement en Allemagne et commençait en Italie. Or sous ces deux formes, la coopération était tout à fait opposée à la doctrine marxiste : la première n'ayant pour ambition que d'aider les ouvriers à se faire leurs propres patrons, la seconde ayant pour but d'aider et de consolider la petite propriété.

Mais il est vrai que la coopération de consommation elle-même ne répondait pas du tout à la doctrine marxiste. Le programme coopératif est sur un autre plan que le programme marxiste, et voici quelles sont les différences essentielles.

D'abord le conflit que Karl Marx — et le marxisme après lui — a toujours en vue c'est celui entre le Capital et le Travail, entre l'ouvrier et le patron ; or, le conflit que les coopératistes ont en vue ce n'est pas du tout celui-là, c'est celui entre le consommateur et le marchand. Et la divergence de ces points de départ a de grandes conséquences, car tandis que l'antagonisme entre la classe capitaliste et la classe ouvrière implique la lutte de classes dans le sens propre du mot et lui donne un caractère violent, au contraire, le conflit dont s'occupent les coopératistes, celui entre le consommateur et le marchand, n'apparaît que comme une espèce de marchandage et n'a rien de très passionnant. Il n'éveille aucune idée de classe ; tant s'en faut ! puisqu'au contraire, la société de consommation réunit et réconcilie en elle le vendeur et le client.

Si l'on se place au point de vue doctrinal, on pourrait croire, à première vue, que le marxisme et le coopératisme ont le même but, à savoir l'abolition du profit. Mais le profit que Karl Marx dissèque, par une dialectique admirable, n'est pas du tout le même que le profit que veulent éliminer les Coopératistes. Le profit critiqué par Marx c'est celui qui a pour origine le salariat. C'est ce qu'il nomme d'un mot devenu célèbre, « la sur-value », et qu'il définit ainsi : une certaine quantité de travail accompli par l'ouvrier, qui s'incarne dans la valeur de la chose produite et qui ne lui est pas payé. Voilà le profit dénoncé par Marx : « le mystère d'iniquité ».

Or le profit dénoncé par les coopératistes ce n'est pas du tout le profit prélevé sur l'ouvrier; ils n'en nient pas l'existence, mais ils ne s'en occupent pas, ce n'est pas leur affaire. C'est seulement la majoration prélevée sur le consommateur, sur l'acheteur, c'est ce profit-là que la coopération élimine dans ses sociétés, en attendant qu'elle le fasse disparaître de tout le monde économique.

Il y a d'autres différences essentielles. Le socialisme marxiste considère la propriété individuelle comme condamnée par l'évolution. Sa thèse c'est que puisque la production évolue progressivement de la forme individuelle à la forme collective, la propriété sera bien obligée de suivre la même voie et de devenir, elle aussi, collective.

Au contraire, toute coopérative est une société par actions et, par conséquent, admet la propriété individuelle sous la forme de valeurs mobilières, comme les sociétés capitalistes. Elle accorde, hormis un petit nombre de sociétés, un intérêt au capital. Presque toutes donnent des «bonis», que les Anglais appellent brutalement des dividendes ; sans doute, ce n'est pas la même chose que les dividendes des sociétés capitalistes, mais il faut avouer que cette répartition fait trop souvent des sociétaires ce que les Anglais appellent des « chasseurs de dividendes ». En outre toute société coopérative a des salariés dans la personne de ses employés ou ouvriers. Enfin presque toutes recommandent l'épargne à leurs membres et les invitent à réaliser ces épargnes sous forme de dépôts dans leurs caisses, en leur promettant généralement de gros intérêts. Or, tout cela, ce sont des conceptions et des pratiques absolument antipathiques au marxisme.

D'autre part, quand les coopératistes proclament que le but de la coopération est d'abolir le régime capitaliste, de créer une Economie nouvelle, et même d'exproprier — tout comme les socialistes, mais à leur façon, en se substituant à eux — les fabricants et commerçants, les marxistes rient d'une telle prétention ! Ils répondent que la coopération, même dans les pays où elle est le plus développée, n'est qu'un pygmée en face des grandes forces capitalistes, et que le jour où celles-ci le voudraient sérieusement, elles pourraient facilement l'écraser. Non seulement, disent les marxistes, le coopératisme n'arrivera pas à supprimer le capitalisme, mais il est destiné à périr avec lui, il ne lui survivra pas. Né dans le capitalisme et se mouvant dans les cadres de l'économie actuelle, il ne peut en sortir : le jour où cette économie sera supprimée par une révolution sociale, ce jour là le rôle de la coopération sera fini. En admettant même que la coopération ronge le capitalisme comme le ver dans un fruit, le jour où ce fruit tombera et se desséchera, le ver périra avec lui.

Voilà autant de motifs qui semblent devoir rendre irréconciliables le marxisme et le coopératisme. Et en effet, la plupart des marxistes ont très sévèrement jugé la coopération qu'ils flétrissent du nom de « petite bourgeoise. »

C'est ainsi qu'en Allemagne Liebknecht, et en France le principal représentant de l'école marxiste pendant les dernières décades du siècle précédent et la première de ce siècle-ci, Jules Guesde, disaient qu'il n'y avait nullement à compter sur le coopératisme. Ils faisaient valoir un argument qui est aujourd'hui un peu suranné et dont les récentes hausses de prix ont démontré la fausseté, mais qu'il faut tout de même rappeler :

« Nul n'ignore, disait Guesde, ou n'a le droit d'ignorer que la rémunération du travail, en régime de salariat, est régie par le prix des substances. A la vie chère correspondent, et ne peuvent ne pas correspondre, les salaires élevés et, par conséquent la vie à bon marché engendre les bas salaires. Si les coopératives de consommation, par conséquent, étaient généralisées, en permettant la vie ouvrière au rabais elles entraîneraient aussi la baisse générale des salaires. »

Néanmoins, le maître n'avait pas été aussi absolu que ses disciples dans cette condamnation. Il a même reconnu, en diverses occasions, que la coopération pouvait avoir au point de vue socialiste, une valeur tout au moins transitoire. C'est ainsi, par exemple, que, dans un document assez peu connu, dans l'adresse inaugurale au Congrès de l'Internationale, en 1864, Marx écrivait :

« Le mouvement coopératif, et surtout les manufactures coopératives créées par l'initiative isolée de quelques bras entreprenants, ont une très grande valeur d'expérimentation sociale qui ne saurait être surfaite. Elles ont montré, par les faits et non plus par de simples arguments, que la production sur grande échelle peut se passer d'une classe de patrons. Elles ont montré que le travail salarié n'était qu'une forme transitoire et inférieure destinée à disparaître devant le travail associé. » (1)

Il est vrai qu'ici Karl Marx vise plutôt les sociétés ouvrières de production que les sociétés ouvrières de consommation, mais cependant ce qu'il dit pourrait s'appliquer aussi bien aux sociétés de consommation. Karl Marx avait donc été frappé par

____

(1) Cité par un grand admirateur du Marxisme, Georges Sorel, dans un article de l'Emancipation (de Nîmes), de 1899 : « La Coopération d'après Marx ».

ce fait que les patrons ne peuvent plus prétendre au monopole de la direction de l'entreprise, puisque de simples ouvriers montrent, en s'unissant et en s'associant, que la classe ouvrière est en état de gérer elle-même la production. Il devait trouver là une illustration saisissante de sa formule fameuse : l'émancipation des travailleurs ne doit venir que des travailleurs eux-mêmes. Eh bien ! n'est-ce pas là ce qu'avaient fait les Pionniers de Rochdale et ce que font chaque jour leurs innombrables successeurs ?

§ 2. — Lénine et la Coopération.

Voilà donc l'opinion de Karl Marx sur la coopération. Or, parmi ses disciples se trouvait Lénine. Je n'ai pas à raconter ici la prodigieuse aventure de ce socialiste qui, après avoir passé vingt ans à mener la vie d'un trimardeur, traqué d'un pays à l'autre de l'Europe, s'est assis au Kremlin, a exercé une dictature plus absolue que celle des tzars autocrates — et dont la tombe, placée à la porte même du Kremlin, semble le garder contre tout retour des empereurs.

Mais j'ai cherché ce que Lénine pensait de la coopération avant d'arriver au pouvoir. S'il ne s'en était pas occupé d'une façon spéciale, du moins il s'y intéressait. Il était un des délégués russes qui ont participé au Congrès Socialiste International de Copenhague en 1900, lequel a eu une influence importante sur le mouvement coopératif.

Le Congrès avait été saisi de la question de savoir s'il fallait reconnaître au mouvement coopératif une autonomie et le mettre ainsi sur pied d'égalité avec le mouvement syndicaliste et avec le parti socialiste politique — ou bien, au contraire, s'il fallait le considérer simplement comme une annexe, un instrument, au service du Parti socialiste et du Syndicalisme ?

Dans le Congrès les deux opinions se trouvaient représentées, l'une et l'autre, par les socialistes les plus illustres. Dans l'extrême gauche, il y avait d'abord Lénine, comme délégué russe ; comme délégués belges Anseele et Vandervelde ; et, du côté français, Jules Guesde. Mais de l'autre côté, du côté des modérés, de ceux disposés à reconnaître à la coopération une autonomie, il y avait Jaurès ; il y avait aussi des délégués allemands, dont Von Elm qui était un coopérateur éminent.

On présenta différents ordres du jour. Les délégués russes,

avec l'appui des délégués belges et de Jules Guesde, demandèrent que, dans la résolution qui concernait le mouvement coopératiste, l'expropriation fût visée expressément.

Cela voulait dire qu'ils ne se refusaient pas à voir dans la coopération le cadre d'un régime social réalisable et désirable — et c'était là assurément une concession inespérée de la part des marxistes — mais seulement sous la condition d'une expropriation préalable. Il fallait donc déclarer que le mouvement coopératif n'aurait aucune chance de succès, et en tous cas ne pouvait absolument pas être patroné par les socialistes, s'il n'était précédé par une expropriation qui nettoierait le terrain et déblaierait la place pour le régime coopératif. Avant que d'installer la République Coopérative, il fallait que la révolution sociale fît terre rase — comme celle qui se trouvait devant les tranchées pendant la guerre et qu'on appelait *no man's land* (la terre à personne).

Secondement, ils demandaient que la résolution visât expressément l'union entre les coopératistes et le parti socialiste ; que les coopératistes fussent invités à entrer résolument dans la lutte de classe, à adhérer au parti socialiste et à l'aider en fait, notamment par des subventions pour les grèves ou pour les campagnes électorales.

Eh bien ! ces deux demandes des socialistes de gauche, des communistes — on ne les appelait pas encore de ce nom mais ils l'étaient déjà — furent écartées, grâce en partie à la grande autorité qu'avait alors Jaurès.

En ce qui concerne la première, un certain nombre de socialistes étaient disposés à viser expressément l'expropriation, notamment les Belges, mais comme *but final* de la coopération et non comme *condition préalable*, ce qui est tout différent.

Finalement dans la résolution votée on se contenta, au lieu de parler d'expropriation, de dire : « Les coopératives aideront les travailleurs à préparer la démocratisation et la socialisation des moyens d'échange et de production. »

En ce qui concerne la seconde demande, celle de s'engager dans la lutte de classes en prêtant appui au Syndicat et au Parti socialiste, le Congrès se contenta de dire : « que l'on laissait à chaque société coopérative le soin de prendre parti sur cette question », ce qui veut dire qu'on n'en faisait pas une obligation : l'adhésion au parti n'était pas déconseillée mais n'était pas non plus imposée.

Les votes du Congrès socialiste de Copenhague donnèrent donc raison à la thèse que les coopérateurs de l'école de Rochdale et de l'école de Nîmes n'avaient cessé de défendre depuis si longtemps, c'est-à-dire laisser à la coopération le soin de suivre sa voie et de réaliser sa destinée par ses propres moyens.

Naturellement, Lénine ne fut pas satisfait de cette résolution du Congrès de Copenhague et, en parlant de la formule que Jaurès avait fait voter sur « la socialisation et la démocratisation des moyens d'échange et de production », il dit « C'est une de ces phrases floues, indéfinies, parfaitement acceptables pour les idéologues du petit patronat et pour les théoriciens du réformisme bourgeois dans lequel Jaurès est passé maître et dont il est si grand amateur. »

Il est vrai que tout coopérateur un peu avancé consentirait volontiers à signer cette déclaration, puisqu'en somme toute société coopérative est déjà un commencement de socialisation des moyens de production et des capitaux, tout au moins pour le magasin ou la boutique qu'elle occupe.

L'histoire de cet épisode finie, retournons en Russie. Etant donnée la façon dont Lénine avait manifesté son opinion sur le mouvement coopératif, il est facile de prévoir ce qu'il allait faire 17 ans après, devenu tout puissant en Russie.

§ 3. — La Coopération à la suite de la Révolution communiste.

J'ai dit déjà qu'au cours de la guerre, et surtout au cours de l'année 1917, entre la chute du gouvernement Tzariste et la Révolution bolcheviste, le mouvement coopératif avait pris un essor extraordinaire. On a donné le chiffre, probablement exagéré, de 46.000 coopératives qui se décomposaient ainsi : 25.000 coopératives de consommation, avec 11 millions de familles environ ; 16.000 coopératives de crédit, avec un nombre égal de membres, et 3 à 4.000 associations agricoles de production qu'on appelle des artels, avec 4 à 500.000 personnes — ce qui faisait donc un ensemble de plus de 20 millions de familles enrôlées dans les sociétés locales. C'était donc un mouvement qui était déjà plus étendu qu'en aucun autre pays, même qu'en Angleterre.

Les coopératives de consommation avaient adopté les statuts classiques des Pionniers de Rochdale, que nous avons longuement étudiés dans les leçons précédentes ; mais elles avaient un programme plus avancé, plus rouge, que le programme classique du coopératisme. Si les sociétés de crédit étaient dirigées pour la plupart par des hommes attachés à l'ancien régime, à des Blancs, comme on les appelait en Russie aussi, il n'en était pas de même des sociétés de consommation ; leurs chefs appartenaient pour la plupart au parti dit des « menchevistes », mais aussi à celui des « socialistes révolutionnaires » et des « anarchistes ». Il est vrai que ce mot de socialistes révolutionnaire n'a pas en Russie la même signification qu'en France. Vous savez que les socialistes révolutionnaires ont été considérés par les gouvernants bolchevistes comme leurs pires ennemis et c'est entr'eux une guerre au couteau.

On sait que dès le lendemain de la Révolution, l'abolition de la propriété privée fut décrétée : terres, maisons, capitaux. Puis ce fut l'abolition du salariat, toutes les usines et les entreprises remises aux mains des ouvriers eux-mêmes, les comités d'usines devant remplacer les patrons. Enfin, quelques mois après, abolition de tout commerce privé, ce qui, d'ailleurs, était une conséquence nécessaire des mesures précédentes, puisque là où il n'y a plus de propriété individuelle privée il est évident qu'il ne peut plus y avoir d'entreprise de commerce.

Comment allaient se comporter ces puissantes organisations des coopératives russes en présence des coups de foudre qui allaient se succéder de mois en mois, à partir de novembre 1917 ?

D'abord, on leur appliqua la même constitution que celle des Soviets eux-mêmes, c'est-à-dire que furent exclus tous les bourgeois, membres du clergé, en un mot tous ceux qui ne vivaient pas de leur travail. La coopérative fut réservée aux prolétaires.

On leur appliqua, comme aux fabriques privées, le régime des Comités d'usines. On dit aux coopératives : nous mettons votre entreprise entre les mains de vos employés et de vos ouvriers. Ce fût le premier coup.

Secondement, l'abolition de la propriété privée eut naturellement pour conséquence la confiscation du capital des sociétés coopératives, tant du capital social, magasins, fabriques, que du capital sous forme d'actions appartenant aux coopérateurs individuellement. Il est vrai que par suite de la dépréciation du rouble ces actions n'avaient plus aucune valeur.

Alors, que pouvaient-elles faire ? C'était l'Etat soviétique qui avait pris en mains tous les capitaux, toute l'industrie, tout le commerce : les coopératives n'avaient donc plus de raison d'être.

Et c'est pourquoi dans un grand nombre de villes et de villages, on se mit à réquisitionner les coopératives et à remplacer leurs membres ou leurs administrateurs, menchevistes modérés, ou socialistes révolutionnaires, ou « sans parti », par des administrateurs bolchevistes. C'est à peu près ce qui vient de se passer, en sens inverse, en Italie où on a remplacé les administrateurs des coopératives, plus ou moins socialistes, par des administrateurs fascistes.

Les coopératives se trouvèrent donc ruinées. Mais pourtant pas partout, parce qu'il y eût bien des villes où la population, reconnaissante des services rendus par les coopératives, les respecta et ne leur appliqua pas les procédés brutaux de la réquisition et de la remise des magasins entre les mains des employés, ou de celle des Soviets.

Heureusement pour elles, cette période critique ne dura pas bien longtemps, parce que, tout de suite, Lénine mit le holà. Il déclara en termes tout à fait catégoriques, énergiques, que « les coopératives étaient l'unique organisme de tout le régime capitaliste qui fût bon et qu'il fallait les conserver, et les conserver absolument, à tout prix. » (1)

Voici le texte du décret du 21 Novembre 1918, par conséquent juste un an après la révolution :

« Les entrepôts et magasins des coopératives ne peuvent être nationalisés. Dans les localités où les organes locaux de l'autorité soviétique auraient, avant la publication du présent décret, nationalisé ou municipalisé les coopératives, réquisitionné ou confisqué les stocks des marchandises, toutes les coopératives devront être rétablies, toutes les marchandises devront être rendues, et il sera dressé un inventaire exact des pertes qu'elles auront subies. A l'avenir il ne sera apporté aucun obstacle à l'activité légitime des coopératives. »

Faut-il voir dans cette intervention un revirement dans les

____

(1) Discours au Conseil d'Economie Nationale du 11 Décembre 1918, dans la brochure plus loin citée.

sentiments de Lénine, une conversion ? On pourrait très bien l'admettre, car Lénine, de tous les hommes politiques, est bien le moins entêté qui ait jamais gouverné. Il a changé d'avis toutes les fois qu'il a cru que c'était nécessaire, non pas du tout par intérêt politique mais en avouant très franchement qu'il s'est trompé. Il le dit très souvent dans ses discours : « Nous avons fait de nombreuses erreurs ; nous en faisons tous les jours. »

Mais en ce qui concerne le décret que nous venons de citer, Lénine n'avait rien à rétracter et ne s'infligeait aucun démenti. En effet, nous avons vu, à propos du Congrès de Copenhague, qu'il n'était pas de ces marxistes intransigeants, comme Jules Guesde, qui n'admettait la coopération que comme un instrument au service du socialisme, un cheval de renfort destiné à être dételé et remisé dès qu'on serait arrivé au sommet de la côte. Non, Lénine voyait dans la coopération la vraie réalisation du socialisme, mais sous cette condition préalable, nous le rappelons, qu'elle serait précédée par une expropriation générale et la dictature du prolétariat.

Eh bien, cette condition se trouvait maintenant réalisée et dans des proportions qui dépassaient toute attente. Rien ne s'opposait donc plus à adapter la coopération aux besoins de la société nouvelle. Lénine eut le sentiment que cette organisation coopérative était la seule de la Russie qu'il fallait respecter, parce que, sans elle, tout allait s'écrouler. L'Etat et les Communes se trouvaient dans l'impossibilité absolue de remplacer du jour au lendemain le commerce et les entreprises privées abolies et, d'ailleurs, en grande partie détruites par le pillage. La Russie se trouvait, surtout après tout ce qu'elle avait souffert pendant la guerre et pendant les premiers mois qui avaient suivi la guerre, dans l'état de famine et de misère dont ont souffert d'ailleurs la plupart des pays belligérants, mais la Russie plus encore que tout autre.

Alors il ne restait plus que les coopératives. Lénine le comprit et il fit plus que n'avaient fait les marxistes ; il ne se borna pas à les accepter comme mesure transitoire, pour servir aussi longtemps que la révolution sociale n'aurait pas accompli son œuvre. Non le c'était à titre permanent qu'il fallait se rallier à la coopération. Il le dit en propres termes et répète continuellement que la population paysanne russe ne pourra apprendre le socialisme que par la coopération, que c'est la coopération qui la fera sortir de l'individualisme et de l'égoïsme paysan, qui lui apprendra la grande production.

« Un régime de coopérateurs hautement cultivés, quand les moyens de production sont devenus propriété commune et que le prolétariat aura triomphé de la bourgeoisie, voilà le Socialisme ! » (1).

A l'Exposition Internationale de Gand qui a eu lieu il y a dix-huit mois, où toutes les nations coopératistes ont exposé, il y avait le Pavillon de l'Union Soviétique qui portait comme enseigne la faucille et le marteau, et dans ce pavillon une salle avait été réservée à Lénine, avec son portrait, ses écrits et sa déclaration disant : « La coopération est la solution de la question sociale. »

§ 4. — La Coopération obligatoire.
La rupture entre Lénine et les anciens coopérateurs.

Il semblait donc que nous allions avoir une Russie Coopérative réalisant cette République Coopérative que nous avions si souvent rêvée.

Mais elle avait encore à subir bien des épreuves.

La première fût le divorce entre Lénine et les leaders coopérateurs d'avant la Révolution.

Au début, Lénine s'entendit assez bien avec les vieux coopérateurs, comme on les appelait, et fit un certain nombre de concessions à ce que nous appelons le système de Rochdale. Le décret du 12 avril 1918 admit que les coopératives pourraient, comme jusqu'alors, se former par des cotisations versées par les membres, quoique Lénine eût dit que ce n'était pas là du socialisme, mais enfin il passa outre. Et il admit aussi que, comme dans les sociétés de Rochdale, les coopérateurs pourraient continuer à toucher des ristournes sur leurs achats. Il admit même que les administrateurs pourraient être payés, comme ils l'étaient déjà.

Mais j'ai dit que Lénine changeait souvent d'avis et il revint sur ces concessions. Les vieux coopérateurs ne lui inspirèrent plus confiance. Il les accusa d'avoir des relations ou du moins

---

(1) Article dans la *Pravda*, Mai 1923. Et dans ce même article : « Tous les camarades ne se rendent pas compte de l'importance colossale, incalculable, qu'acquiert pour nous l'englobement dans la coopération de toute la Russie. »

des sympathies pour les conspirateurs de l'ancien régime, pour les armées de Koltchak et des Tchécoslovaques. Il vit en eux des ennemis, sinon du socialisme du moins de la dictature et sur ce dernier point il ne se trompait pas.

Donc, Lénine répudia la résolution du Congrès de Copenhague. Vous savez que ce congrès — je viens de le dire — avait consacré, légitimé, l'autonomie des sociétés coopératives. Il leur avait dit : « Vous voulez marcher toutes seules et ne pas être au service du parti socialiste. Eh bien ! c'est entendu ; nous vous mettons la bride sur le cou. »

Mais nous avons vu, aussi, à propos du Congrès de Copenhague, que Lénine n'était pas de ceux qui avaient voté pour l'autonomie des coopératives, c'est-à-dire qui leur avaient reconnu le droit de se séparer du parti socialiste.

Donc Lénine ne voulut pas de cela en Russie et quand les coopératives réclamèrent l'indépendance, disant : « nous ne faisons pas de politique ; laissez-nous suivre notre chemin », Lénine s'y opposa de la façon la plus catégorique et même, on peut dire, assez brutale.

Voici un de ses discours :

« Vous dites : Nous voulons l'indépendance. Cette réclamation suscite tout naturellement la méfiance.... Que vient faire ici l'indépendance ? Je ne comprends pas. Nous sommes tous d'avis que la coopération sera une des conquêtes du parti socialiste ; mais les cloisons doivent disparaître à jamais et sans retour, et c'est toute la société qui doit se changer en une Coopérative unifiée de travailleurs. Il ne saurait être question d'indépendance pour tel ou tel groupe.... Cet espoir d'indépendance ne peut exister que là où on espère encore un retour au passé.... C'est pourquoi vous ne pouvez avoir absolument aucun espoir de conserver une indépendance quelconque. Cela ne sera pas et il est inutile d'y songer. » (1)

Voilà un langage dictatorial !

En effet, l'indépendance fut supprimée par un décret du 20 mars 1919 (2). Les coopératives furent non pas supprimées

----

(1) Discours au Congrès de la Coopération ouvrière du 7 décembre 1918. Reproduit dans la brochure *Lénine et la Coopération*, publiée à l'occasion de l'Exposition Coopérative de Gand.

(2) Voici le texte du Décret du 20 Mars 1919 : « Pour l'unification de tous les rouages de distribution existant, il faut prendre pour organe central ce qu'on appelle la Coopération, comme étant de tous

mais nationalisées, confondues avec les Soviets. Il fut ordonné que dans chaque ville ou village toute la population serait inscrite d'office à la coopérative de consommation. S'il n'y en avait pas, on en créerait une. Ce qui veut dire que la société coopérative se confondait absolument avec la commune soviétique. Le nom officiel, qui lui avait été donné « Commune des Consommateurs » était bien le vrai : la commune économique à côté de la commune politique.

Tous les habitants donc étaient inscrits d'office, comme on est inscrit électeur dans chaque commune. Naturellement toutes les cotisations, ou souscriptions d'actions, étaient supprimées; il eût été contradictoire d'inscrire les gens d'office et de les faire payer. Il n'était pas besoin de capitaux ni d'actions puisque c'était l'Etat ou la Commune qui se chargeait de tout. Toutes les dépenses — et aussi toutes les recettes, bien entendu — passaient dans le budget de l'Etat ou de la Commune. C'était donc la nationalisation absolue.

Les coopératives devenaient ainsi les seules distributrices de l'alimentation et de tout approvisionnement.

La constitution de cette commune économique était calquée sur celle de la commune politique, c'est-à-dire que le droit de vote n'était accordé qu'aux prolétaires, aux travailleurs manuels ou intellectuels, et refusé à quiconque vivait d'un autre revenu que son travail : rentier, capitaliste, marchand, pope, etc. Bien entendu, les Coopératives du second degré, les Unions régionales, furent supprimées aussi, en tant qu'associations libres, et remplacées par des comités administratifs.

Les coopératives conservaient néanmoins le droit d'élire leurs conseils d'administration, mais puisqu'elles étaient deve-

les mécanismes, créés sous le régime capitaliste, le seul qui ait fait ses preuves au cours d'une expérimentation de longues années. Il ne faut donc pas la mettre de côté, mais au contraire, la mettre à part pour en faire le fondement amélioré de la Société nouvelle.

« En conséquence, dans chaque ville et village sera créé un seul établissement de distribution, la *Commune des Consommateurs*. Elle comprendra la totalité de la population et chaque citoyen sera obligé de s'y inscrire.

« La *Commune des Consommateurs* groupera toutes les entreprises de production existant dans la localité.

« Elles-mêmes seront groupées en Fédérations régionales et toutes ces Fédérations n'auront qu'un seul organe central qui sera le Centrosoyus. »   Signé : *Oulianof (Lénine).*

nues établissements d'Etat et subventionnées par l'Etat, il était naturel qu'un certain nombre d'administrateurs fussent nommés par l'Etat afin que celui-ci eût un droit de contrôle. Ainsi, dans toutes les coopératives, un certain nombre de sièges dans le Conseil d'administration fut réservé à des délégués des Soviets.

Prenons pour exemple le Centrosoyus qui est l'organisation centrale des coopératives russes. Le Conseil d'administration se composait de 13 membres élus. Le gouvernement soviétique réserva 7 sièges pour les délégués des Soviets, de façon à s'assurer la majorité. Mais peu de temps après, il estima que ce n'était pas assez et que cette majorité était un peu précaire. Alors il porta le nombre des membres du Conseil à 18 dont 11 devaient être délégués des Soviets, ce qui faisait ainsi une forte majorité et semblait devoir donner toute sécurité au Gouvernement. Et pourtant, malgré cette introduction de force de l'élément politique, le gouvernement resta en fait entre les mains des anciens membres du Conseil! Pourquoi? D'abord parce que ceux-ci étaient plus assidus et assistaient aux séances, tandis que souvent les délégués des Soviets ne prenaient pas la peine d'y venir. Puis surtout parce que les anciens coopérateurs avaient naturellement, en raison de leur expérience, une autorité que les délégués politiques des Soviets n'avaient pas, ce qui fait que lorsqu'il y avait une décision à prendre c'étaient les anciens coopérateurs qui continuaient à gouverner.

Alors, le Gouvernement soviétique fit un pas de plus et, par un véritable coup d'Etat, il congédia tous les anciens représentants du Centrosoyus, excepté deux d'entre eux qui firent acte d'adhésion au Gouvernement bolcheviste : Kintchouk, qui est devenu aujourd'hui le Président du Centrosoyus, et Lejava. Il ne resta que ces deux là. Les autres furent, non pas fusillés, que je sache, mais envoyés en province pour neutraliser leur autorité, ou allèrent chercher refuge à l'étranger.

Ce conflit entre les vieux coopérateurs et les nouveaux est un des épisodes les plus dramatiques de cette histoire. Les Soviets leur reprochaient non seulement de ne pas comprendre les larges conceptions coopératistes du gouvernement soviétique, à savoir la transformation de toute la nation en une immense coopérative, de rester acoquinés dans leur petite idée d'une coopération bourgeoise, impuissante à lutter contre le capitalisme, mais ils leur reprochaient surtout de favoriser les éléments contre-révolutionnaires ou tout au moins de leur être sympathiques.

Ce dernier grief était probablement injuste. Assurément les anciens coopérateurs étaient sympathiques à la France et à l'Angleterre. Ils souhaitaient la victoire de l'Entente et, je pense, le maintien de la République Kerenski. Mais s'ils n'étaient pas bolchevistes, c'étaient, en tout cas, des hommes pleins de courage, qui avaient soutenu contre le régime tzariste, pendant bien des années, une lutte héroïque, et dont plusieurs avaient subi la prison et les bagnes de Sibérie, pour élever ce magnifique monument coopératif dans lequel les nouveaux coopérateurs allaient s'installer.

J'en ai connu moi-même quelques-uns : je les ai suivis depuis lors dans leur douloureux exil, comme le professeur Totomiantz qui enseignait la coopération à Moscou et qui, depuis sept ans, court à travers tous les pays d'Europe, pour continuer à enseigner la coopération. C'est une pitié de voir ces coopérateurs dévoués tenus pour suspects et assimilés aux émigrés partisans de l'ancien régime tzariste. Comme à ceux-ci, le gouvernement soviétique leur refusa le droit de rentrer dans leur patrie où ils pourraient cependant rendre de si grands services pour l'enseignement de la coopération.

Il est vrai que les anciens coopérateurs, comme tout le monde en Europe et comme tous les Russes eux-mêmes, pensaient que le gouvernement soviétique n'en avait pas pour six mois de vie et allait tomber et, dans l'attente de sa chute, ils jugeaient inutile de se rallier à lui. Evidemment, c'était une erreur, et l'expérience l'a démontré. Mais les anciens coopérateurs n'auraient pas eu besoin, à ce que je crois, de se déclarer communistes ou bolchevistes : ils auraient pu rester ce qu'on appelle en Russie depuis la Révolution, des « Sans parti ». Il me paraît probable que s'ils eussent gardé la neutralité, Lénine eût volontiers utilisé leur expérience, puisqu'il a déclaré expressément : « Le communiste qui dit qu'il ne veut pas se salir les mains et qu'il bâtira la société communiste sans utiliser les misérables coopérateurs bourgeois contre-révolutionnaires, n'est qu'un phraseur, car au contraire on est obligé de les utiliser » (1). Et c'est regrettable, car en restant à leur

____

(1) Discours prononcé à Pétrograd, le 13 Mars 1919, reproduit dans la brochure déjà citée, page 67.

place les anciens coopérateurs auraient maintenu les traditions
et l'expérience de la coopération et peut-être conjuré les
épreuves, dont nous allons parler, par lesquelles a passé le
mouvement coopératif.

Mais quoi qu'il en soit, ils furent écartés, ils se dispersèrent;
la plupart quittèrent même la Russie. C'est alors qu'un des
deux qui s'étaient ralliés au Gouvernement bolcheviste, dont
j'ai cité le nom, Lejava, s'écria, en 1920 :

« On peut affirmer avec grande satisfaction que le résultat
de ces trois années de lutte contre la vieille coopération c'est
qu'il ne reste désormais plus rien de cette dernière. »

C'est là un jugement singulièrement brutal et injuste et qui,
heureusement, n'était même pas exact, car du vieux tronc
de la Coopération coupé par la hache on voit maintenant partout surgir de nouvelles pousses et la nouvelle coopération
revenir peu à peu à son type ancien.

Voilà donc les coopératives devenues simplement des Offices
publics d'alimentation, comme il y en a eu dans tous les pays
pendant la guerre, créés par les communes ou par l'Etat.

La question fut posée à l'Alliance Coopérative Internationale
et a été vivement discutée dans plusieurs de ses Congrès. Avant
la guerre les Russes avaient naturellement, comme tous les
autres pays, une représentation importante dans l'Alliance
Coopérative Internationale. Mais quand la Coopération russe
fut soumise au régime que je viens d'exposer, on dit : C'est
fini ! nous ne pouvons plus recevoir vos représentants. Ce ne
sont plus des coopératives; elles ne peuvent donc plus avoir
place dans l'Alliance Coopérative, d'après vos statuts.

En attendant, on autorisa les représentants des vieilles coopératives à rester provisoirement dans l'Alliance, au grand scandale des nouveaux coopérateurs communistes; ceux-ci protes-
tèrent avec indignation contre le maintien de délégués qui ne
représentaient plus en fait la coopération nouvelle et il fallut
bien finalement faire droit à leur protestation.

Il faut noter toutefois que ce caractère officiel ne fut imposé
qu'aux coopératives de consommation; les coopératives de
production et les coopératives agricoles restèrent sous le
régime de la liberté. Il faut citer cette déclaration votée par le
VIII⁸ Congrès communiste, 23 mars 1919, c'est-à-dire au lendemain du décret créant les coopératives de consommation

obligatoires, et rédigé par Lénine lui-même : « Seuls ont une valeur les groupements constitués par les paysans eux-mêmes, de leur propre initiative ».

Quant aux coopératives de crédit, elles se trouvèrent supprimées nécessairement par la suppression du capital privé. D'ailleurs, Lénine disait, à tort ou à raison, qu'elles ne rendaient de services qu'aux gros propriétaires.

§ 5. — Les Coopératives étatisées.

Résumons donc la situation à la date de 1921, celle de la réalisation du coopératisme communiste.

A la suite du décret de mars 1919, voici quelles étaient les caractéristiques de la coopération soviétique :

1° La première, c'est qu'il ne devait exister qu'une seule société coopérative par localité, exception faite pourtant pour les coopératives exclusivement ouvrières qui avaient le droit d'exister à côté des coopératives publiques.

Cette première exigence n'a rien de bien communiste. Tous les coopérateurs sont d'avis qu'il faut éviter le scandale d'une concurrence entre coopératives : les coopératives ne doivent pas se disputer la clientèle, il faut laisser cela aux marchands. Nous donnons toujours le conseil de n'avoir qu'une seule coopérative dans une ville. Quand il y en a plusieurs, les Anglais désignent cette concurrence entre coopératives d'un mot caractéristique, *overlapping*, c'est-à-dire comme des chiens qui se disputent la pâtée dans la même écuelle. Et en France, quand une nouvelle société veut se fonder là où il y en a déjà une, la Fédération Coopérative Nationale refuse de la recevoir comme membre.

2° La coopérative russe n'avait pas seulement le caractère d'être unique par localité, mais généralement aussi d'être unique en ce sens qu'elle rassemble en une seule les différentes formes de la coopération : consommation et production, achat et vente. En un mot elle est intégrale.

3° Nous avons dit que le caractère essentiel de la coopération soviétique c'était l'obligation : c'est-à-dire que tous les habitants de la localité ou d'un quartier de la ville, s'il s'agit d'une grande ville comme Moscou, étaient inscrits d'office, comme, par exemple, les électeurs dans une commune. La Coopération prend ainsi le caractère d'un service public.

Cette règle de la coopération obligatoire a fait scandale

et a été signalée partout comme un des caractères les plus odieux de la tyrannie bolcheviste. Cependant il y a quelque exagération dans cette appréciation.

Il faut d'abord remarquer que cette loi ne faisait guère que consacrer une situation de fait, en ce sens que tout le monde était plus ou moins contraint de s'adresser à la coopérative parce qu'on ne trouvait plus ailleurs de marchands.

A y regarder de sang froid, l'obligation dans le domaine coopératif n'a rien de spécialement communiste ni révolutionnaire. On peut en trouver des exemples dans des milieux très conservateurs. En France même, en vertu d'une loi assez ancienne (1865), tous les propriétaires d'une localité déterminée peuvent être contraints de s'associer, s'il y a une majorité pour l'exiger, en vue de certains travaux d'utilité commune : digues contre l'inondation, dessèchement de marais, etc. En Australie (Queensland), en vertu d'une loi récente de 1925, la coopération peut être imposée à tous les producteurs agricoles d'une même denrée, si 75 % sont d'accord pour la réclamer. Et une même loi vient, paraît-il, d'être édictée dans l'Afrique anglaise du Sud, et il est question de l'introduire en Tchécoslovaquie.

Je dis ceci non pas pour plaider la cause de la coopération obligatoire que nous avons toujours combattue, mais pour montrer qu'elle n'a pas nécessairement un caractère tyrannique. Elle se réalise presque spontanément dans les cas où la coopération apparaît comme un service d'utilité publique.

Car en somme, qu'est-ce que les services municipaux de l'eau, du gaz, des tramways, là où ils sont institués, comme dans nombre de villes anglaises, sinon des coopératives obligatoires ?

Seulement dans ces cas-là la coopération obligatoire n'est qu'une sorte de trust qui a pour but d'éviter la concurrence, tandis que la coopération obligatoire bolcheviste, s'étendant à toute chose, avait pour but de supprimer le commerce privé. Dans ces conditions il est vrai qu'elle tuait l'association coopérative : là où tout le monde est coopérateur bon gré mal gré, il n'y a plus de coopérateurs.

4° Le quatrième caractère, dont nous avons parlé aussi, c'était le contrôle de l'Etat. Il dérive logiquement du précédent, mais ceci est plus grave. Les coopératives ont toujours été des petites Républiques très jalouses de leur indépendance, qui ne se gouvernent que par des administrateurs librement élus par les membres en assemblée générale, et ne veulent obéir qu'aux statuts qu'elles se sont elles-mêmes donnés. Et ceci est vrai non seulement pour les sociétés locales, mais aussi pour les Unions régionales et Fédérations d'achat. C'est le principe démocratique.

Mais c'est précisément cette organisation démocratique qui rend les coopératives de consommation suspectes aux gouvernements dictatoriaux et c'est pourquoi le Gouvernement soviétique a déclaré que ces petites républiques pouvaient constituer un danger dans la grande République soviétique et qu'il fallait qu'elles disparaissent.

5° Le cinquième caractère des coopératives communistes, c'était d'être exclusivement prolétariennes.

Nous avons dit que tout d'abord (décret du 15 avril 1918) les prolétaires seuls pouvaient être admis comme sociétaires. Voici le texte curieux de ce décret :

« Sont exclus :

« a) tous ceux qui ont un revenu qui provient de l'emploi, de salariés;

« b) tous ceux qui tirent un revenu, soit de l'intérêt d'un capital, soit des profits d'une entreprise, soit de rentes;

« c) tous les individus qui, depuis moins de trois ans, ont été engagés dans des opérations commerciales, c'est-à-dire ont tenu des magasins;

« d) sont exclus également les moines et les nonnes ; exclus aussi tous les prêtres de n'importe quelle religion, excepté ceux qui pourraient prouver qu'ils ont fait quelque chose d'utile au point de vue coopératif;

« e) sont enfin exclus tous les agents de l'ancienne police du tzar, police publique ou police secrète, et tous les gendarmes ».

Mais du jour où la coopération eût été rendue obligatoire pour tout le monde, il est clair qu'on ne pût refuser aux non-prolétaires d'en faire partie, puisqu'ils étaient inscrits d'office. D'ailleurs, leur refuser le droit d'acheter à la coopérative c'eût été les condamner à mourir de faim — et on n'en était pas venu là, quoique les cartes d'alimentation leur aient été très parcimonieusement distribuées. On se borna donc à refuser aux non-prolétaires le droit de participer à l'adminitration de la coopérative, tant comme électeur que comme éligible — leur appliquant en cela la même règle que pour l'électorat politique.

6° Le sixième caractère, c'était la suppression de tout capital actions. Vous savez que toutes les coopératives, dans tous les pays, sont constituées sous forme de sociétés par actions de petite valeur, 25, 50 francs; chaque sociétaire est donc par là même actionnaire. Il touche pour ses actions non pas un dividende — car ce serait contraire au principe coopératif — mais un intérêt, généralement à un taux assez bas. Dans la coopération soviétique il n'en est plus ainsi. Puisque, en effet, la coopération est obligatoire, puisqu'elle devient une sorte de service public, on ne peut plus obliger les coopérateurs à souscrire des actions. Chacun devient membre de droit en tant que consommateur. Il n'y a donc plus d'actions et par conséquent plus d'intérêts à toucher. D'ailleurs, la possession d'actions constitue une propriété individuelle qui est incompatible avec le régime communiste.

7° Enfin, dernier caractère : de même qu'il n'y avait plus d'intérêt pour les parts, il n'y avait plus de bonis, de ristournes. Dans les sociétés du type Rochdale et de tous les pays si on ne distribue pas de dividendes aux actionnaires, comme dans les sociétés capitalistes, on distribue à la fin de l'année des ristournes — les Anglais appellent cela des dividendes — qui ne sont que les remboursements des bénéfices perçus sur les achats de chacun. Ceci a pour but de stimuler le zèle des sociétaires, de même que les primes distribuées fréquemment par les marchands aux acheteurs. Mais pour les coopératives soviétiques il n'était pas besoin d'attirer le client, puisqu'il ne pouvait aller ailleurs !

CHAPITRE III.

LES COOPÉRATIVES SOUS LE RÉGIME DE LA NEP

§ 1. — Insuccès de la Coopération obligatoire.

Quel fut l'effet du décret de 1919 rendant la coopération obligatoire ?

Tout d'abord d'augmenter énormément le nombre des coopératives. Comment aurait-il pu en être autrement, puisque toute commune devenait forcément une coopérative ?

On enregistra donc triomphalement, dans les statistiques, pour l'année 1919, 51.000 coopératives de consommation (nous ne parlons que de celles-là pour le moment) avec plus de 18 millions de membres, c'est-à-dire de familles, ce qui représentait près de 100 millions de personnes, le coefficient adopté en Russie étant de 5,5 parce que les familles y ont généralement de nombreux enfants — c'est-à-dire presque la population de la Russie tout entière. Et il n'en pouvait être autrement, du moins si le système avait été appliqué partout, puisque c'est toute la population russe qui avait été enrôlée d'office dans les nouvelles coopératives.

Seulement, on ne tarda pas à s'apercevoir que ces coopératives n'existaient pour la plupart que sur le papier.

Pourquoi la coopération, naguère si vivante, tomba-t-elle en léthargie ? Parce que tous ces membres inscrits d'office dans les coopératives ne s'y intéressaient plus. L'homme ne s'intéresse qu'à une œuvre à laquelle il a apporté dans une certaine mesure ses efforts, son travail, ou du moins son argent. Or, ici, on ne lui demandait rien et il ne donnait rien non plus — surtout pas son cœur. Il allait y faire ses achats ; il le fallait bien, puisqu'il ne trouvait que difficilement ailleurs, le commerce privé étant supprimé, mais on n'y allait que comme on va chez le marchand.

Un des leaders de la coopération anglaise, Holyoake, avait dit, longtemps avant l'expérience soviétique : « si le Gouvernement nous offrait de supprimer le commerce privé pour le remplacer par les coopératives, je ne l'accepterais pas ». Voilà l'expression fière de l'esprit libéral, qui n'attache pas de valeur à ce qui n'est que le résultat de la contrainte, esprit nécessaire à la vie de la coopération et qui disparaît dans une coopération étatisée.

Il y a un roman russe célèbre, de Gogol, je crois, qui est intitulé « Les âmes mortes ». Au temps du servage, on appelait les « âmes mortes » les serfs morts en effet, mais dont les noms continuaient tout de même à figurer sur les listes pour maintenir la valeur du domaine. Eh bien, ces 18 millions de coopérateurs inscrits sur les listes officielles étaient pour la plupart des âmes mortes.

Il ne faut pas croire que les paysans russes, quoique ayant porté pendant des siècles le joug du servage, fussent disposés à accepter la contrainte ; précisément ils en avaient assez, et depuis la Révolution n'en voulaient plus. Cette aversion des moujiks pour ce système de communauté imposée se manifesta d'une façon bien significative dans un fait en soi de peu d'importance. En 1918, quand on avait inauguré dans les campagnes l'application de ce système, le gouvernement soviétique avait baptisé les coopératives, dans chaque village, du nom de « communes de consommateurs », ce qui en effet désignait bien leur nature. Mais, les paysans virent dans ces mots l'enseigne d'un communisme rural, et leur appréhension fut telle que, pour les rassurer, le gouvernement soviétique, six mois après, crut devoir supprimer le terme de « communes » et le remplacer par celui de « sociétés de consommateurs ».

Une cause aussi de cet engourdissement du mouvement coopératif c'est qu'on avait supprimé le grand travail d'éducation qui avait été entrepris par les coopératives avant la Révolution et qui était l'honneur de la coopération russe. J'ai dit combien elle avait fait pour l'enseignement, combien il y avait de livres publiés, de journaux imprimés, de professeurs envoyés partout. Eh bien, le gouvernement soviétique déclara, avec une certaine impudence, que c'était absolument inutile, puisque toute œuvre d'éducation devenait un service national, que c'était le gouvernement qui s'en chargeait et que, désormais, on n'avait plus besoin des leçons des coopératives.

Ainsi furent supprimés plus de 100 journaux coopératifs et tous ceux qui faisaient ainsi le métier d'apôtres dans le mouvement coopératiste.

Ainsi la coopération était en voie de se momifier. Au reste, Lénine a très bien reconnu l'échec de la coopération obligatoire, avec cette franchise — d'autres diront avec le cynisme — dont il a donné maintes preuves. Voici en effet ce qu'il disait en mars 1921 :

« Nous ne devons rien dissimuler... Il faut que nous reconnaissions que les formes économiques qui sont hostiles aux paysans ne pourront subsister.

« Je répète une fois de plus qu'il faut un travail de plusieurs générations pour arriver à transformer le petit propriétaire agricole et à lui faire abandonner ses procédés traditionnels ».

§ 2. — Le retour à la Coopération facultative.

C'est pourquoi le décret de 1919 fut tout simplement abrogé par un nouveau décret de 1921, deux ans après. L'expérience n'avait pas été longue.

Nous voici à cette nouvelle phase, non pas seulement pour les coopératives mais pour toute l'économie russe, qui a été désignée sous le nom si connu de la N. E. P., c'est-à-dire la Nouvelle Economie Politique.

Le motif de ce revirement ce ne fut pas seulement celui que je viens d'indiquer, à savoir la pétrification de la coopération et la répugnance de la population rurale, qui forme les 90 % de la population, pour ce régime d'étatisation. L'avènement de la Nep s'explique aussi par les circonstances politiques qui ne semblaient plus exiger des procédés aussi rigoureux. A cette époque, en 1921, la grande guerre civile était terminée. Les armées de Koltchak, de Wrangel, de Denikine, d'Youdenitch, avaient été battues. Les contre-révolutionnaires, comme on les appelait, avaient tous été fusillés ou convertis, ou avaient fui d'eux-mêmes, de sorte que le Gounement soviétique se sentait assez solidement assis. A ce moment, le gouvernement soviétique avait aussi le désir d'entrer en relations avec les autres pays. Jusqu'à cette date-là, le gouvernement soviétique avait escompté la généralisation de la révolution soviétique à travers toute l'Europe; mais cette espérance commençait à faiblir, et sa nouvelle politique fut au contraire de se rapprocher des autres gouvernements européens par la négociation d'emprunts, de concessions d'entreprises à l'intérieur et d'échange de marchandises.

En voici une manifestation assez curieuse. En 1920, quand il s'agissait de savoir si on renouerait les relations internationales officielles entre la France et l'Angleterre, d'une part, et l'U. R. S. S. d'autre part, ces puissances s'y refusèrent, parce qu'elles attendaient, elles aussi, la chute du gouvernement soviétique d'un jour à l'autre et pensaient que ce n'était pas là peine de lui donner une consécration officielle à l'heure de sa fin et au risque de prolonger par là sa vie. Mais, comme tout de même elles éprouvaient un certain désir de renouer des relations, au moins commerciales, le gouvernement anglais eut l'idée de reprendre les relations, non pas officiellement entre Etats, mais par l'intermédiaire de la Fédération Coopérative anglaise et de la Fédération Coopérative russe. Le gouvernement français déclara qu'il était prêt aussi à le faire.

C'eût été un acte tout-à-fait extraordinaire dans l'histoire de la Coopération que de voir, pour la première fois, la Coopération reconnue comme une puissance officielle, traitant d'Etat à Etat avec les Gouvernements étrangers !

Malheureusement pour le prestige de la Coopération. ce projet n'eut pas de suite, parce que naturellement le Gouvernement soviétique estima que c'eût été lui faire affront que de nouer des relations en dehors de lui. Il déclara que le Centrosoyus et lui ne faisaient qu'un et que si on voulait traiter, c'était à lui qu'il fallait s'adresser.

Dès l'application du nouveau régime, on supprima tout ce qui avait eu un caractère trop révolutionnaire dans la législation précédente. On rétablit le droit de former des coopératives libres. On restitua le droit de former des sociétés de crédit. On créa même une grande banque coopérative à Moscou. On rendit aux coopératives le droit de reprendre leur tâche d'éducation, de publication de livres et journaux. On leur restitua, aux coopératives libres, les propriétés, les magasins, les fabriques, les établissements qu'on leur avait pris — ou ce qu'il en restait, parce que, dans beaucoup de cas, il n'en restait pas grand chose. Et on entra dans la troisième phase que les Russes appellent celle de la coopération libre.

Cependant, il ne faut pas croire que la coopération russe soit revenue, dès la Nep, à la forme antérieure à la Révolution, c'est-à-dire au type anglais de la coopération de Rochdale. Il restait encore entr'elles certaines différences ; différences légales et aussi différences de nature, dont nous avons déjà indiqué celles antérieures à la Révolution (p. 123).

D'abord, la coopération obligatoire officielle n'était pas, à proprement parler, abolie. Elle restait comme un cadre vide. Tous les habitants de la population continuèrent à être inscrits d'office dans cette coopérative administrative ou étatiste. Seulement, tous ceux qui voulaient créer des coopératives libres, désormais pouvaient le faire.

Ces coopératives libres reprirent vie dans le cadre officiel, comme le papillon dans l'enveloppe morte de son cocon.

La seconde différence, c'est que les bourgeois continuèrent

tout de même à être exclus et même ils le furent plus sévèrement qu'avant, parce que, comme je l'ai dit déjà, quand il
s'agissait de coopératives obligatoires, si on pouvait refuser le
droit de suffrage aux bourgeois, on ne pouvait leur refuser le
droit d'être coopérateurs, puisque tout le monde l'était bon gré
mal gré. Mais du jour où les coopératives purent se former
librement et où le commerce libre était aussi rétabli, alors on
pouvait dire aux bourgeois : « Allez chez les marchands. Vous
n'avez aucune qualité pour entrer dans des coopératives. Puisque les coopératives de consommation ont pour but l'abolition
du profit, il serait contradictoire de leur part d'admettre parmi
elles des profiteurs; et puisqu'elles ont pour but l'affranchis-
sement du prolétariat, elles ne peuvent recevoir dans leurs
rangs ceux qui vivent de ce prolétariat. »

Toutefois, il faut dire que le régime a été fort adouci. Il ne
comprend plus la longue liste de proscriptions que j'ai citée
tout à l'heure, mais il n'exclut que les commerçants et fabricants, ce qui n'a pas d'importance en fait, car dans aucun pays
les commerçants et fabricants n'adhèrent aux coopératives ;
il n'y a pas besoin d'un texte de loi pour le leur interdire.
En tout pays c'est l'état de guerre perpétuelle qui existe entre
les commerçants et les coopératives.

Le contrôle de l'Etat ne fut pas non plus aboli en droit,
quoique très restreint en fait — ce qui permit d'ailleurs aux
vieux coopérateurs russes et aux coopérateurs libéraux de tous
les pays de dire : « Ce nouveau décret qui, dit-on, rend la
liberté à la coopération n'est qu'une hypocrisie. En réalité, le
Gouvernement maintient ses délégués dans les conseils d'administration des coopératives et, par conséquent, celles-ci ne sont
pas plus libres qu'avant la Nep ». Quand il s'est agi de savoir si
on admettrait les coopératives russes dans l'Alliance Coopérative Internationale, cet argument a été mis en avant par ceux
qui voulaient les écarter.

L'argument était fondé en ce sens que le gouvernement
conservait le droit, en effet, de nommer des délégués, mais en
fait il n'a pas usé de ce droit. Ces délégués du gouvernement
soviétique ne pouvaient être nommés que par le pouvoir
« exécutif » (mot qui, par une bizarre inversion de termes,
désigne en Russie précisément le pouvoir législatif). Or, le
pouvoir exécutif avait d'autres soucis que de désigner des
délégués dans les conseils des coopératives.

Néanmoins, pour couper court à tout malentendu, le gouvernement promit de supprimer toute intervention, même nominale. Quand j'étais à Moscou, en novembre 1923, pour la célébration du 25ᵉ anniversaire du Centrosoyus, le Gouvernement soviétique avait annoncé que, comme don gracieux, il promulguerait ce jour même un décret abolissant toute intervention législative et consacrant ainsi l'autonomie absolue des coopératives. Pour je ne sais quelle raison il ne le fit pas, et ce ne fût qu'au mois de juillet 1924 que la dernière survivance du contrôle législatif a été abrogée.

Un autre caractère des coopératives russes, c'est qu'on a voulu qu'à la différence des coopératives qu'ils appellent « du type bourgeois », que ces coopératives russes fussent accessibles à la classe la plus pauvre de la population. On peut être admis moyennant un droit d'entrée de 50 kopeks (le rouble étant divisé en 100 kopeks et le rouble valant au pair 2 fr. 66, par conséquent 50 kopeks représentent 1 fr. 33 au pair.

En fait, la différence avec les autres pays est peu de chose, car partout, pour devenir sociétaire, le prix des actions est peu élevé : 1 livre en Angleterre ; et même il est bien des pays, comme en France, où il suffit de payer 1/10 du montant de l'action pour devenir sociétaire.

Ce droit d'entrée ne dispense pas d'ailleurs, en Russie, de souscrire des actions, puisque les coopératives étant désormais appelées à vivre de leurs propres ressources, il faut bien qu'elles reçoivent de l'argent de leurs membres; mais l'action n'est généralement que de 5 roubles (13 francs-or). On invitait les sociétaires à souscrire le plus grand nombre possible d'actions.

Quels furent les résultats de ce second revirement du régime coopératif ?

D'abord, il va sans dire que le nombre des sociétés diminua, puisqu'elles n'étaient plus que volontaires, comme dans tous les pays. Le nombre des sociétés tomba de 50.000 à 16.000 et le nombre des membres de 18 millions à 4 millions.

Mais si ce n'était que cela, il ne faudrait pas y voir un recul, car mieux valent 4 millions de coopérateurs vivants que 18 millions de coopérateurs morts, comme nous disions tout-à-l'heure.

Seulement, même ces coopératives nouvelles se trouvèrent aux prises avec de grosses difficultés. Si celles de la période précédente avaient eu à souffrir de l'intervention officielle, celles-ci eurent à souffrir de la concurrence du commerce, car la N. E. P., je viens de le dire, c'était le rétablissement du commerce privé. Il est vrai qu'il en est de même partout : dans tous les pays c'est une concurrence redoutable pour les coopératives que celle des commerçants privés, mais en Russie plus encore qu'ailleurs. La Russie est le pays tout particulièrement des petits commerçants.

§ 3. — La coalition de l'Etat et des Coopératives contre le commerce privé.

Quand on se promène dans les villes russes, ce qui frappe le plus peut-être le voyageur — tout au moins celui qui s'intéresse aux questions économiques et qui sait lire les lettres russes suffisamment pour déchiffrer les enseignes — c'est de voir qu'il y a trois catégories de magasins dans toutes les villes russes, particulièrement à Moscou.

Ces trois catégories de magasins sont :

1° Les commerçants, naturellement.

2° Les magasins des coopératives qui sont en grand nombre, 5,000 dans la ville et la banlieue de Moscou.

3° Les magasins de l'Etat, qu'on appelle là-bas les trusts, ce qui n'a d'ailleurs aucun rapport avec les trusts capitalistes : nous verrons pourquoi on leur donne ce nom.

A vrai dire, ces trois catégories de magasins se trouvent aussi ailleurs et même à Paris. Seulement en France, on ne voit guère que les magasins privés. Il y a pourtant, ça et là, des magasins coopératifs — 250 à Paris et dans la banlieue. Et même il y a des magasins d'Etat, non seulement les bureaux de tabac, où l'on vend cigares, cigarettes, allumettes, papier timbré, mais aussi d'autres magasins, par exemple au Musée du Louvre, où l'on vend des photographies de tableaux; il y avait naguère sur le boulevard de la Madeleine, un magasin où l'on vendait des porcelaines de Sèvres et autres articles des manufactures de l'Etat. Mais les deux dernières catégories passent à peu près inaperçues, tandis qu'en Russie celles-ci sont aussi en vue, et même pendant une certaine période ont été les seules, puisque le commerce privé était supprimé.

Les magasins d'Etat ne sont pas aussi nombreux, tant s'en faut, que les magasins privés, ni même que les coopératives ; mais ce sont les plus grands. Quand l'Etat, après avoir d'abord nationalisé tous les magasins, a restitué ses locaux au commerce privé, en 1920, il a gardé pour lui ceux qu'on pourrait comparer à nos Grands Magasins, tels que le Bon Marché, le Louvre, ou l'épicerie Potin. Il en est ainsi du plus grand de ces magasins, sur la place du Kremlin et qui s'appelait la Maison des Marchands, car Moscou fut dans l'histoire économique une ville de marchands, comme Venise, comme Anvers, comme Lyon : aujourd'hui cet immense bazar est un magasin d'Etat.

Il y a deux ou trois ans, on évaluait à peu près à égalité la part de chacune de ces trois catégories ; 1/3 des ventes pour le commerce privé ; 1/3 pour les magasins d'Etat ; 1/3 pour les coopératives.

Mais depuis lors les proportions se sont modifiées. Dans quel sens ? Il n'est pas facile de le savoir. Au Congrès coopératif de Moscou de 1926 il a été dit que le commerce privé ne tenait entre ses mains que le quart du commerce total. Mais d'après d'autres témoignages, le commerce privé gagnerait du terrain.

L'Etat s'est inquiété de cet état de choses ; il ne voudrait pas que ce réveil du commerce privé eût pour conséquence de saper, au point de vue socialiste, la Russie soviétique. Il s'est demandé s'il fallait revenir sur le programme semi libéral de la Nep, c'est-à-dire revenir à l'interdiction du commerce privé, ou tout au moins à l'interdiction du commerce de gros, l'Etat conservant pour lui ce commerce de gros, de même que, comme je le dirai tout à l'heure, il a gardé pour lui le monopole du commerce extérieur.

Mais cependant le Gouvernement soviétique n'a pas osé revenir au régime de l'interdiction du commerce privé, même en limitant cette interdiction au commerce de gros.

Lénine lui-même, dans une phrase que j'ai déjà citée, disait : « nous avons été trop loin, en nationalisant le commerce. »

Et dès lors, puisqu'on ne pouvait supprimer le commerce privé, il fallait essayer d'une autre politique, ce fut celle de l'alliance entre l'Etat et les coopératives : faire, selon l'expression qui a été employée, un seul front contre le commerce privé.

Un comité paritaire, c'est-à-dire un comité composé en nombres égaux de délégués de la Fédération coopérative, le Centrosoyus, et de délégués du Conseil Economique de la République des Soviets, fut nommé pour tâcher de s'entendre sur les moyens à prendre pour concurrencer le commerce privé, pour le handicaper, comme disent les Anglais.

Au début, il a été assez facile de le tenir en échec, en ce sens que tous les magasins, même ceux privés, s'approvisionnent à la même source, à savoir les fabriques de l'Etat.

L'Etat, en effet, alors même qu'il a rendu la liberté au commerce, a conservé toute la grande industrie, toute la production des matières premières et même des articles de grande consommation. Ce sont ce qu'on appelle les trusts, ce qui veut dire simplement que toutes les fabriques d'une même industrie sont réunies sous une seule direction, de même que dans les trusts américains. L'Etat soviétique, pour l'organisation de l'industrie, a adopté ainsi la politique du grand capitalisme. Dans ces conditions, il est facile pour l'Etat de faire aux coopératives des conditions beaucoup plus favorables qu'aux commerçants. On leur consent des crédits, même à long terme, tandis qu'on ne vend aux commerçants que contre payement comptant ; on donne aux coopératives un droit de priorité pour les approvisionnements, ce qui veut dire que quand les approvisionnements sont insuffisants, on sert d'abord les coopératives.

Ce n'est pas tout. L'Etat afferme souvent ses fabriques quand il juge qu'il n'en peut tirer un parti avantageux ; il a donné même des concessions à des capitalistes étrangers. Il peut donc les affermer aussi aux coopératives, par exemple une fabrique de savons, à des conditions de prix moins élevé et avec de plus longs délais pour le paiement.

L'Etat fait aussi des avances aux coopératives. Ceci n'a rien de très extraordinaire puisque, en France même l'Etat fait aussi des avances aux coopératives, à la grande indignation d'ailleurs des commerçants et des industriels privés. Et en Italie ces avances, avant le fascisme, ont été telles qu'elles ont donné lieu à une violente campagne contre les coopératives.

Il est vrai que les avances que fait l'Etat français aux coopératives sont relativement peu élevées, du moins pour les coopératives de consommation et celles de production, 2 à 3 millions annuellement pour chacune des ces deux catégories ; mais pour les coopératives de crédit agricole, elles sont beaucoup plus élevées et leur total dépasse aujourd'hui 600 millions. de francs. De même les avances faites par l'Etat soviétique aux coopératives russes se chiffrent par dixaines de millions de roubles et par conséquent constituent pour elles une aide extrêmement puissante (1).

Ajoutons encore que l'Etat russe frappe d'impôts dans des proportions très inégales les commerçants et les coopératives. Dès qu'on voit qu'un commerçant s'enrichit, on le taxe en conséquence, de façon que les marchands sont obligés de faire ce que faisaient les Juifs au moyen-âge ; ils s'efforcent de ne pas montrer leur richesse. Pour l'impôt sur le revenu, les coopératives sont assimilées aux établissements de l'Etat et jouissent des mêmes privilèges. Celles purement rurales ou ouvrières sont exemptées de tout impôt sur le revenu : celles dans les villes paient 8 p. 100. Quant à l'impôt commercial (patente) il est de 75 p. 100 du taux payé par les marchands.

Ajoutons encore que pour les locaux aussi les coopératives jouissent de grands avantages. C'est une grosse question, pour le commerce, en tout pays, que de trouver un local favorable. Mais en Russie c'est encore bien autre chose, parce que toute propriété urbaine est nationalisée ; il faut donc pour qu'un commerçant trouve un local que les Soviets lui consentent une location. Ils peuvent donc refuser la location ou la faire payer au commerce privé un prix exorbitant.

Ajouterai-je que tout commerçant privé jusqu'à ces derniers temps (cette inégalité vient d'être abolie) devait fermer son magasin à 7 heures du soir, alors que les coopératives pouvaient rester ouvertes jusqu'à minuit ? Ce privilège n'aurait pas grande importance en France, parce qu'on n'y fait pas d'achats dans la soirée ; mais il n'en est pas de même dans les villes de Russie. Le Russe est noctambule ; pauvres ou riches, jusqu'à minuit tout le monde circule dans les rues, les petits marchands font le trottoir.

Du reste, je ne dirai pas que j'approuve cette politique. Nous

____

(1) En 1925 le montant des avances faites par l'Etat aux coopératives russes s'est élevé à environ 17 millions de roubles (45 millions francs or) et se répartit ainsi :

45 p. 100 sociétés de consommation.
37 — coopératives agricoles.
18 — coopératives ouvrières de production (artel).
___
100

sommes pour la liberté et pour l'égalité, pour le franc jeu, pour le *fair play*. Mais dans la Russie Soviétique, comme d'ailleurs en Italie jusqu'au coup d'Etat fasciste, on considère les coopératives comme une institution d'utilité publique et par conséquent l'aide qu'on leur donne se justifie comme ayant pour but le bien de tous.

Les rues des grandes villes, de Moscou sont encombrées, non pas seulement à certaines heures du jour, comme à Paris les rues de la Villette ou de Belleville, mais toute la journée et jusqu'à minuit, d'une foule de ces petits marchands qui vendent de tout et qui, d'ailleurs, avaient continué même dans la période d'interdiction du commerce privé. Les Soviets qui étaient venus à bout de tous les grands pouvoirs, l'armée, la noblesse, les grands propriétaires, les capitalistes, n'avaient pu venir à bout de ces petits trafiquants. A plus forte raison, dès que le commerce privé fut légalement rétabli, les marchands s'empressèrent d'aller dans tous les villages retrouver leurs anciens clients les paysans.

Et dès lors les coopératives, vis-à-vis du commerce privé, se trouvèrent dans une situation d'infériorité par beaucoup de causes, qui se retrouvent d'ailleurs dans le mouvement coopératif en général.

D'abord, ces coopératives sont très maladroites pour faire leurs approvisionnements. Les paysans qui y allaient ne trouvaient pas souvent ce qu'ils voulaient. C'est un art spécial de savoir fournir aux clients ce qu'ils désirent — et même de leur faire prendre le goût de ce qu'ils ne désirent pas, ce qui est le suprême degré de l'art commercial ! Les magasins des coopératives russes étaient et sont encore des espèces de bazars où l'on trouve de tout — excepté ce qu'il faudrait pour ceux qui y vont. Les paysans se plaignaient de ne pas y trouver les instruments agricoles, alors qu'ils trouvaient des fourrures, des icônes et toute espèce de colifichets.

De plus, les coopératives russes sont grevées de frais que le commerce privé savait économiser, de frais de toute nature. C'est un scandale, à l'heure qu'il est encore, que la proportion des frais généraux dans les coopératives russes. Elle tient à diverses causes. D'abord au système d'organisation à trois ou quatre étages qui fait que les produits agricoles remontent de la coopérative locale à l'Union régionale, puis à l'Union provinciale ou nationale, puis au Centrosoyus, et que le produit manufacturé, pour arriver au paysan, redescend par les mêmes étages, en sorte que tandis que les coopératives ont pour but de supprimer les intermédiaires et d'économiser les charges onéreuses du passage d'une main à l'autre, les coopératives russes semblent les multiplier. Aussi ont-elles des frais généraux énormes qui allaient quelquefois pour certaines coopératives à 50 ou 60 p. 100 du prix de vente.

On cite des boîtes d'allumettes qui sont revendues cinquante fois le prix auquel elles ont été fabriquées.

Puis les coopératives russes ont à souffrir des frais que leur impose trop souvent leur alliance avec les pouvoirs politiques, avec le parti communiste. Dans chaque village, il y a quelques membres du Parti qui ont une influence beaucoup plus grande que celle, dans nos villages de France, des membres du comité radical-socialiste ou de tout autre parti. Ainsi, quoique les coopératives aient pour règle de ne pas vendre à crédit, quand un de ces petits pachas vient acheter sans argent, on n'ose pas refuser. Ils disent : on paiera un peu plus tard ! et on répond : c'est bien ! Aussi y a-t-il des sociétés qui ont un gros chiffre de créances très précaires.

On se plaint aussi dans les coopératives d'autres misères. On leur demande de l'argent pour toute espèce d'œuvres dites d'utilité publique. On leur demande d'aider à rebâtir des casernes. On leur fait payer quelquefois les dîners de noces des personnages politiques qui marient leurs filles.

C'est pourquoi, malgré l'intervention de l'État soviétique en faveur des coopératives, le commerce privé progresse tout de même et l'issue de la bataille est incertaine. C'est certainement un des duels les plus passionnants qui ait été engagé dans le monde économique depuis longtemps (1).

D'un côté, toutes les forces de l'État et l'enthousiasme communiste qui anime les grandes organisations coopératives; de l'autre, les commerçants apportant dans cette lutte toute

(1) Depuis un rapport récent du Centrosoyus, le nombre des commerçants privés et le chiffre de leurs affaires malgré un accroissement rapide, reste encore très au-dessous des chiffres d'avant la guerre. Le nombre des établissements payant patente, qui était de 920.000 en 1912, ne serait guère que la moitié aujourd'hui et le chiffre de leurs ventes ne serait plus que le 1/6 environ.

Et c'est la coopération qui, dans les campagnes du centre, auraient bénéficié, tout comme nombre d'établissements; que comme chiffre d'affaires, de tout le terrain perdu.

l'expérience qui, depuis les grands marchands d'autrefois, s'est conservée parmi les commerçants russes.

Il n'est pas dit d'ailleurs que les marchands ne trouvent pas une certaine complicité chez les agents mêmes de l'Etat soviétique ; il n'est pas dit que les trusts ne préfèrent pas vendre leurs marchandises aux commerçants qui payent comptant, plutôt qu'aux coopératives qui demandent d'interminables crédits ; ou que les banques d'Etat ne soient plus disposées à faire des avances à ces commerçants qu'ils savent solvables plutôt qu'à des coopératives qui parfois ne le sont guère.

Toujours est-il que l'on trouve actuellement dans les journaux coopératifs russes des plaintes assez vives contre l'Etat : elles l'accusent de faire une concurrence déloyale aux coopératives dans l'intérêt de ses propres magasins.

CHAPITRE IV.

LES DIVERSES FORMES DE LA COOPÉRATION DE CONSOMMATION

§ 1. — Le Centrosoyus.

D'étage en étage et d'élection en élection, on arrive au sommet de la pyramide, à l'organe central qui est le Centrosoyus, et qui se compose d'une vingtaine d'administrateurs avec un bureau permanent.

Quand j'ai parlé de l'organisation anglaise j'ai dit qu'en Angleterre il y a deux organes distincts : les fonctions commerciales proprement dites, c'est-à-dire l'achat et la répartition des marchandises, sont à la charge de la Wholesale, tandis que tout le travail de propagande, d'éducation, d'enseignement, est dévolu à l'Union Coopérative. En Russie, au contraire, les deux fonctions sont réunies entre les mains du Centrosoyus qui assume ainsi à la fois la direction commerciale et économique, et la direction morale.

Au point de vue économique et commercial, le Centrosoyus n'a pas encore atteint les chiffres de la Wholesale; il a progressé cependant très rapidement. Il a fait l'année dernière 1924-1925 (l'année russe ne coïncide pas avec l'année civile française) 384 millions de roubles d'affaires (soit environ 1 milliard de francs-or). C'est un chiffre imposant, quinze fois le chiffre de notre magasin de gros français ; mais il n'est guère plus de la moitié de celui de la Wholesale de Manchester, qui est de 1.900 millions de francs-or. Seulement il faut remarquer que la Wholesale anglaise est beaucoup plus ancienne que le Centrosoyus : le Centrosoyus a été fondé en 1898 et a célébré, il y a deux ans, son 25ᵉ anniversaire, tandis que la Wholesale anglaise a été fondée en 1864.

Parmi les magasins de gros de tous pays, le Centrosoyus de Moscou vient donc au second rang. Il a dépassé la Wholesale écossaise de Glascow et le Magasin de gros allemand de Hambourg.

Le Centrosoyus est également inférieur à la Wholesale anglaise au point de vue de la production. Le Centrosoyus a une vingtaine de fabriques qui font un chiffre d'affaires assez modeste, 7 à 8 millions de roubles, ce qui le laisse bien loin de la Wholesale anglaise avec ses plus de 200 fabriques et près de 500 millions de francs-or de productions diverses.

Néanmoins, le Centrosoyus est plus intéressant qu'aucun autre des magasins de gros coopératifs du monde, par la variété de ses fonctions et par le caractère à la fois national et international de ses opérations.

Il a pour principale tâche de faire coopérer la ville et la campagne, les ouvriers et les paysans, de faire passer en actes l'emblème de la République Soviétique, la serpe et le marteau.

Il est chargé d'acheter les produits agricoles des campagnes pour en approvisionner la population ouvrière des villes et, inversement, d'acheter les produits manufacturés des trusts de l'Etat pour les mettre à la disposition des populations rurales, établissant dans l'organisme national une sorte de circulation de la richesse semblable à la circulation du sang et où le Centrosoyus fait fonction du cœur. Les produits alimentaires ne sont qu'une partie de ses opérations. Les produits industriels y figurent pour une très grande part.

Il a la charge aussi de toute la propagande, de l'éducation et de l'enseignement. Il subventionne une vraie Université coopérative à Moscou, mais je reviendrai sur cette question à propos de l'enseignement.

Enfin et surtout, ce qui n'existe nulle part ailleurs, il a dans ses attributions une bonne partie du commerce extérieur. Je rappelle qu'un des traits caractéristiques de l'Union Soviétique russe c'est que l'Etat s'est attribué le monopole du commerce extérieur, importations et exportations. Toutefois, dès le début, l'Etat a délégué une partie de cette fonction au Centrosoyus qui était seul admis à faire le commerce extérieur, à l'exclusion de tous commerçants privés. Il est vrai que depuis 1922 l'Etat a autorisé la formation de sociétés capitalistes, avec participation de l'Etat et sous son contrôle, pour les entreprises industrielles et aussi pour les ventes et achats au dehors. Néanmoins, c'est le Centrosoyus qui joue le premier rôle dans le commerce extérieur après l'Etat.

En passant à Riga, j'ai été émerveillé de voir les entrepôts du Centrosoyus. La Russie, depuis la guerre, se trouvant séparée de l'Europe par une bande de 3.000 kilomètres qui va de la Finlande à la Mer Noire et qui a fourni l'étoffe suffisante pour y tailler cinq Etats nouveaux, n'a donc plus d'accès à la mer, sinon par l'extrémité du golfe de Finlande; et c'est le port de Riga en Lettonie qui est devenu, sinon politiquement du moins économiquement, son débouché sur la mer. Voilà pourquoi le Centrosoyus y a installé d'immenses entrepôts, avec des montagnes de marchandises suffisantes pour charger des flottes — lin, chanvre, beurre de Sibérie, tourteaux, etc. Il a d'autres agences, à Reval, à Berlin, à Londres ! celle-ci est la plus ancienne de toutes et existait même avant la Révolution. Il a même une modeste agence à Paris, qui fait quelques affaires (1).

Le chiffre des exportations et importations du Centrosoyus a dépassé 60 millions de roubles en 1924-1925 et doit s'élever présentement à 100 millions de roubles (260 millions franc-or). Il achète en France des automobiles, des machines agricoles, dont les Russes ont un très grand besoin. En retour il vend des fourrures, des cocons de Géorgie qui sont achetés par les filateurs de l'Ardèche et du Gard.

Les importations s'élèveraient à un chiffre bien supérieur s'il pouvait les payer comptant : malheureusement il ne le peut pas : 88 p. 100 de ses achats à l'étranger sont faits à crédit et les commerçants étrangers hésitent à livrer. Cepen-

------

(1) Le Centrosoyus n'est pas la seule Centrale coopérative qui participe au commerce extérieur ; il y en a une autre pour les coopératives agricoles. La participation des organisations coopératives dans l'ensemble des exportations de la Russie est évaluée à plus de 30 %.

dant on commence à avoir confiance dans le Centrosoyus et à lui vendre à six et neuf mois de terme.

C'est peut-être grâce au Centrosoyus que sera réalisé ce qui depuis quelque temps déjà est le rêve des coopérateurs et notamment de l'Alliance Coopérative Internationale : à savoir l'établissement de relations d'échange entre les Magasins de Gros des différents pays, et même la création d'un Magasin de Gros International qui serait superposé aux Magasins de Gros nationaux.

Jusqu'à présent, cette idée est restée à l'état d'ébauché. La Wholesale anglaise commence bien à vendre dans différents pays et à y acheter ; mais ce commerce ne présente pas un caractère vraiment coopératif. Au reste, il faut reconnaître que le commerce du Centrosoyus n'a pas non plus un caractère coopératif puisqu'il est fait pour la plus grosse part, avec des commerçants, et pour une faible part seulement avec les Magasins de Gros d'Angleterre (1) de France et des autres pays.

Si le jour devait venir où tout le commerce international serait entre les mains des organisations coopératives qui échangeraient entre elles et appliqueraient dans leurs rapports les mêmes règles qu'appliquent entre eux les coopérateurs, c'est-à-dire l'abolition de tout profit, ce serait une grande révolution, ce serait un monde nouveau; bon nombre de questions qui passionnent aujourd'hui, comme celle du protectionnisme, seraient apaisées.

Nous n'en sommes pas là ; mais on y travaille. D'année en année, le mouvement de vente et d'achat des magasins de gros d'un pays à l'autre augmente d'importance, et entre tous, c'est le Centrosoyus qui fait les opérations internationales les plus considérables.

§ 2. — Les coopératives ouvrières.

Il faut dire un mot d'une forme spéciale de coopération de consommation qui tient une grande place en Russie et qu'on appelle la coopération ouvrière.

Ce sont des coopératives composées, comme leur nom l'indique, d'ouvriers salariés de l'industrie urbaine et qui jouissent de faveurs spéciales de l'Etat soviétique.

---

(1) Le commerce entre le Centrosoyus et la Wholesale anglaise s'est chiffré (pour 1924-25) à 617.000 livres (16 millions francs or).

Elles ont pris naissance dans ce qu'il y avait de pire dans l'organisation industrielle russe, c'est-à-dire dans le régime des économats.

J'ai déjà dit que les fabriques russes, longtemps avant la guerre, étant généralement isolées, loin des centres urbains se trouvaient obligées, pour se procurer des ouvriers, de les nourrir et de leur fournir tout ce qui était nécessaire à leur existence. Mais elles ne tardèrent pas à faire de cette institution philanthropique une machine à profit, en vendant à des prix calculés de façon à absorber la totalité du salaire, en sorte que l'ouvrier ne touchait presque jamais rien en argent.

Un des premiers actes du gouvernement soviétique, au lendemain de la Révolution du 6 novembre, a été de remettre toutes les usines et fabriques russes entre les mains des comités ouvriers, en leur disant : elles vous appartiennent, vous êtes chez vous. Et du même coup, les économats ont été convertis en coopératives ouvrières.

Je n'ai pas à faire ici, incidemment, l'histoire de cette expérimentation des comités d'ouvriers. Je n'ai pas besoin de dire que les résultats ont été détestables. Au début cependant bon nombre de ces comités d'ouvriers ont conservé le patron. Seulement, ils lui ont enlevé toute autorité, ne lui laissant d'autre fonction que celle de fournir l'argent pour faire marcher la fabrique. Naturellement ils ont porté les salaires au maximum, tandis que la production des usines tombait à rien.

Le gouvernement soviétique, qui n'a jamais hésité à faire machine en arrière quand il reconnaissait s'être trompé, n'a pas tardé à abolir ce gouvernement des usines par les ouvriers, d'autant plus que ce régime était contraire, à vrai dire, à la thèse collectiviste. Jamais le marxisme n'a fait sienne cette vieille devise : l'usine aux ouvriers, la mine aux mineurs, la terre aux paysans. Il a toujours dit : l'usine, la terre, la mine à la nation.

Donc, on a enlevé les usines à ces comités d'ouvriers qui les gouvernaient anarchiquement et on les a nationalisées pour des mettre entre les mains des organisations d'Etat qu'on appelle trusts. Par là on a fait rentrer les ouvriers sous le régime du salariat, aussi sévère que l'ancien régime capitaliste; plus même, parce que le gouvernement leur a dit : Si naguère la grève contre les capitalistes ou même contre l'Etat bourgeois était un droit et un devoir, désormais contre l'Etat communiste, contre l'industrie socialisée, ce serait un crime et nous le punirons comme tel.

Toutefois, de leur ancienne autonomie les ouvriers ont gardé quelque chose : d'abord les économats qui sont devenus les coopératives ouvrières. Et ils ont conservé aussi une sorte de confraternité corporative. C'est un trait caractéristique de la vie ouvrière russe que la solidarité qui unit les ouvriers d'une même usine, solidarité qui ne se manifeste pas seulement par la création de l'association coopérative ouvrière mais dans la vie de tous les jours.

Les ouvriers d'une même fabrique se sentent d'une même famille. Ils ont, dans chaque fabrique, leur théâtre, leur salle de conférences, leurs enseignes spéciales. Le jour de la fête nationale russe, la fête de la Révolution qui se célèbre le 6 novembre, on voit dans toutes les villes circuler des chars chargés d'ouvriers ; chaque char portant la bannière et les enseignes d'une fabrique, comme autrefois les hommes d'armes portaient les couleurs de la maison au service de laquelle ils étaient fiers d'appartenir. C'est là un état d'esprit tout à fait différent de celui des autres pays. Jamais les ouvriers d'une usine, en France, n'auraient l'idée, le jour de la fête nationale, d'aller se grouper sous la bannière de l'usine Renault, Citroën, ou Schneider. Ils ne se groupent même guère sous la bannière du syndicat qui pourtant pour les ouvriers français représente la seule solidarité.

Pour les ouvriers russes, c'est la fabrique.

Quoiqu'il n'y ait plus de comité d'usine, quoiqu'ils soient redevenus des salariés, quoique l'usine soit soviétisée, les ouvriers considèrent que la fabrique leur appartient ; ils se considèrent comme étant chez eux, dans leur maison. C'est peut-être parce qu'étant eux-mêmes membres des soviets, les ouvriers ont le sentiment qu'ils sont leurs propres maîtres et que cette usine est vraiment leur propriété.

On a soin de les entretenir dans cette croyance ou dans cette illusion. Dans toutes les conférences, dans toutes les feuilles de propagande, on leur dit : Vous n'êtes plus des salariés, vous êtes vos propres patrons.

J'ai eu l'occasion, dans un cours, il y a deux ans, de montrer combien il était difficile de réaliser l'abolition du salariat et combien toutes les mesures préconisées à cet égard — sociétés

ouvrières de production, participation aux bénéfices, sociétés
en participation ouvrière, commandite de main-d'œuvre —
étaient restées à peu près inefficaces ; et j'ai conclu que finalement l'abolition du salariat était une question d'ordre psycho-
logique plutôt que d'ordre économique, et que l'ouvrier ne
cesserait d'être salarié que le jour où il aurait le sentiment
de ne plus l'être.

Eh bien, il m'a paru que l'ouvrier russe avait acquis — tout
au moins dans un très grand nombre de fabriques — ce
sentiment que nous cherchons vainement à créer chez nous.

Ces coopératives ouvrières sont aujourd'hui nombreuses ; il
y en a 1.800, qui réunissent 3 millions d'ouvriers à peu près.
Elles font un chiffre d'affaires assez considérable. La politique
du Centrosoyus, et d'ailleurs du gouvernement soviétique,
c'est de déterminer les ouvriers à dépenser tout leur salaire
à la coopérative sous forme d'achats : tout le salaire, à vrai
dire, ce n'est pas possible, parce qu'il y a certaines dépenses,
telles que le loyer, l'impôt, les chemins de fer ou trams, les
spectacles, les journaux, qui ne peuvent pas être faites au
magasin coopératif ; mais on estime que si les ouvriers sont
bons coopérateurs et bons communistes, ils doivent y dépenser
75 à 80 % de leur salaire.

On est encore loin de cette proportion. Dans les villes
où les ouvriers sont particulièrement fervents et disciplinés,
comme à Moscou, on arrive à la proportion de 50 % et même
60 %. Mais c'est très rare et d'une façon générale on n'a obtenu
jusqu'à présent que des résultats très inférieurs.

Toutefois il y a tendance aujourd'hui à ne plus faire des
coopératives ouvrières une catégorie à part mais à les faire
rentrer dans la coopération commune, comme c'est le cas dans
les autres pays ; et par là encore la coopération de Moscou
revient peu à peu au type ordinaire.

§ 3. — Les coopératives d'habitation.

La question du logement est aussi aiguë en Russie, et plus,
que dans tous les autres pays. C'est vraiment un mystère que
l'universalité de cette crise qui se manifeste même au-delà
des océans, jusque dans les colonies. Il y a là quelque chose
de tout à fait étrange. On a beau donner les explications que
nous connaissons tous — arrêt de la construction pendant la

guerre, reflux de la population rurale dans les villes — ces explications ne paraissent pas suffisantes.

Il faut croire que déjà avant la guerre la situation par tout pays devait être précaire, c'est-à-dire que l'offre et la demande de logement devaient être exactement de niveau, ce qui est prouvé par le pourcentage infime et sans cesse décroissant des logements vacants, de sorte qu'il a suffi d'une très faible réduction de l'offre des logements pour rompre l'équilibre. Il faut remarquer que quand il s'agit du logement, il n'y a pas la même élasticité que pour les autres besoins. Pour l'alimentation ou le vêtement on n'en arrive pas souvent à ce point critique d'être sans pain ou d'aller tout nu, tandis qu'il arrive trop souvent qu'une famille soit sans logis. Il en résulte que l'insuffisance de l'offre suscite ici une surenchère beaucoup plus intense.

Mais si la crise est difficile à expliquer dans sa généralité, combien est-elle plus surprenante encore en Russie ! Combien ne semble-t-il pas étrange ici d'avoir à parler de la famine du logement ! Car la Russie est le pays où la poussée de la population vers les grands centres, jusqu'à présent, s'est fait le moins sentir.

Si on prend, par exemple, les villes de 100.000 habitants, on constate qu'il y en a 22 en Russie, ce qui est très peu pour un aussi vaste pays. La population réunie de ces 22 villes ne dépasse pas 8 millions d'habitants, ce qui représente à peine 6 % de la population totale : on peut dire que la concentration urbaine y est réduite au minimum. En France il y a 15 villes de plus de 100.000 habitants, comptant en tout 6 millions d'habitants, ce qui représente 15 % de la population totale. Et en Angleterre 40 villes de plus de 100.000 habitants réunissent près de 25 millions d'habitants, soit plus de la moitié de la population anglaise. On comprend que la place pour se loger puisse faire défaut dans ces pays où tout le monde va à la ville, mais en Russie !

Et non seulement les villes en Russie ne comprennent qu'une fraction très faible de la population, mais même dans l'enceinte des villes la population est très peu dense ; ce sont des villes immenses qui semblent avoir conservé quelque apparence des camps tartares d'autrefois. Une ville comme Moscou, par exemple, occupe une superficie plus grande que Paris ; elle couvre 10.000 hectares, tandis que Paris n'en compte que 8.000. Et cependant, la population de Moscou est très inférieure à celle de Paris, 1.740.000 habitants à Moscou et 2.850.000 à Paris; ce qui représente 285 habitants à l'hectare, à Paris, alors qu'il n'y en a que 156 à Moscou ?

Et pourtant il n'y a pas une ville où la crise des logements se fasse plus cruellement sentir que dans la population de Moscou. On m'a cité des cas auxquels on a peine à croire : par exemple des étudiants qui, faute de logement, passaient les nuits soit dans les gares, soit même dans les monuments funèbres des cimetières ! Il y a tout un commerce qui s'est créé, celui d'intermédiaires se chargeant de trouver une chambre moyennant une forte commission, et même parfois toute une chaîne d'intermédiaires : il faut commencer par le premier anneau de la chaîne en cherchant d'abord celui qui connaît un logement vacant.

La population est littéralement entassée, à tel point qu'il a fallu que le gouvernement soviétique limitât la place par personne. On ne peut pas occuper à Moscou une superficie par personne de plus de 46 archines carrées ; l'archine mesurant 71 centimètres, l'archine carrée correspond à un peu plus de ½ mètre carré, et par conséquent les 46 archines carrées représentent environ 23 mètres carrés, une chambre de 6 m. sur 4. C'est là un maximum qu'il n'est pas permis de dépasser, mais dans la réalité on est très au-dessous de cette limite. La moyenne de la population à Moscou ne dispose, comme superficie de logement, que de 6 mètres carrés par personne ; et dans les autres villes russes cette moyenne varie de 5m90 à 6m52 par habitant. Je ne sais pas si vous vous représentez ce que c'est que six mètres carrés ? trois mètres sur deux, la surface d'un cachot. Et c'est encore pire si l'on prend les quartiers ouvriers ; la surface disponible par ouvrier dans les centres industriels s'abaisse parfois à 4 mètres carrés, et même, dans certains cas, à 3 mètres carrés, c'est-à-dire la superficie d'une tombe.

Il est vraiment fantastique de penser que dans un pays où la terre est à discrétion et l'espace illimité, des êtres humains en sont réduits à n'avoir de place que ce qu'il faut pour être enterrés. Il y a là une anomalie qui révèle un désordre anarchique.

Pour la ville de Moscou, il y a, il est vrai, une raison

spéciale ; c'est que Moscou est devenu la capitale et que le déplacement de l'administration à Moscou a entraîné, comme tout déplacement de gouvernement, une très grande affluence de nouveaux venus.

Inversement Léningrad a bénéficié de ce déplacement de capitale. On trouve en effet beaucoup plus aisément à se loger à Léningrad, car la densité de la population n'y est que la moitié de celle de Moscou. L'ancienne capitale tzariste est aujourd'hui en partie vidée.

On a appliqué cette limitation par habitant de la façon la plus rigoureuse, c'est-à-dire que toutes les familles qui disposaient d'un nombre de pièces dépassant le maximum de 16 archines carrées par tête ont souvent été réduites à une seule pièce; et parfois même, si cette pièce était trop grande, il fallait accepter dans cette pièce unique de nouveaux habitants — sauf, si les occupants voulaient en faire la dépense, à construire une cloison ou à se contenter d'un modeste paravent. Quant à la cuisine il faut s'entendre pour s'en servir à tour de rôle. On m'a nommé deux dames de la bonne société qui logeaient ensemble et n'avaient qu'une grande pièce et une cuisine : pourtant on leur a imposé des colocataires — du même sexe toutefois. Dans ces conditions il faut vendre toute la partie des meubles qu'on ne peut pas loger ; c'est ainsi que tous les beaux mobiliers des familles russes ont passé chez les marchands de bric à brac où l'on pouvait naguère, et où l'on pourrait sans doute encore aujourd'hui, faire de merveilleuses trouvailles.

De toutes les manifestations du communisme on peut dire que c'est celle-ci qui est la plus dure. Dans le domaine de l'échange et de la production, le communisme ne change pas grand'chose, puisque la production et l'échange sont déjà plus ou moins collectivisés dans les pays de grande industrie et de grand commerce. Le communisme dans la répartition représente déjà quelque chose de plus dur, mais enfin les riches ne souffrent peut-être pas autant qu'on le pense de subir la loi commune si elle frappe en même temps tous ceux de leur classe. Et même le communisme dans la consommation, si c'était seulement le communisme à une table commune, serait assez facilement toléré, puisque nous étions bien habitués, en voyage, à la table commune : et pourtant là aussi la vieille table d'hôte a été supprimée dans presque tous les hôtels pour faire place à la mode individualiste des petites tables. Mais le communisme de l'habitation, voilà qui est vraiment le dernier degré de la servitude ! on ne saurait rien imaginer de pire, sinon peut-être un communisme du vêtement qui nous obligerait à porter les vêtements des uns des autres.

Mais du moins, un régime si rigoureux a-t-il remédié à la crise du logement ? — Il semble qu'il devrait en être ainsi — et pourtant il n'en est rien. Dès que le gouvernement russe soviétique a été installé, il a décrété l'abolition de la propriété privée, non seulement pour la terre mais pour les maisons, et par conséquent toutes les maisons de toutes les villes russes sont depuis 1917 la propriété des soviets. Ils ont commencé par expulser locataires et propriétaires, tout au moins les bourgeois, de toutes les maisons qu'ils voulaient affecter soit à des services publics, soit à des œuvres d'assistance, soit encore au logement des membres influents du parti. Les plus beaux hôtels, ceux qui avaient un caractère historique, ont été convertis en musées — car, quoi qu'on en ait dit dans les journaux, le gouvernement soviétique s'est montré très respectueux de toutes les œuvres d'art et de tout ce qui pouvait avoir une valeur nationale. Bon nombre de palais ont également été affectés à l'entretien des enfants et des malades. Mais un grand nombre aussi ont été gaspillés dans l'installation de services soi-disant d'utilité publique.

Cette révolution n'a donc pas eu pour résultat d'étendre la superficie disponible par habitant mais plutôt de la réduire.

Sans doute tous les riches bourgeois ont été expulsés de leurs appartements, à moins que par tolérance on ne les reléguât dans une des pièces. Cela semblait devoir donner de la place. Mais il faut tenir compte du désordre général qu'entraîne toute révolution et surtout celle-ci ! Pour se caser n'importe où, ne fut-ce que dans un wagon ou un autobus, il faut faire régner un certain ordre. Quand il y a du désordre, même là où il y a de la place, les gens ne trouvent pas à se caser. Quiconque a eu à faire sa malle pour voyager ou à caser des livres dans sa bibliothèque sait qu'en arrangeant avec soin livres ou affaires, on en fait entrer deux fois plus. D'autre part les nouveaux occupants, d'abord très fiers d'être logés comme des princes, ne tardèrent pas à déchanter. Un grand appartement n'est confortable que quand il a toutes les commodités nécessaires. Mais comme il n'y avait plus ni chauffage central, ni électricité, ni, bien entendu, de domestiques pour l'entretien, les occupants gelèrent et regrettèrent leurs petites chambres.

Ceux qui restèrent ne prirent aucun soin de ces maisons dans lesquelles ils étaient installés. Bon nombre de prolétaires, quand ils se sont vus du jour au lendemain dans de beaux appartements, dans les salons des marchands de Moscou, n'ont eu rien de plus pressé que de tout saccager, les glaces, les peintures, les dorures, de casser leur bois ou leur charbon sur les parquets ou les tapis, parfois de brûler les meubles pour se chauffer. La maison n'étant plus chauffée, les conduites d'eau furent gelées et éclatèrent. La détérioration des appartements a pris des proportions formidables, et naturellement ce ne sont pas les anciens propriétaires qui se sont avisés de les réparer. Tout au contraire, au lieu de lutter contre cette dégradation, ils s'y sont prêtés, parce qu'ils savaient que si l'appartement conservait un bon aspect, ils couraient le risque d'en être expulsés pour faire place à de nouveau-venus ; il n'y avait qu'une chance de rester dans sa maison, c'était d'en faire un taudis. C'est ce que la plupart ont fait.

Il y avait, à Moscou, il y a peu de temps, 40.000 appartements ou logement absolument inhabitables, ce qui représente 20 % de la totalité des appartements de Moscou.

Voilà donc dans quelles conditions s'est présentée la crise du logement en Russie.

Quelle solution pouvait-on y apporter ? Il y aurait eu peut-être une première solution, qui eût été de revenir à l'ancien régime de la propriété urbaine. Mais cela, le gouvernement soviétique ne voulait pas en entendre parler. D'ailleurs, la mesure n'aurait pu agir qu'à la longue, car bon nombre de propriétaires n'y étaient plus : ceux qui n'avaient pas été fusillés s'étaient expatriés.

On ne se décida à entrer dans cette voie que plus tard en 1921, à partir de la nouvelle économie politique. Alors on permit à ceux qui habitaient des maisons bourgeoises — les maisons où il n'y avait pas plus de 5 appartements, ce qui en Russie était une petite maison — d'y rentrer et de reprendre leurs anciens locaux.

Mais, résultat imprévu, ces propriétaires, ou du moins, ceux qui restaient encore, ne montrèrent aucun empressement à rentrer chez eux, sans doute de crainte d'avoir trop à payer en réparations ou impôts.

Il y en aurait eu une autre, solution, semble-t-il : c'est que les soviets, puisqu'ils étaient désormais propriétaires de toutes les maisons, terrains et bâtiments, assument les charges de la propriété et fissent bâtir eux-mêmes. C'est bien ce qu'ils ont essayé çà et là, mais sans résultat bien visible, parce qu'ils n'avaient point de fonds. Ils ont essayé d'attirer les capitaux étrangers par des concessions d'entreprises de construction. Et surtout ils ont eu recours aux coopératives dont nous avons maintenant à parler.

1°/ *Sociétés de Construction et d'Habitation.*

Il y a, en Russie, un très grand nombre de ces sociétés coopératives de construction : plus de 1.000, comprenant 180.000 membres (octobre 1925). Les soviets les encouragent, comme dans tous les pays d'ailleurs.

Ils leur font d'abord des avances de fonds car leurs ressources propres sont peu de chose, 4 millions de roubles, dit-on. Cette année, 30 millions de roubles ont été votés à cet effet, mais à partir de l'année prochaine, le crédit inscrit au budget sera de 250 millions de roubles, ce qui fait 700 millions de francs d'or, soit quatre milliards de nos francs actuels, c'est-à-dire infiniment plus que nous ne consacrons dans le budget de l'Etat ou dans les budgets municipaux pour encourager la construction en France.

Ces sociétés de construction bénéficient aussi des mêmes avantages que dans les autres pays. D'abord elles ne payent pas d'impôts, pendant les premières années tout au moins.

On leur fait aussi des concessions de terrains, mais on ne les leur donne pas, car l'Etat ne renonce pas, même en leur faveur, à la socialisation du sol. Il les concède pour une période qui va de 20 à 40 ans, suivant que les constructions sont en bois ou en pierre, et je crois que l'année dernière les concessions ont été respectivement portées à 40 et 60 ans (40 ans pour construction en bois, 60 ans pour constructions en pierre) au terme desquelles les constructions et le terrain reviendront aux soviets.

Mais ces avantages ne sont pas consentis à des sociétés quelconques : il faut que ces sociétés de construction soient composées de ceux qui, comme le dit la loi, sont électeurs politiques dans les soviets, c'est-à-dire seulement de ceux qui vivent de leur travail, manuel ou intellectuel. Quant aux autres, les bourgeois, ceux qui vivent d'autres revenus que le travail, il ne leur est pas interdit de construire ni même de constituer des sociétés coopératives de construction, mais ils n'ont droit alors à aucune exemption ni privilèges.

De ces sociétés de construction, les unes font bâtir directement, les autres s'adressent à des entrepreneurs. Je n'ai pas besoin de dire que ce sont celles qui font bâtir directement qui obtiennent les résultats les plus avantageux au point de vue économique. Mais il ne faut pas croire cependant que, même pour celles-là, les maisons se bâtissent pour rien. On a fait le compte que la construction d'une maison ouvrière, avec une superficie mesurée pour chaque habitant, dans les limites que j'ai indiquées, revient à 3.000 roubles, soit 7 à 8.000 francs d'or. C'était à peu près le prix que coûtait une maison ouvrière en France avant la guerre (1) ; mais cela représenterait aujourd'hui 35.000 à 40.000 francs-papier, et c'est en effet le prix que coûte encore en France une maison de cette importance. Cette identité qui se rencontre dans des pays si différents, aux deux extrémités de l'Europe, est un fait vraiment remarquable.

Ces associations sont groupées en Unions coopératives qui sont de grandes puissances et qui traitent directement avec les soviets.

Il est trop tôt encore, puisqu'elles ne sont à l'œuvre que depuis quelques années, pour voir dans quelle mesure ces sociétés pourront atténuer la crise du logement; il est probable qu'il faudra longtemps pour que le résultat soit sensible, en Russie comme dans tous les pays d'ailleurs.

2°/ *Coopératives d'Habitation*

Il y a ensuite les coopératives d'habitation, c'est-à-dire celles des habitants déjà en possession de logements. On leur a permis de se constituer en société coopérative dans la maison, tout au moins quand ils étaient en nombre suffisant. De tout temps ont été nombreuses à Moscou les maisons très grandes, véritables ruches humaines qu'on appelle à Paris des cités.

---

(1) C'est aussi le prix qu'elles coûtent en Suisse, par exemple pour la coopérative de construction de Lausanne.

où habitent des centaines de familles et des milliers de personnes. On leur a permis, là où il n'y avait que des prolétaires, de se constituer en sociétés coopératives d'habitation ; et non seulement on le leur a permis, mais on en a fait une obligation partout où 60 % des locataires décidaient la création de cette coopérative. Dans ce cas-là, les autres habitants de la maison étaient obligés de se soumettre et d'y participer.

Cette coopérative d'habitation joue ainsi le rôle de gérant général, de locataire principal, comme nous dirions, de tout l'immeuble.

Le gouvernement, ou plutôt la commune, se décharge sur cet organisme du soin de l'administration de l'immeuble ; la communauté élit un chef, un staroste, qui est chargé de la représenter auprès du gouvernement soviétique La coopérative pouvait conclure avec la commune un bail de douze ans ; et alors elle disposait de l'immeuble comme bon lui semblait. Elle pouvait l'aménager ; elle pouvait répartir les logements entre les locataires ; elle avait des facilités spéciales pour le prix du loyer.

Il faut dire que si dans les villes russes chacun est réduit à la portion congrue, et si le logement est misérable, par contre, il est très bon marché pour la classe ouvrière. La commune soviétique ne fait payer que des loyers très peu élevés ; ainsi l'employé du Centrosoyus qui m'accompagnait avait deux pièces à sa disposition — parce que tout travailleur à domicile, travailleur manuel ou travailleur intellectuel, par exemple, un professeur à l'Université, a droit, en plus de ses 40 archines, à une pièce supplémentaire, et ce modeste employé du Centrosoyus, de même ; — et pour ces deux pièces, il ne payait, avec le chauffage et l'éclairage, que 2 roubles 6 kopecs par mois, c'est-à-dire 5,50 francs-or, qui font 66 francs-or par an. C'était donc un prix de loyer infime, bien que ces 66 francs d'or représentent 3 à 400 francs-papier.

Il n'est pas étonnant que les soviets puissent faire payer très peu les logements puisqu'ils ne leur ont rien coûté ! Ils ont confisqué les maisons sans payer la moindre indemnité. Ils peuvent par conséquent appliquer le précepte de l'Evangile : ce que vous avez reçu gratuitement, donnez-le aussi gratuitement. Ils pourraient à la rigueur ne percevoir aucun loyer ; et quand il s'agit de prolétaires, un loyer tel que celui que je viens de citer ne couvre même pas les frais d'entretien. Mais quand il s'agit de fonctionnaires mieux payés — l'employé dont je parlais tout à l'heure gagnait 110 roubles par mois — et à plus forte raison de bourgeois, le loyer augmente suivant une progression établie à la fois d'après le nombre d'archines occupées et aussi d'après les revenus du locataire, en sorte que le loyer peut devenir assez élevé.

Quand les habitants sont groupés en communauté de locataires, la ville ne fait payer à la société qu'un très petit loyer et celle-ci répartit la charge entre les locataires, d'après une entente générale. Il faut toutefois que le total des loyers perçus par la société soit suffisant non seulement pour rembourser le loyer global à la ville mais aussi pour payer les frais d'entretien qui restent à la charge de la communauté.

Mais les habitants y trouvent un très grand avantage : c'est d'être à l'abri des expulsions qui sont le cauchemar des habitants des maisons ordinaires. Ils sont chez eux et peuvent y rester, sous la seule condition de réserver 1/10e de la maison pour les sans-logis que la commune a le droit de leur envoyer. On sacrifie à cet emploi certaines pièces pour subir de ce fait le moins de dérangement possible.

On ne peut attendre des coopératives d'habitation les mêmes résultats, au point de vue de la crise du logement, que ceux de coopératives de construction puisqu'elles ne multiplient pas les locaux disponibles.

Cependant ces coopératives de locataires sont considérées comme très avantageuses : aussi se multiplient-elles beaucoup. Il y a en Russie actuellement plus de 30.000 sociétés coopératives d'habitation, occupant 60.000 maisons, et encore n'est-ce que dans les grandes villes qu'on fait des statistiques ; aussi est-il probable que le nombre total est plus élevé.

Néanmoins, il ne faut pas croire que cette situation n'ait pas certains mauvais côtés. Ce n'est pas chose commode, en Russie comme ailleurs, de faire vivre quelques centaines de colocataires en forme de petite république domestique — surtout quand il faut rationner, quand il faut dire à l'un d'eux qu'il est trop largement logé et qu'il doit céder un peu de place aux autres.

D'autre part, il faut songer aux pouvoirs dictatoriaux du président de la communauté. Si vous songez quelle place occupe dans notre vie de parisiens ce personnage qui s'appelle le concierge, et combien d'ennuis il peut procurer aux locataires, vous jugerez par là du rôle que peut jouer le gérant de ces communautés d'habitation et quelle force d'âme il lui faudrait pour résister aux tentations d'en abuser. Aussi assure-t-on qu'en effet les abus sont fréquents et bien qu'on ait fait courir trop de bruits absurdes et diffamatoires sur tout ce qui se passe en Russie, il y a de grandes chances pour que, en ce cas, ces abus ne soient que trop réels.

Ce n'en est pas moins une institution dont il faudrait souhaiter la propagation dans tous les pays. Nous n'avons pas en France, à ma connaissance, une seule de ces coopératives d'habitation, et cependant elles rendraient les plus grands services, beaucoup plus que les sociétés de construction dont j'ai parlé tout à l'heure.

Car pour construire il faut payer le prix de la maison, tandis que dans l'association de locataires, on paie simplement le loyer : on peut s'en aller quand on veut, on n'est pas lié. Les locataires ont néanmoins tous les avantages de la propriété au point de vue de la sécurité, puisqu'ils sont locataires de la société, dont ils sont eux-mêmes les actionnaires : ils savent donc qu'ils ne seront pas expulsés ; ils sont sûrs que le loyer ne sera augmenté que par la volonté de tous sociétaires, c'est-à-dire des locataires. On a donc, je le répète, tous les avantages de la propriété sans en avoir les ennuis et sans avoir la charge de l'acquisition ou de la construction de la maison.

CHAPITRE V.

LE RÉGIME AGRAIRE

§ 1. — La famine de la terre.

Nous avons vu, jusqu'à présent, la coopération dans les villes. Il faut la voir dans les campagnes, car il ne faut pas oublier que la campagne c'est toute la Russie.

De tous les pays la Russie est celui où la population rurale est la plus nombreuse : 90 % des habitants cultivent la terre ; tandis qu'en France la proportion ne dépasse pas 52 % et se restreint de plus en plus. Et encore la France est-elle, de tous

les pays d'Europe, un de ceux où la proportion de la population rurale est la plus élevée (Angleterre 23 %, Belgique 22 %).

Or cette population rurale n'a cessé de réclamer plus de
terre. Il y a eu souvent en Russie des famines, mais il y en a
surtout une à l'état endémique, la famine de la terre. Cela
paraît bien surprenant, si l'on songe que la Russie a une superficie de 464 millions d'hectares — la Russie d'Europe, même
après l'énorme amputation qu'elle a subie — ce qui représente
plus de 8 fois la superficie de la France, alors que sa population n'est que de 105 millions d'habitants. Cela fait plus de
4 hectares par tête. Et si l'on considère que les familles sont
généralement nombreuses en Russie et comptent cinq ou six
enfants, la moyenne par famille est donc de près de 25 hectares, c'est-à-dire beaucoup plus qu'une famille ne peut cultiver par le travail de ses membres. Et je ne compte que la
Russie d'Europe, mais si l'on ajoute la superficie de la Russie
d'Asie, on arrive à plus de 2.200 millions d'hectares, c'est-à-
dire 40 fois la superficie de la France pour une population de
140 millions. Si on partageait cet immense domaine entre
toutes les familles russes, on arriverait donc à près de
100 hectares par famille.

Que peut donc signifier cette famine de la terre, quand la
terre semble ainsi à discrétion ?

L'espace, oui, mais de tous les pays, la Russie est celui où la
proportion de terre cultivable est la moindre. La proportion de
terre labourée par la charrue ne dépasse guère 100 millions
d'hectares. Le reste, c'est la forêt illimitée, c'est la steppe, la
prairie à l'état naturel — surtout en Sibérie, où la proportion
de terre cultivée est encore infime. En sorte que si nous refai-
sons la division de tout à l'heure en ne comptant que la terre
cultivée, la part de chaque famille se trouverait singulièrement
diminuée.

Elle serait encore cependant assez considérable. Mais la
Russie est un pays où l'agriculture est très arriérée, si bien
qu'il faut une très grande superficie pour faire vivre une
famille. Un paysan français qui possède 5 ou 6 hectares ne
ressent aucunement la famine de la terre, sinon le désir
maladif de s'arrondir ; mais le paysan russe a de la peine à
vivre sur une terre de cette étendue : le rendement de la terre
en Russie est très faible.

Et ajoutez enfin que la plus grande partie de la terre utilisable se trouvait la propriété des nobles, des églises, des couvents, de l'Etat, ou même la propriété privée du tzar et des grands ducs.

Mais voici la Révolution ! Le premier acte du gouvernement soviétique — dès le 26 octobre 1917, avant même que la Révolution eût obtenu la victoire définitive, qui ne date que du 6 novembre — fut de décréter l'expropriation des propriétaires urbains et ruraux et de livrer cet immense territoire à la population rurale, aux moujiks : 22 millions d'hectares furent ainsi expropriés et donnés aux paysans. Ce n'était pas peu de chose, c'était la moitié de la superficie totale ae la France. Il semble donc que les paysans ont dû recevoir satisfaction dans une large mesure ? Guère plus qu'auparavant. La famine de la terre est la même, ou plus grande, depuis l'avènement du régime soviétique. Ce résultat paradoxal à première vue s'explique assez.

D'abord, cette expropriation des gros propriétaires, des barines, évidemment n'a pas augmenté la superficie de la terre cultivable.

Non seulement la superficie cultivable n'a pas été augmentée mais elle a été diminuée, parce qu'une grande partie des domaines attribués aux paysans, du jour au lendemain, alors qu'ils ne possédaient ni les connaissances techniques ni les moyens matériels nécessaires à leur mise en valeur, ont été ruinés. Dans bien des régions, les étalons, les animaux sélectionnés, ont été stupidement massacrés, les machines dont on ne connaissait pas l'usage, brisées. On cite le cas de paysans qui ne sachant que faire de grandes glaces ornant les salons d'un château, les ont brisées pour en avoir chacun un morceau. On juge ce que pouvaient devenir entre de telles mains des fermes industrialisées ! Le rendement s'est trouvé diminué de plus de moitié.

D'autre part, quoique la population russe ait été décimée par la guerre et la famine, la population rurale n'a pas diminué ; elle a au contraire augmenté.

On sait qu'une des principales causes de la débâcle de l'armée russe dans ces journées tragiques de 1917, si périlleuses pour la France, a été la nouvelle apportée au front que le décret d'expropriation avait paru. Aussitôt il n'y eut qu'un cri dans toute l'armée russe : Rentrons chez nous, sans quoi on va partager les terres et nous n'en aurons plus ! Les millions de soldats se sont donc rués vers leurs villages pour réclamer leur part de terre.

D'autre part, la confiscation de toutes les fabriques et la ruine qui en est résultée pour la plupart d'entr'elles, a eu pour résultat que les ouvriers des villes, qui travaillaient dans ces industries ruinées, ont reflué vers les campagnes et ont demandé des terres à leur tour.

Il n'est donc pas étonnant que la révolution bolcheviste n'ait guère apaisé, si elle n'a même surexcité, la famine de la terre.

Mais il faut faire maintenant un retour en arrière et voir quel était, au moment de la Révolution, le régime agraire en Russie.

§ 2. — Le régime du mir.

Tout le monde connaît de nom le *mir*, régime de propriété foncière qui embrassait non pas la totalité mais la plus grande partie de la terre russe.

On croit généralement que le mir est une sorte de réalisation du communisme entre paysans, et on voit les origines du mir dans cette propriété commune qui paraît se trouver au début de l'histoire de tous les peuples. Mais cette conception n'est pas exacte. Ce qui caractérise le mir ce n'est pas du tout la possession en commun, c'est l'inverse : c'est le partage périodique.

La propriété commune a probablement existé en Russie de temps immémorial. C'est en effet une des formes les plus antiques de la propriété dans tous les pays, mais il en est tout autrement du partage qui caractérise le mir. On n'en trouve pas de traces avant le xvii° siècle. C'est à cette époque là que l'on trouve mention de ce partage périodique de la terre dans les villages, qui marque sans doute une réaction individualiste.

Le mir, donc, loin d'être un acheminement à la propriété commune, est un état de transition entre la propriété commune originaire et la propriété individuelle. Chacun cultive sa part. Chacun recueille ce qu'il a semé et labouré. Assurément, ce n'est pas la propriété paysanne de chez nous puisqu'elle n'est qu'à terme. Afin d'éviter que les uns s'enrichissent et que les autres s'appauvrissent, on a voulu rétablir l'égalité primitive — à peu près comme dans le régime foncier institué par les lois de Moïse il y a trois mille ans — par une répartition à intervalles périodiques, généralement d'une douzaine d'années, quelquefois moins, quelquefois plus. Chacun recevait ainsi un nouveau lot, et recommençait à le cultiver individuellement.

Le mir est donc une propriété individuelle intermittente et périodiquement déplacée, pour donner satisfaction aux préoccupations égalitaires.

(Pour mieux préciser, il faut dire que le mir comprenait trois catégories de terres, dont chacune représente précisément un de ces trois états que je viens d'indiquer. Il y avait la maison du paysan, avec un petit jardin attenant, qui était une propriété individuelle perpétuelle. Il y avait, aux confins du territoire de la commune, la terre indivise, absolument commune, qui était généralement à l'état de forêt ou de steppe. Et entre les terres indivises et les terres individuellement appropriées, il y avait la zone des terres de culture exploitée individuellement mais sous la restriction du partage périodique.

Ce régime célèbre a donné lieu à un grand nombre d'études critiques dont l'examen demanderait bien des leçons. Disons seulement qu'il a été généralement critiqué, aussi bien par les communistes que par les économistes de l'école libérale.

Au point de vue socialiste, le mir est considéré comme une forme surannée qui a tous les vices de l'exploitation individuelle sans en avoir les avantages techniques.

Au point de vue économique, les critiques auxquelles doit donner lieu un tel système se présentent d'elles-mêmes à l'esprit.

D'abord ce grief que la périodicité des partages interdisait aux paysans toute espèce d'amélioration. Le paysan est comme le fermier qui, sachant qu'il devra partir à un terme plus ou moins éloigné, ne peut songer à entreprendre des travaux de longue haleine, parce qu'il lui faudrait, pour récupérer ses frais, un amortissement prolongé; il doit donc renoncer aux irrigations, aux défrichements, aux plantations, toutes entreprises qui ne pourraient être remboursées au cours d'une brève période de temps.

Un second grief, aussi au point de vue de la culture, c'est que chaque fois qu'on procédait au partage, le désir de rétablir autant que possible l'égalité entre tous les membres de la commune, déterminait un morcellement des plus fâcheux. Comme il y avait dans toutes communes des terrains d'inégale qualité, on assignait à chacun une part de chaque catégorie, ici un morceau de bon terrain, puis, pour compenser, un morceau de mauvais terrain, ici un morceau de la steppe, là un morceau de la forêt, un morceau du marécage. On arrivait par ce procédé à donner à chaque famille dix, quinze, vingt parcelles, et même, dans certains villages, jusqu'à quarante parcelles.

Ce sont là des conditions déplorables au point de vue du rendement dans tout pays, même en France, mais plus encore en Russie qu'en France. En effet, en France très souvent le paysan vit sur sa terre. Quand on traverse les campagne de France ce qui fait leur charme et leur vie c'est qu'à chaque pas on voit une maison de paysan, plus ou moins modeste, plus ou moins confortable, qui est comme le petit château au centre du petit domaine. En Russie, au contraire, la campagne est vide et déserte ; on peut traverser d'immenses étendues sans voir une isba, parce que les paysans vivent réunis dans le même village.

Si donc dans la même commune il y a cent familles et que chaque famille ait un lot de 15 ou 20 hectares, disséminé en vingt parcelles, sans parler du territoire indivis, il faudra que le paysan passe tout son temps à courir d'une parcelle à l'autre et, s'il veut les voir toutes, devra peut-être faire vingt kilomètres dans sa journée !

Ajoutez encore que l'enchevêtrement de toutes ces parcelles contraint les paysans à une simultanéité de leurs travaux. Un paysan ne peut pas faucher pendant que les autres moissonnent ; ils se gêneraient réciproquement. Il y a des jours désignés pour chaque opération agricole, et on marche un peu comme une armée au commandement.

Il faut aussi appliquer pour tous le même système de culture. On pratique généralement le système triennal : deux années de récolte, une année de jachère.

Le mir a cependant trouvé des défenseurs parmi des sociologues distingués. Un éminent professeur d'économie politique de Léningrad, à l'époque où cette ville s'appelait St-Pétersbourg, M. Kowaleski, dans des livres très remarquables s'est fait le défenseur du mir.

On peut dire d'abord qu'au point de vue moral cette obligation de vivre et de travailler ensemble, si elle est une chaîne, comme nous venons de le dire, est tout de même un lien de solidarité qui apprend à ces paysans à s'aider les uns les autres.

Avantage aussi au point de vue social puisque ce régime a préservé la Russie de ce fléau qu'est le prolétariat rural, qui a fait tellement de mal en d'autres pays, par exemple en Irlande ou en Italie.

Il n'y avait pas de prolétaires sous le régime du mir, puisque chaque paysan pouvait se marier et avoir des enfants étant assuré qu'il recevrait assez de terre pour sa famille et qu'il n'avait pas besoin de louer ses services. Le salariat agricole, sous le régime du mir, était presque inconnu.

Et même au point de vue économique, ce régime n'était peut-être pas aussi mauvais qu'on l'a dit. Le grand argument c'est qu'étant donnée la périodicité des partages, les paysans ne peuvent entreprendre des œuvres de longue durée; mais on ne réfléchit pas que cet argument, si on le prend au sérieux, porte non pas seulement contre le régime du mir mais aussi bien contre le régime de propriété foncière en Europe.

Si l'on prend l'Angleterre — et ce n'est certes pas un pays de culture arriérée, car c'est un de ceux où la terre donne à l'hectare les plus gros rendements — il faut constater que c'est pourtant un pays où presque aucun de ceux qui travaillent la terre ne la possède ! La terre y est possédée par ceux qui ne la travaillent pas, et travaillée par ceux qui ne la possèdent pas.

L'absence de propriété perpétuelle n'est donc pas en opposition absolue avec le progrès agricole. L'expérience nous montre que l'agriculture peut très bien prospérer sous un régime de culture par des salariés ou par des fermiers. Il serait peut-être préférable, au point de vue social et moral, qu'il en fût autrement, mais il faut accepter le fait.

Si la culture en Russie était aussi arriérée ce n'est donc pas, disent les défenseurs du mir, à cause du régime du mir, ce n'est pas à cause de la précarité de la possession, ni même à cause du morcellement excessif, lequel existe aussi bien dans d'autres pays, en France même — mais c'est simplement parce que le paysan russe était ignorant et pauvre ; il était absolument illettré et il n'avait pas d'argent; dans ces conditions la culture ne pouvait être qu'arriérée. Au reste, elle n'était guère plus avancée dans les grands domaines des nobles.

Mais du jour où ces paysans auraient pu recevoir quelque instruction, du jour où ils auraient pu, par des institutions de crédit agricole, obtenir des capitaux, on aurait vu que même sous le régime du mir la terre russe n'était pas vouée à la stérilité.

Et c'est là, ajoutent les défenseurs du mir, ce qui était en train de s'accomplir avant la Révolution. On constatait déjà des progrès considérables dans les campagnes russes : importation des instruments agricoles, développement des banques de crédit du type Raiffeisen, etc. D'après M. Kowaleski, le rendement s'était déjà accru dans des proportions assez considérables.

Il est difficile à un étranger de se prononcer entre les deux thèses. En tout cas, ce qu'on peut dire c'est que, bon ou mauvais, le régime du mir avait jeté de profondes racines dans le sol russe et qu'il a résisté à tous les efforts du gouvernement tzariste pour le changer.

Disons d'abord un mot des essais de réforme agraire du gouvernement tzariste.

Vous savez qu'en 1860 le tzar Alexandre II a aboli le servage. En abolissant le servage, il n'avait nullement aboli le mir ; au contraire, le mir a été élargi et même il a été consolidé, et voici comment. L'abolition du servage en Russie a comporté des indemnités pour le seigneur qui perdait ses serfs, ses « âmes », comme on disait, car l'abolition du servage n'a pas été gratuite, comme l'avait été l'abolition de l'esclavage en Amérique sans indemnité pour le maître. Toutefois les indemnités que l'Etat avait payées au seigneur, il les récupérait sous forme d'impôts sur les serfs devenus libres. Or les membres du mir étaient rendus responsables solidairement du remboursement de l'indemnité : le lien entre les membres du mir a donc été doublé d'une solidarité pécuniaire.

En 1905, seconde grande réforme agraire, celle-ci inspirée par l'économie politique libérale et individualiste. On peut être surpris de voir le gouvernement du tsar s'inspirer d'idées libérales; mais ce qu'on appelle libéralisme en « économie politique » est très différent de ce qu'on appelle libéralisme dans « la politique » tout court.

Le ministre des tzars n'étaient pas tous des encroûtés : il y avait parmi eux des hommes très cultivés, tels que Stolypine.

Ils croyaient, avec toute l'école économique libérale, que le progrès agricole était lié à la propriété individuelle et perpétuelle et que l'agriculture russe ne pourrait sortir de la routine que par une évolution en ce sens.

Mais il y avait aussi des raisons d'ordre politique. Cette réforme avait été le résultat de la révolution avortée de 1905 qui, elle-même, avait été la conséquence de la défaite de la Russie dans la guerre russo-japonaise. Vous savez que cette révolution avait échoué; elle avait été écrasée, principalement à Moscou, par l'armée restée fidèle. Mais le gouvernement russe avait été fort ému par ce soulèvement dans lequel il apercevait sans doute le présage d'une autre et plus grande révolution.

Il pensa donc qu'il fallait dresser une sorte de rempart contre les idées révolutionnaires. Il se rendit compte que la classe noble ne suffirait pas à le protéger — combien en cela il voyait juste ! — et voulut s'appuyer sur l'immense masse des paysans. Les paysans, pensait-il, sont conservateurs, ils sont religieux, ils adorent le Tzar qu'ils appellent le petit père; il faut s'appuyer sur eux. Mais pour les attacher solidement au régime tzariste le meilleur moyen c'est d'en faire, comme dans les autres pays, comme en France notamment, de vrais propriétaires qui auront l'amour de leurs terres.

Et puis, cette institution du mir était suspecte au gouvernement parce que c'était — l'expression a été employée alors — comme un bouillon de culture pour les idées communistes.

En effet, si le paysan français croit que la terre est à lui c'est parce qu'il l'a achetée ou reçue en héritage ; mais le paysan du mir ne l'a jamais achetée ni reçue par succession : il sait que la terre appartient à la commune ou, pour mieux dire, qu'elle appartient à Dieu et que Dieu a fait la terre pour le travailleur. Il y a sur ce sujet des livres tout à fait passionnants; en voici un, celui du moujik Bondareff, édité par Tolstoï qui en a écrit la préface, où cette fierté du paysan s'exalte jusqu'au lyrisme :

« Sachez, hommes oisifs, que je pourrais nourrir 30 hommes avec le produit de mon travail. J'ai donc le droit de m'asseoir, ainsi que le général, sur le même fauteuil. Que dis-je ? le même fauteuil ! Ce général doit se tenir debout devant moi, parce que le général mange le pain produit par mon travail, tandis que la réciproque n'est pas vraie. »

Et puis, dans le mir, cette répartition des terres tous les douze ou quinze ans était un mauvais exemple pour les paysans, car ils voyaient auprès d'eux les terres immenses du seigneur qui n'étaient jamais touchées, et ils disaient : « Nous, nous avons travaillé pendant douze ans et on nous fait changer de place pour nous obliger à recommencer, tandis que le bârine qui ne fait rien conserve ses terres à perpétuité : ce n'est pas juste ! Nous demandons que les terres du seigneur soient partagées aussi bien que les nôtres ». Les paysans estimaient cette solution tout à fait raisonnable. Mais naturellement la classe noble pensa qu'elle était très inquiétante pour elle et elle en conclut que le meilleur moyen d'empêcher les paysans de demander le partage des terres nobles ce serait de supprimer le partage des terres paysannes. Quand les paysans seront propriétaires perpétuels, ils ne parleront plus de partage ! Elle appuya donc la réforme gouvernementale.

Pourtant le gouvernement impérial, si puissant qu'il fût, n'osa pas imposer aux communes russes la renonciation absolue au système de la répartition. Il usa de ménagements. Il fit plusieurs catégories. Dans toutes les communes où il n'y avait point eu de partage depuis l'abolition du servage c'est-à-dire depuis 1860, on était en droit d'en conclure que le système du mir y était tombé en désuétude. Puisque les paysans eux-mêmes y ont renoncé, il est désormais aboli de fait. Il n'y manque plus que la consécration légale, la voici : il n'y aura plus de partage ; les lots seront consolidés entre les mains de chacune des familles qui les possèdent. Dans ces communes, la propriété individuelle perpétuelle a donc été réalisée.

Quant aux communes où il y avait eu des partages à des dates plus rapprochées, à celles-ci on a laissé le choix ou de rester sous le régime du mir, ou de l'abandonner pour adopter le régime de la propriété individuelle perpétuelle, à la condition que les deux tiers des membres votent pour la suppression du mir. Partout où les deux tiers des habitants s'entendaient pour le demander, le mir devait être supprimé et la propriété individuelle consolidée, comme dans la catégorie précédente.

En outre, en dehors de cette transformation par décision collective, tout membre du mir qui voulait individuellement se séparer et devenir propriétaire perpétuel avait le droit de sortir de cette espèce d'état d'indivision; il avait même le droit de réclamer une part plus forte que celle qu'il occupait si sa famille avait augmenté depuis le dernier partage.

En somme donc, en vertu de la loi nouvelle, pouvait devenir propriétaire perpétuel quiconque le désirait.

Quels furent les résultats de l'ukase de 1906 ?

Il y eut un nombre assez considérable de cultivateurs qui sortirent du mir et qui devinrent des paysans à la mode française ; à la veille de la Révolution bolcheviste, on en comptait, dit-on, 2.200.000. Mais un peu plus de 2 millions, sur 20 millions de familles paysannes, ce n'est pas grand chose.

Et puis, il faut voir quels étaient les paysans qui étaient élevés à la propriété perpétuelle ; c'étaient principalement les habitants des communes où la transformation était légalement obligatoire. Mais dans les communes où on avait laissé le choix aux paysans il n'y en eut que très peu qui trouvèrent une majorité des deux tiers pour supprimer le mir.

Et, en tout cas, là où la transformation désirée par le gouvernement russe put se réaliser, les résultats ne furent pas toujours satisfaisants, tant s'en faut ! Un grand nombre de ces paysans, dès qu'ils furent mis en possession de leur lot, n'eurent rien de plus pressé que de le vendre et d'aller à la ville manger l'argent qu'ils en avaient retiré, puis chercher à y gagner leur vie comme ouvriers.

C'est là un phénomène général : on devait s'y attendre. Il en est de même dans nos colonies : quand on supprime pour les indigènes les formes de la propriété traditionnelle et qu'on les élève à la dignité de propriétaires individuels, pour satisfaire aux enseignements de l'économie politique, ces indigènes vendent leurs terres, mangent l'argent et, après, meurent de faim. C'est ce qu'on a vu en Algérie. Ce fut le cas de la Russie. Dans certaines communes, dans certaines provinces, la moitié des paysans, et même plus (52 %), vendirent leurs terres. Certains le faisaient simplement parce que, comme des enfants, ils avaient hâte de toucher des pièces d'argent qu'ils n'avaient presque jamais vues, et de les dépenser ; mais d'autres vendaient parce qu'ils ne savaient pas cultiver leurs terres. Aussi longtemps qu'ils avaient été classés dans les cadres du mir ils marchaient comme les autres, à la façon de soldats enrégimentés, mais dès qu'ils se trouvèrent livrés à eux-mêmes, ils ne surent plus que faire.

Et même, fait curieux qui illustre ce que je disais tout à

l'heure de la vie rurale russe, il y eut un grand nombre de ces paysans qui vendirent leurs terres parce que la propriété individuelle impliquait généralement l'habitation sur la terre. En effet, la loi, pour réaliser la bonne culture et pour diminuer le nombre des parcelles, prescrivait de réunir autant que possible les parcelles, de façon que chaque lot fût d'un seul tenant et que le paysan pût bâtir son isba au centre de son lot. Mais ces paysans, une fois séparés du troupeau communal, lorsqu'ils ne virent plus leurs isbas accolées à celles des voisins, s'ennuyèrent à périr et ne purent plus vivre de cette vie isolée ; ils abandonnèrent leur cabane et quittèrent le pays.

Néanmoins, cette réforme n'entraîna pas, comme dans nos colonies, la création d'un prolétariat rural : c'est parce que la Russie est et sera pour des siècles garantie contre cette plaie grâce à son territoire sibérien lequel offre d'immenses étendues disponibles à ceux qui n'ont pas de terre et qui ne trouvent pas de travail : là, ils peuvent se tailler des domaines à leur gré.

C'est ce qui sauva de la misère bon nombre des paysans qui avaient vendu leur lot, et la Sibérie a gagné en colons tout ce que la terre russe a perdu à ce moment-là de paysans.

§ 3. — **La révolution agraire.**

Voilà donc quelle était la situation de la terre russe au moment de la révolution.

En ce qui concerne la propriété, on sait que le premier acte du gouvernement, au lendemain de la Révolution, fût d'abolir la propriété foncière, sol, sous-sol et outillage agricole. Mais quoique la propriété fut abolie pour tous, en fait ce furent seulement les propriétaires nobles qui furent dépossédés et expulsés. Les paysans restèrent en possession des terres qu'ils cultivaient, à la condition qu'elles fûssent cultivées par leur travail personnel, et même ils eurent la satisfaction de voir leurs parcelles agrandies de toute l'étendue des domaines expropriés. Cependant, cet accroissement fut infiniment moindre qu'ils pouvaient l'espérer, car il n'a pas atteint 1/2 hectare par tête. La superficie totale expropriée a été pourtant estimée à 22 millions de déciatines (mesure à peu près équivalente à l'hectare), mais le nombre de paysans candidats au partage dépassait 40 millions !

Vous seriez probablement disposés à croire que les bolche-

vistes devaient voir d'un œil favorable le mir comme étant
un commencement de réalisation du communisme. On pouvait
penser qu'ils allaient se dire : Quelle chance de pouvoir
réaliser la révolution communiste dans un pays où la propriété
est déjà à l'état commun !

Il n'en fut pas ainsi. Je viens de vous dire, en effet, que le
mir ce n'est pas le communisme, c'est au contraire le partage
par lots et la culture individuelle. Et alors même que cette
répartition fut périodique et inspirée par une idée égalitaire,
ce n'était donc pas du tout une organisation qui répondît à
l'idéal marxiste et communiste.

C'est aux socialistes du temps de Lycurgue ou du temps
des Gracches qu'aurait pu plaire un tel régime, mais les
collectivistes modernes n'ont jamais été des « partageux ». Ils
sont pour la culture en commun et par les procédés les plus
modernes. C'est pourquoi ils ne pouvaient accepter le mir. Ils
estimaient que le mir était une organisation surannée. Ils sont
partisans de l'industrialisation de l'agriculture, de l'électrifi-
cation des campagnes, de l'emploi des machines les plus
perfectionnées (1).

Si donc ils avaient appliqué strictement le programme
marxiste, ils auraient aboli le mir, non dans le même sens
que l'ukase tzariste pour y substituer la propriété paysanne,
mais tout au contraire pour supprimer la culture individuelle
par lots et installer le véritable communisme moderne
scientifique.

Mais de même que le gouvernement du tzar, ils n'osèrent
pas ! Quand on parle des bolchevistes, dire qu'ils n'osèrent
pas paraît un peu singulier; c'est cependant la vérité. Le gouvernement bolcheviste a toujours vécu, non dans la crainte de
Dieu, mais dans celle du moujik. Il savait parfaitement que
la Révolution ne pouvait réussir qu'avec l'appui de l'immense
population paysanne, et il sait qu'elle ne pourra se maintenir
qu'autant qu'elle sera soutenue par cette population paysanne.

Le gouvernement se contenta donc d'interdire de faire le
partage des terres pour une durée moindre de neuf ans (décret
du 20 avril 1920). Et ensuite (loi du 30 octobre 1922) le droit

______

(1) D'après Mme Lydia Bach, dans un livre sur *Le Droit et les
Institutions de la Russie soviétique* (cité par Daudé-Bancel dans
son livre sur *La Réforme Agraire en Russie*), le mir aujourd'hui
serait mort. Mais voir l'Appendice à la fin de ce volume.

fut conféré à chaque paysan, au jour de la répartition, de demander à sortir du mir et à recevoir sa part à titre définitif. C'est donc la confirmation et l'extension de l'ukase de 1906 et il est assez piquant de voir le gouvernement communiste faire sien le programme agraire du gouvernement tzariste !

Il y a pourtant cette différence que les paysans libérés du mir, au lieu de devenir des propriétaires libres, ne deviennent plus que des tenanciers de l'Etat, mais on peut dire qu'ils n'en savent rien ou, en tout cas, ne s'en inquiétent guère, car cette propriété supérieure de l'Etat reste purement théorique Que « le domaine éminent », comme disaient les anciens jurisconsultes français, fût réservé à l'Etat, cela ne faisait pas grand chose au paysan, pourvu qu'on le laissât en possession indéfinie de sa terre et qu'il pût la transmettre à ses enfants. Comme je l'ai déjà dit, il en est ainsi en Angleterre, le « domaine éminent » de la terre appartient au Roi ; seulement, c'est une fiction légale et personne ne s'en occupe.

Pourtant ce principe n'était pas uniquement théorique et comportait certaines servitudes, notamment les suivantes.

Il était défendu d'employer des ouvriers salariés, de faire cultiver la terre par « des travailleurs de terre », comme on dit en France.

Il était défendu de la vendre ; il était défendu de la donner à ferme.

Ces restrictions sont d'ailleurs parfaitement logiques et ont une fin très justifiable en soi : c'est de lier la propriété au travail personnel. On dit au paysan : « Aussi longtemps que vous cultiverez la terre, vous et vos enfants, vous en serez propriétaires ou concessionnaires ; mais le jour où vous la ferez travailler par d'autres, ce jour-là votre droit s'évanouira. »

Or, cette servitude parut dure aux paysans russes, mais il faut remarquer que ce qui les irritait le plus ce n'était pas la prohibition de vendre ou de donner à ferme, mais la contrepartie, c'est-à-dire la prohibition d'acheter ; car, du moment qu'on ne pouvait pas vendre ni donner à ferme, nécessairement on ne pouvait non plus acheter ou prendre à ferme. Or, il y a en Russie, comme en France, des paysans ambitieux qui rêvent sans cesse de « s'arrondir », de devenir de riches paysans, des koulaks, et pour cela, de pouvoir employer des salariés, acheter des parcelles de terre, en prendre à ferme.

Aussi le gouvernement, quand vint la N. E. P. (la Nouvelle Economie Politique), en 1922, élargit un peu cette restriction et permit l'emploi d'ouvriers salariés dans deux cas :

D'abord quand le propriétaire travaillait lui-même, de ses propres mains ; car en ce cas il pouvait dire : « Je travaille comme eux ; si je les prends, c'est simplement pour m'aider et parce que je ne peux y suffire. »

Secondement, quand la culture avait un caractère industriel ; certaines cultures demandant beaucoup de main-d'œuvre pour un petit espace, par exemple la culture de la vigne.

On a fait un pas de plus l'année dernière, parce qu'en 1924 les élections dans les campagnes de Russie n'ont pas donné la majorité aux communistes, mais aux « sans parti ». Le gouvernement soviétique fut donc assez inquiet.

Le président de l'Union Soviétique, M. Kalinine, dit lui-même il y a quelques mois :

« Si nous voulons assurer le développement économique des campagnes, il nous faut rendre légal l'emploi des salariés agricoles.»

Vous remarquerez cette expression : « Il nous faut rendre légal l'emploi des salariés agricoles » ; cela veut dire qu'en fait le salariat existait déjà. En effet, là où un homme veut travailler pour un autre, il n'y a aucun moyen de l'empêcher.

Cependant, l'emploi de salariés dans les campagnes reste encore subordonné à certaines conditions :

1° Il faut que ce contrat de salaire soit rédigé par écrit. Singulière obligation dans un pays où presque personne à la campagne ne sait lire ni écrire ! Si la loi est observée — ce dont je doute — il faut s'adresser à l'écrivain du village pour faire rédiger le contrat !

2° Le contrat de salaire ne doit jamais dépasser la limite d'une année. Ceci n'a rien de socialiste : il y a un article du Code civil français, l'article 1380, qui défend d'engager ses services pour un terme indéterminé.

3° Il faut que ce contrat comporte certains avantages qui, aujourd'hui, sont d'usage assez courant dans les différents pays, à savoir : un salaire minimum; un certain nombre de jours de congé, certaines assurances contre les risques (accidents, maladies, etc.).

La prise en fermage des terres a été permise aussi sous certaines conditions.

Quant au droit de vendre la terre, quoiqu'il n'ait pas été rétabli légalement, il s'exerce en fait très fréquemment. Le grand journal la *Pravda* (la *Vérité*, mai 1926) en citait récemment de nombreux exemples.

Depuis le début, la politique du gouvernement bolcheviste hésite entre ces deux écueils : d'une part, ne pas perdre l'appui des paysans russes ; d'autre part, ne pas laisser se reconstituer une propriété de spéculation, une propriété parasitaire.

Protéger le paysan, lui persuader que le gouvernement communiste est son salut contre un retour des anciens propriétaires, et en même temps se défendre contre l'avènement de la classe nouvelle des paysans enrichis, des paysans qui veulent à leur tour devenir des barines, voilà quel est le dilemme dans lequel se débat le gouvernement bolcheviste.

Vis-à-vis des paysans, le gouvernement soviétique a été, au début, assez dur. Il a pensé qu'ils étaient suffisamment heureux par le fait qu'ils avaient été débarrassés des grands propriétaires, qu'ils s'étaient installés sur leurs terres et que l'armée rouge les défendait contre le retour éventuel des barines dépossédés.

En ce qui concerne les droits politiques, il n'a accordé aux paysans qu'un tiers de suffrage : en effet la loi n'accorde, à population égale, qu'un député pour les paysans contre trois pour la population urbaine, laquelle n'est que la population ouvrière puisque les bourgeois n'ont pas droit de suffrage.

Au point de vue économique le gouvernement déclara que le paysan était fait pour nourrir l'ouvrier et que, par conséquent, il fallait établir une espèce de troc entre les produits agricoles de la campagne et les produits manufacturés des villes, un échange en nature. La monnaie devenait ainsi inutile et on pensait lui dire adieu pour toujours. Il fallait cependant établir un taux d'échange entre les produits agricoles et les produits manufacturés et c'était le gouvernement, naturellement, qui établissait ce taux d'échange. Il l'établissait dans des conditions que les paysans trouvaient très injustes. Le gouvernement, en effet, avait tout intérêt à fixer de hauts prix pour les produits industriels, car ces produits industriels sortaient pour la plupart des fabriques de l'Etat, des trusts, et devaient fournir la principale source de ses revenus; et il avait intérêt, au contraire, à fixer des prix bas pour les produits agricoles, afin de diminuer le coût de la vie pour la population ouvrière des villes. Dans ces conditions, les paysans se trouvaient doublement lésés et se refusaient. Alors en en vint à la réquisition par la force, c'est-à-dire qu'on alla chercher dans les villages, dans les maisons des paysans, toutes les récoltes qui dépassaient le minimum nécessaire à la subsistance de la famille. Les paysans se défendirent, même par la violence; ils assassinèrent un certain nombre de délégués des Soviets et, finalement, le gouvernement soviétique fut obligé d'amender ses rigueurs.

Le gouvernement soviétique a toujours cédé quand il s'est cru sérieusement menacé d'une révolte de la population paysanne. Celle-ci représente en Russie une si grande force que le gouvernement soviétique sait bien qu'il ne pourra durer qu'aussi longtemps que les paysans le soutiendront ou, tout au moins, ne le renverseront pas.

Il fit donc différentes concessions. Il supprima les réquisitions en nature et les remplaça par l'impôt en argent, comme dans tous les pays. Il supprima aussi le système du troc en nature entre les produits des villes et les produits des campagnes. On en revint au système ordinaire de tous les pays, c'est-à-dire au système de la vente et de l'achat sur le marché, mais pendant longtemps encore les produits manufacturés restèrent très cher tandis que les produits agricoles étaient très bon marché, ce qui fit que, même après qu'eût été rétabli le système de la vente libre, les paysans s'estimaient lésés. La vie alimentaire est très bon marché en Russie, tandis qu'au contraire les produits manufacturés, tels que vêtements et tout le reste, étaient à des prix inabordables.

Le gouvernement soviétique chercha alors à faire monter le prix des produits agricoles et à faire baisser ceux des produits manufacturés, de façon à intervertir l'ordre des valeurs des uns et des autres ; c'est ce qu'on a appelé, par une image assez suggestive, la politique « des oiseaux ».

§ 4. — La coopération agricole.

Toutefois si le gouvernement soviétique admettait ce régime de tenure individuelle et de salariat sous les différentes réserves que je viens d'indiquer, ce n'était que comme un pis aller et il voulait au moins que cette tenure individuelle fût corrigée et complétée par la coopération. C'est dans la généralisation de la coopération parmi les paysans russes qu'il voyait le seul moyen de préparer une société véritablement communiste — associer ces paysans non plus dans la solidarité obligatoire, brutale et surannée du mir, mais dans la solidarité libre, volontaire, à multiples formes, de la coopération agricole.

Et pour ne pas laisser croire que je prête au gouvernement bolchéviste mes propres sympathies, voici un texte que je trouve dans un rapport publié par le Centrosoyus communiste :

« Tâche principale : recrutement coopératif.

« Le recrutement coopératif des paysans est le principal et presque le seul chemin qui permette de passer de l'activité individuelle à des formes naturelles, et de l'activité capitaliste d'économie rurale à des formes socialistes. Il est bien entendu que cette thèse ne garde sa valeur que sous le régime de la dictature prolétarienne. »

Vous voyez donc que — sous la condition préalable de la dictature prolétarienne, il est vrai — la coopération apparait aux gouvernants soviétiques comme le seul régime qui soit susceptible de remplacer le mir. Et tous les efforts sont faits pour engager les paysans dans cette voie.

Et pour encourager les paysans à entrer dans la voie de la coopération, le gouvernement soviétique a eu recours à deux stimulants :

1° La création de fermes d'Etat destinées à servir de modèle et d'enseignement par l'exemple ;

2° La formation de communautés agricoles entre paysans.

a) *Domaines Soviétiques*

Sous le régime foncier qui est pratiqué dans tous les pays ce sont les grands domaines qui servent à faire l'éducation agricole du paysan : c'est là dans une certaine mesure leur justification. C'est ainsi qu'en France toute la reconstitution du vignoble français, détruit par le phylloxera, est due à l'initiative des grands viticulteurs — ou, à plus juste titre, à celle de modestes savants comme le professeur Planchon de Montpellier. Mais néanmoins ce sont les grands-viticulteurs qui ont appliqué les découvertes scientifiques, telle que l'importation des plants américains ou l'irrigation, tandis que les paysans s'en moquaient.

Sans doute il y a bon nombre de grands propriétaires par

tous pays, et en Russie plus qu'ailleurs, qui ne remplissent nullement cette haute fonction sociale. Le gouvernement soviétique voulut la remplir à leur place.

On sait que son premier acte fut d'exproprier tous les propriétaires — pas tous, à vrai dire, car l'expropriation des grands propriétaires vient seulement de se terminer cette année. Le gouvernement des Soviets avait épargné quelques grands propriétaires, parce qu'il les considérait sinon comme des ralliés, tout au moins comme des « sans parti », comme on dit ; mais, au cours de l'année dernière il les a invités à vider les lieux, à rendre leur propriété à partir du 1er janvier 1926 et à rendre également tout l'outillage de leur domaine. C'est une mesure vraiment un peu féroce, étant donné qu'ils avaient cru avoir la vie sauve. C'est comme le condamné à mort qui aurait été grâcié et auquel on viendrait dire au bout de huit ans qu'il y a maldonne et qu'il faut procéder à l'exécution. Le coup est beaucoup plus dur pour eux que pour ceux qui avaient été emportés subitement dans la tempête de 1917.

Les Soviets donnent comme motif de cette exécution que ces grands propriétaires entretenaient des relations avec les Russes émigrés. Sans doute aussi le gouvernement a-t-il été poussé par la jalousie des paysans du voisinage pour qui la présence de ces grands propriétaires était une sorte de cauchemar en leur faisant prévoir la possibilité d'un retour de tous les propriétaires expropriés.

Lors même de la première expropriation, le gouvernement russe n'a pas réparti entre les paysans toutes les terres expropriées. Il a conservé les plus beaux domaines : ceux appartenant à des collectivités, communes, églises, congrégations, et aussi ceux où les propriétaires avaient créé une culture industrielle moderne et il a cherché à en faire des fermes modèles. Ces domaines étaient destinés à servir aussi d'exemple aux paysans et à leur montrer ce que peut faire la culture collective. Ils sont rattachés généralement au commissariat (ministère) de l'Agriculture, mais parfois à celui de l'Hygiène ou même de l'Instruction Publique.

Malheureusement — ou heureusement, cela dépend du point de vue auquel on se place — ces expériences ont échoué. Quelques-uns de ces domaines soviétiques ont réussi, mais, d'une façon générale, non seulement ils n'ont pas donné le bon exemple mais ils ont excité la plus violente antipathie de la part des paysans. Ceux-ci voyaient ces domaines — constitués avec les meilleures terres de la .égion et qu'ils convoitaient — exploitées par des fonctionnaires qui ne travaillaient pas et qui souvent traitaient avec mépris les paysans des terres voisines. Ceux-ci disaient : ces gens-là ne valent pas mieux que les anciens barines, et ils cultivent encore plus mal.

Dans certains de ces domaines, on avait conservé, pour les diriger, les anciens propriétaires, quand ceux-ci ne s'étaient pas trop compromis au temps du gouvernement tzariste : alors cela a assez bien marché. Mais dans la plupart des cas, on a fait déguerpir les anciens propriétaires parce que les paysans eux-mêmes se sentaient mal à l'aise aussi longtemps qu'ils les voyaient à leurs côtés; et on les avait remplacés par des fonctionnaires soviétiques qui ne savaient rien de l'agriculture et vivaient d'une vie parasitaire.

Il y a exagération cependant à affirmer, comme le font les auteurs ennemis du bolchevisme, que ces domaines d'Etat (*sovhoz*) sont en voie de disparition. Il y en a 4.400 en Russie et 150 en Ukraine, occupant environ 2.500.000 hectares, mais on n'en crée plus.

§ 2. — *Associations de culture.*

Ce système d'écoles-modèles n'ayant pas réussi, on essaya alors d'un autre système qui consistait à créer des associations communistes entre paysans, libres celles-ci et volontaires, non plus celle du mir avec le système du partage et de l'exploitation individuelle séparée, mais sous la forme d'associations vraiment coopératives : la terre cultivée en commun. Le terme russe (*colhoz*) veut dire : « ménages collectifs agricoles.»

Ces associations de culture sont de formes diverses : les unes pour les paysans les plus pauvres, simples coopératives de travail ; les autres sont de véritables coopératives de production soit par groupements individuels (artels), soit organisés par les communes mais il ne faut pas les confondre avec le mir qui n'est nullement une coopérative de culture.

Le gouvernement favorise la création de ces ménages collectifs de toutes façons; leur concédant ce qu'il avait de mieux, comme terrains; les exemptant d'impôts pendant au moins les trois premières années; dispensant du service militaire ceux qui entraient dans ces ménages collectifs et même leur faisant des avances d'argent. En 1925, on dit que 90 millions de roubles — ce qui représente plus d'un milliard de francs au change actuel — ont été dépensés à subventionner ces ménages collectifs.

Il semble bien que les résultats pour les ménages collectifs aient été plus heureux que pour les domaines collectifs.

D'abord, leur nombre augmente rapidement : de moins de 1.000 en 1918 il s'est élevé à 18.000 (Russie et Ukraine). Toutefois si chaque année le nombre des naissances est assez considérable, le nombre des décès, c'est-à-dire des dissolutions, l'est aussi, ce qui dénote que leur existence est précaire.

Nous nous réjouirons de cet accroissement, nous tous coopérateurs, parce qu'à nous aussi cette association de culture libre nous paraît être le terme suprême de l'association coopérative. Elle n'existe pas en France : il n'y a aucune association de culture collective, hormis quelques jardiniers des environs de Paris. Il y en a en Italie, j'en parlerai plus tard. On comprend facilement que ce mode de coopération soit rare, parce que le tempérament individualiste que développe la petite propriété, ne se prête pas facilement à cette coopération intégrale dans laquelle on met tout en commun : la terre, le bétail, les instruments, etc.

Toutefois, ces associations de culture intégrale, là où elles sont établies, ont été formées par les paysans les plus pauvres, ceux qui n'avaient qu'une petite portion de terre et presque pas, ou pas du tout, de capital. Elles ont été formées non seulement par les plus pauvres, mais généralement par les plus jeunes; par ceux qui sont épris des idées nouvelles Ce sont eux qui ont marché dans cette voie; ce ne sont pas les vieux paysans.

En dehors du parti communiste proprement dit, avec ses 800.000 membres, il y a les « Jeunesses communistes » qui sont les candidats au futur parti communiste et qui sont entraînés d'abord dans les écoles, puis dans l'armée. Or c'est dans les rangs de cette jeunesse communiste que l'on recrute surtout les membres de ces ménages collectifs. Ils y sont reçus à partir de 18 ans et même au-dessous ! Naturellement, ils n'y apportent pas une grande expérience. Et voilà qui explique que ces ménages collectifs aient souvent tourné fort mal, qu'ils aient fait faillite, qu'ils n'aient pas remboursé les avances que leur avait faites l'Etat, ce qui est assez fréquent; ou même qu'au bout d'un certain temps, ils soient revenus à la propriété individuelle.

Et s'ils sont nombreux c'est peut-être parce que bon nombre de ces ménages collectifs ne sont que fictifs. Ce sont des petits paysans qui, afin d'obtenir la concession des meilleures terres, d'être dispensés du service militaire, d'être exonérés d'impôts pendant trois ans, se sont dit : « nous allons faire un ménage collectif. » Ils l'ont fait, mais ne l'ont pas pris au sérieux.

Voici un épisode assez peu connu, à ce que je crois, qui se rattache à cette histoire.

Vous avez certainement entendu dire, comme tout le monde, que la Révolution bolcheviste était l'œuvre des Juifs qui avaient déchaîné cette Apocalypse dans le monde ? Ils ont été, au contraire, ceux qui ont eu le plus à en souffrir, pécuniairement tout au moins.

Il y a beaucoup de Juifs en Russie : c'est, après la Pologne, le pays où il y en a le plus. On a assez parlé d'eux sous le gouvernement tzariste, alors qu'ils étaient massacrés dans les « pogrom » ! Depuis la révolution communiste, il n'y a plus de progrom, néanmoins les Juifs ne sont pas plus contents. En effet, s'ils ne sont plus massacrés, ils sont ruinés. Tous ces Juifs étaient des petits trafiquants, des commerçants, des banquiers, — ce qu'ils sont dans tous les pays d'ailleurs. Après la Révolution bolcheviste, l'expropriation générale, et la suppression de tout le commerce privé pendant plusieurs années, ils ont perdu leur gagne pain.

Alors, ne sachant que faire, ils ont songé à changer de métier et à se faire agriculteurs en fondant des colonies, et comme ce plan répondait parfaitement au désir du Gouvernement soviétique, on leur a fait un pont d'or.

C'est ainsi que, l'année dernière, il a été créé 203 de ces colonies juives qui comprennent 5.000 familles, 28.000 personnes, et cultivent près de 100.000 hectares — pas d'un seul tenant, bien entendu, mais dispersées dans toutes les parties de la Russie. On est même en train de constituer une immense colonie israélite en Crimée qui serait exploitée collectivement.

Ces colons ne sont ni plus experts, ni plus riches que les

moujiks russes, dont je parlais tout-à-l'heure, membres des ménages collectifs; ce sont, comme je viens de le dire, de petits marchands des villes, de petits artisans, des employés, des scribes, même des étudiants. Ils n'ont pas le sou, absolument rien pour faire les frais de la culture. Ils ne s'installent que grâce aux subventions qui sont demandées dans le monde entier pour soutenir ces colonies israélites. On fait des collectes un peu partout pour ces colonies israélites russes. Mais, à défaut d'argent et à défaut d'expérience, ils apportent ce que les juifs ont apporté partout : une ardeur et une persévérance au travail qui assurent à ces colonies beaucoup plus de chances de succès qu'à celles entre les mains des moujiks.

Mais la création de ces colonies s'est heurtée à une concurrence dangereuse pour leur avenir : celle des sionistes de Palestine. Les sionistes sont très mécontents de la création de ces colonies juives en Russie. Ce qu'ils redoutent ce n'est point tant que les colonies russes leur enlèvent un certain nombre d'émigrants, car ils en reçoivent plus que la Palestine ne peut en employer — mais qu'elles ne détournent une part notable du flot de dollars et de livres que l'on recueille dans le monde entier pour les fonds nationaux sionistes, pour le Keren Yasedod et le Keren Kayemeth.

Et alors, par contre-coup, s'est engagée une campagne du gouvernement russe contre les sionistes, parce qu'il ne veut pas que ceux-ci viennent lui enlever les Juifs qu'il veut garder pour lui et pour ses colonies. Il y a des instructions officielles qui déclarent la guerre au mouvement sioniste.

Il faut dire qu'il y a même chez les Juifs bon nombre qui sont contre le mouvement sioniste. On peut donc facilement trouver parmi les Juifs de Russie des adversaires du sionisme.

Voici le texte d'une circulaire récente :

« Il faut éliminer les sionistes militants des coopératives et autres organisations. Il faut préparer encore des propagandistes anti-sionistes. Il faut enseigner aux jeunesses communistes les dangers du sionisme. Les représailles diverses contre les dirigeants sionistes sont tout indiquées ».

Voilà donc la guerre déclarée entre le gouvernement Soviétique et le gouvernement (car il y en a déjà un de fait) Sioniste. Et c'est un fait qui vaut d'être noté.

§ 5. — La situation actuelle de la coopération rurale.

En somme, si le paysan russe est content d'avoir reçu les terres de son seigneur et redoute par-dessus tout de voir celui-ci revenir, et si par là il est réellement attaché au Gouvernement soviétique, il semble bien qu'il n'en est pas moins dans une situation très misérable. Il s'agit de savoir s'il y est plus ou moins qu'avant la Révolution.

Sur toutes ces questions russes, il y a deux catégories de témoignages qui sont toujours en sens inverse. Il y a ceux qui viennent de Russie, qui sont généralement très optimistes et disent que tout marche bien. Puis il y a les Russes réfugiés, expatriés, qui, au contraire, disent que tout va aussi mal que possible. Toutes les revues et journaux français n'ont précisément d'autres collaborateurs que les Russes expatriés, ce qui fait que tous les articles qui paraissent ont annoncé, tous les six mois, la chute du Gouvernement soviétique et répètent à chaque numéro que les expériences soviétiques dans tous les domaines ont complètement échoué (1). Il est difficile de dégager la vérité, même en allant sur les lieux, si on ne parle pas le russe et même au cas, assez rare chez les Français, où on le comprendrait, car dans un pays qui a les dimensions de la Russie et comprend une trentaine de nationalités et de Républiques autonomes, il est presque impossible de dégager des impressions générales.

Ce qui paraît cependant à peu près certain c'est que les paysans ont perdu la plus grande partie de leur outillage et, notamment, leurs chevaux. Il y a des régions entières de la Russie où plus de la moitié des paysans n'ont point de chevaux et, si l'on prend la moyenne, on peut évaluer à peu près à un tiers le nombre de paysans russes qui sont dans ce cas. Or, il faut savoir ce que signifie « n'avoir pas de chevaux » en Russie, dans des villages qui sont situés à des dizaines, à des vingtaines de kilomètres de tout chemin de fer, de toute ville, de tout endroit habité.

Je lisais, ces jours-ci, dans un feuilleton russe, l'histoire d'un village pendant la guerre et la Révolution. Il y est dit qu'un seul habitant du village, le maire, le « staroste », comme on dit, a des chevaux. Une fois par semaine, il va à la ville voisine, à 40 kilomètres, et en rapporte le journal qu'il lit aux paysans

____

(1) Voir l'Appendice.

assemblés, parce qu'il est le seul qui sache lire. Vous jugez s'il y a moyen d'exporter des produits agricoles, ou d'acheter des machines agricoles, dans de semblables conditions.

Au reste, les communistes russes ne contestent pas que le rendement de l'agriculture ait diminué dans des proportions énormes, quoique moindres que dans l'industrie. L'agriculture était tombée très bas comme rendement, surtout à la suite des réquisitions dont j'ai parlé (1). Quand les paysans ont vu qu'on venait leur enlever tout ce qui, dans le produit des récoltes, n'était pas indispensable à leur subsistance, naturellement ils ont réduit la culture au minimum nécessaire pour vivre et comme en ce cas on ne peut guère calculer juste, ce fût là une des causes de la terrible famine qui a désolé la Russie en 1920-1921.

Les paysans russes, quoique momentanément enrichis durant la guerre par la mise à rançon des habitants des villes, manquent de capitaux. Au dire même du journal soviétique *Izvestia*, les dépôts dans les caisses d'épargne, qui s'élevaient à 1.490 millions de roubles avant la guerre, ne seraient plus aujourd'hui que de 62 millions, et sur ces totaux la part du paysan serait tombée de 380 millions à 1 million 1/2 ! (2)

Même quand il en a les moyens, le paysan craint de faire des dépôts à la caisse d'épargne, comme aussi d'acheter des chevaux ou des instruments agricoles, parce qu'alors il risque d'être classé comme koulak, le paysan qui s'enrichit par le travail d'autrui, par la vente, ou par l'usure.

Pourtant il y a toujours ou dans les peuple russe des apôtres et partout où il s'en est trouvé un, même dans le plus misérable village, il a suffi de cette individualité pour faire fleurir autour de lui quelque œuvre coopérative magnifique !

C'est pourquoi il ne faut pas se laisser trop impressionner par ces moyennes qui, dans un immense pays comme la Russie, sont nécessairement basses. Si, au lieu de généraliser, on prend les cas particuliers, alors on a des tableaux qui sont beaucoup plus rassurants.

---

(1) Au-dessous de 50 p. 100 en 1921-22 ; il s'est relevé progressivement jusqu'à 80 p. 100 en 1925-26.

(2) Dans un discours, prononcé quelques heures avant sa mort subite, le chef fameux de la police rouge, Dzerzhinsky, évaluait à 400 millions de roubles le capital total possédé par les moujiks, ce qui ne représentait, dit-il, que 4 roubles par tête.

Dans un article tout récent, le professeur Totomiantz, qui n'est pas suspect, puisqu'il est lui-même parmi ces Russes expatriés, cite des réalisations admirables. Voici, dans un village russe, une société coopérative de consommation qui, déjà, en 1920, a entrepris la construction d'une usine génératrice d'électricité et qui fournit le courant à neuf villages voisins; elle a mis en marche, dès 1922, un atelier mécanique pour la réparation et la fabrication de machines agricoles. A la fin de 1922, elle a construit un moulin mécanique à deux concasseurs, avec un débit de farine de 55 pounds (900 kilos) par heure. Elle a fondé une Maison du Peuple possédant une salle de théâtre pour 400 spectateurs, une bibliothèque, un salon de lecture. Elle est en train d'installer une savonnerie, une fabrique d'amidon et de glucose, une laiterie, etc.

Dans un autre village, une autre société de consommation a construit une usine électrique qui éclaire gratuitement les rues du village; elle a fondé une école de 12 classes, un salon de lecture, une bibliothèque, distribué des bourses ; elle a même installé un cinéma.

En somme, on évalue à 900 millions de roubles (près de 2 milliards 1/2 francs-or) le chiffre des affaires faites par les coopératives de consommation rurales en 1924-25.

Elle est donc vivante tout de même, la coopération russe, et partout où elle trouve un homme, elle donne des fruits magnifiques. La coopération russe a un caractère plus intégral que dans les autres pays. Dans les autres pays, en France, par exemple, la coopération est compartimentée : certaines sociétés s'occupant uniquement du crédit, les autres uniquement de vendre du vin ou de faire des conserves, les autres uniquement de la consommation; chacune se dit qu'elle a bien assez à faire dans sa partie. Tandis qu'en Russie, dès que l'association est fondée, elle s'occupe de tout ce qui lui paraît répondre aux besoins de la population, que ce soit dans l'ordre de la production, de la consommation, du crédit, de la vente, de l'achat. C'est une végétation exubérante qui pousse de tous les côtés, à droite et à gauche, comme celle de ces arbres de l'Inde, dit figuiers des banyans, dont les branches jettent des racines qui créent autour du tronc une forêt grandissante.

En dehors de la coopération intégrale dont je viens de parler, c'est-à-dire des ménages agricoles collectifs, il y a d'innombrables formes de coopération spécialisée, beaucoup plus nombreuses qu'en Europe.

Il y a, par exemple, une espèce d'association coopérative qui n'existe à ma connaissance nulle part ailleurs ; ce sont les associations coopératives de chasseurs. La Russie, la Sibérie surtout, est un magnifique territoire de chasse, non pas de chasse pour le gibier, mais de chasse pour les fourrures ; ce qui fait que ces coopératives de chasseurs sont, en réalité, des coopératives de production pour les fourrures. Elles sont extrêmement nombreuses, l'Union Centrale, à elle seule, groupant 300.000 membres (en octobre 1925).

Il y a aussi des coopératives de pêcheurs. Le poisson est la nourriture la plus populaire en Russie. Dans les immenses fleuves et rivières de la Russie et de la Sibérie, on trouve de nombreuses variétés de poissons, sans parler du caviar qui est composé d'œufs de poisson. Il y a des coopératives pour la pêche maritime en Italie et en Espagne ; mais pour la pêche fluviale, je n'en connais pas ailleurs qu'en Russie.

Il y a des coopératives forestières pour l'exploitation des immenses forêts, qui ne se bornent pas à abattre les arbres, mais travaillent le bois. Au mois d'octobre 1925, on comptait 102.000 exploitations forestières appartenant à plus de 3.000 coopératives.

Il vient de se fonder des coopératives pour une industrie de beaucoup plus grande envergure, pour les plantations de coton dans le Turkestan. La Russie d'Asie s'étend jusque dans l'Asie Centrale et dans des pays assez chauds pour que l'on puisse y cultiver le coton.

On peut aussi rattacher aux coopératives agricoles les artels, quoiqu'ils travaillent souvent dans les villes, mais leurs membres viennent généralement de la campagne.

J'ai dit un mot, déjà, des artels, et je regrette de n'avoir pas le temps d'en dire bien long, car c'est une institution caractéristique de la Russie, autant que le mir, dans son genre. Je dirai sommairement qu'il y a trois catégories d'artels.

1° Il y a les coopératives de main-d'œuvre. Ce sont des ouvriers qui fondent une association en fournissant uniquement leur travail parce qu'il n'ont pas autre chose. Il y a des artels dans tous les genres de travaux et dont beaucoup sont très anciennes : les charpentiers, les bûcherons, les hâleurs qui traînent les bateaux sur la Volga et dont le chant est célèbre, mais qui malheureusement commencent un peu à disparaître, les porteurs de valises dans les gares, comme en France où les Compagnies de chemin de fer ont récemment concédé ce service à des coopératives ouvrières.

En Russie, ces prolétaires ainsi organisés en artels sont généralement du même village ; quand ils vont à la ville, ils ont quelquefois une cuisinière pour faire leurs repas ; en tout cas, ils ont un chef, le staroste, qui est généralement le seul d'entre eux qui sache lire et qui à ce titre est chargé de tenir les comptes et de faire la correspondance. Ces associations de main-d'œuvre n'ont très souvent qu'une durée temporaire, pour une saison.

2° Au-dessus de ces coopératives de main-d'œuvre, il y en a d'autres, d'ouvriers aussi, mais d'un degré plus élevé, véritable association coopérative de production, avec un capital. C'est dans les entreprises qui exigent un certain outillage : peinture, imprimerie, emballage et transports, construction de maisons. Celles-ci sont généralement constituées à titre permanent. Elles sont responsables sur leur capital. Quelques-unes mêmes se chargent de l'encaissement des traites pour le compte des banques.

3° Les plus nombreuses de ces coopératives qu'on appelle les artels sont celles formées par des artisans : il y a partout des artisans en France et dans les autres pays, mais c'est peu de chose à côté de ce qu'il y a en Russie.

Une foule de produits connus spécialement comme produits de la Russie: les objets travaillés en bois, en cuir, les broderies bien connues rouge et bleu, tout cela est fait par les Koustaris, c'est-à-dire par des artisans qui travaillent chez eux. Mais en outre de ceux qui travaillent à domicile, il y a ceux qui sont groupés pour former les coopératives dont nous parlons ici.

Les statistiques sont assez contradictoires. Il semble qu'à la suite de la Révolution elles ont pris un grand essor, et leur nombre a été évalué alors à 20.000.

Si vous pensez qu'en France il n'y a que 500 associations coopératives de production, vous pouvez par là mesurer la différence.

Il faut dire que dans le nombre il y en a probablement qui sont factices, en ce sens que ce sont tout simplement des marchands ou des petits patrons qui se sont mis sous la forme d'artels afin de s'attirer la bienveillance du gouvernement et d'échapper aux mauvais traitements qui menacent tous les industriels ou commerçants privés.

Le gouvernement soviétique est en effet très favorable à ces artels. Ce n'est pas tout à fait conforme, semble-t-il, à la théorie marxiste puisque la doctrine collectiviste méprise tout ce qui apparaît comme une survivance de la petite production, de la petite industrie, et ne voit l'avenir que sous la forme de la concentration et de la grande production. Logiquement, au point de vue marxiste, le gouvernement soviétique devrait donc dédaigner et même disqualifier toutes ces petites associations. Mais il n'en est rien ; on dirait que, si marxiste que soit le gouvernement, il soit encore plus fervent coopératiste. S'il en est ainsi que beaucoup de péchés lui soient pardonnés !

CHAPITRE VI.

L'ETAT ACTUEL DE LA COOPERATION EN RUSSIE

§ 1. — Statistique.

D'abord quelques chiffres sont indispensables pour marquer ce qu'est le mouvement coopératif en Russie (1).

Voici les chiffres pour les quatre catégories qui comprennent à peu près toutes les sociétés coopératives :

1° Société de consommation....... 30.000
    avec 50.000 magasins.

    nombre de membres............ 10.500.000

    chiffre de ventes : 3.788 millions de roubles
    (11 milliards francs-or).

    capital : 315 millions de roubles (un peu plus
    de 800 millions francs-or), ce qui est très
    insuffisant.

---

(1) Les chiffres donnés au cours ont été remplacés par ceux plus récents donnés au Congrès Coopératif de Moscou le 5 avril 1926.

Ces chiffres se réfèrent à l'exercice 1924-1925. Mais pour l'année 1925-1926 les derniers rapports du Centrosoyus annoncent un chiffre de vente de 6.950 millions de roubles, soit plus de 14 milliards francs or, ce qui représenterait le 1/4 de tout le commerce russe.

2° Coopératives agricoles............   80.000
    nombre de membres............ 5.800.000
3° Coopératives de production......   17.000
    nombre de membres............   500.000
4° Coopératives d'habitation........   22.000
    nombre de membres............ 1.850.000

Cela fait un total d'environ 150.000 sociétés coopératives de différentes espèces, avec 18 millions de membres.

Ce sont là des chiffres impressionnants : ils le sont surtout quand on compare la Russie d'aujourd'hui à la Russie d'avant la guerre.

Dans la Russie d'avant la guerre — j'ai donné déjà ces chiffres de 1914 — la coopération ne comptait que :

    10.000 sociétés de consommation avec 1.500.000 membres.
    14.000 sociétés agricoles.

Quoique les chiffres que je viens de donner aient été pris aux sources qui m'ont paru neutres, autant que possible, je dois dire toutefois que tous les chiffres relatifs à la Russie sont sujets à quelque doute, parce que, comme je l'ai déjà dit, les vieux coopérateurs tendent à forcer les chiffres des coopératives d'avant la guerre et à diminuer ceux d'aujourd'hui; tandis qu'au contraire les coopérateurs communistes tendent à diminuer les chiffres d'avant la Révolution et à augmenter ce... d'aujourd'hui, pour marquer quel est le progrès réalisé.

En tout cas, il n'y a pas de doute qu'il y ait une augmentation énorme depuis la guerre, comme d'ailleurs dans tous les pays.

Néanmoins ces chiffres imposants perdent un peu de leur majesté si on y regarde de plus près.

D'abord, il faut remarquer que ce chiffre considérable de 30.000 sociétés coopératives de consommation — je ne prends que celles-là — s'il est nécessité par la situation de la Russie, avec une population extrêmement disséminée, qui empêche la concentration, n'en est pas moins une infirmité. Même en supposant que le chiffre de 10 millions de membres, comme on l'annonce, soit dépassé à l'heure actuelle, si vous divisez le nombre des coopérateurs par le nombre des sociétés, vous n'avez qu'une très petite moyenne de 340 membres par société, ce qui serait à peine suffisant pour faire vivre une société de consommation même s'il était également réparti, mais qui, étant donné les grandes sociétés de 20.000 membres et plus, fait tomber à un chiffre dérisoire la moyenne de la masse des sociétés.

En France, nous souffrons aussi, dans une certaine mesure, de la même dissémination; nous avons beaucoup trop de sociétés, environ 4.000 pour 2 millions de coopérateurs; mais cela nous donne une moyenne d'à peu près 500 membres par société.

Si nous nous transportons en Angleterre, nous ne trouvons que 1.300 sociétés pour 4 1/2 millions de coopérateurs, ce qui fait une moyenne de 3.600 membres par société, 10 fois la moyenne de la Russie ! Dans ces conditions, les sociétés coopératives ont une tout autre allure.

Et maintenant, rapprochons le nombre de membres du chiffre de la population. Si nous prenons même le chiffre de 10 millions et si nous le comparons aux 130 millions d'habitants que compte la Russie actuelle (elle en avait 170 millions avant la guerre) la proportion n'est que de 7,5 %. C'est une proportion respectable, surtout si vous remarquez, ce qu'il ne faut jamais oublier, que chaque unité représente une famille, et par conséquent doit être multiplié par 4 ou 5 (les Russes multiplient par 5,5 étant donné que dans leur pays il y a beaucoup d'enfants), alors nous avons le chiffre de 50 millions d'habitants, ce qui représente une proportion considérable (42 p. 100) de la population.

Mais cette proportion est atteinte et dépassée dans des pays de l'Europe occidentale. En Angleterre, si on ne prend que le nombre d'unités, la proportion des coopérateurs atteint 11 %, et même 12 % en Ecosse ; et si on multiplie par 4, on constate que le nombre des habitants affiliés à la coopération atteint 44 à 48 % de la population totale, c'est-à-dire près de la moitié.

En Finlande, la proche voisine de la Russie, la proportion est encore plus élevée : elle atteint la majorité.

En France, nous sommes très au-dessous de ces chiffres et même de ceux de la Russie. Nous n'avons que 5 % de coopérateurs, si l'on prend le nombre des membres, et 20 % si on y fait rentrer les membres des familles.

En ce qui concerne le chiffre des ventes, il y a encore plus de corrections à faire.

Le chiffre des ventes, pour l'année qui s'est clôturée en avril 1925, était de 3.788 millions de roubles, ce qui, au pair, représente, en chiffre rond, 10 milliards de francs-or (et, pour l'année 1925-1926, on l'évalue à plus de 4 milliards, soit plus de 15 milliards francs-or). Ce serait un très beau chiffre, puisque l'Angleterre, avec 175 millions de livres, ce qui représente 4 1/2 milliards de francs-or, n'aurait qu'un mouvement d'affaires inférieur de moitié à celui des coopératives russes.

Il représenterait une moyenne d'achats de plus de 400 roubles par tête (plus de 1.000 francs-or), ce qui serait surprenant pour une population aussi pauvre que celle de la Russie.

Quant à la France, elle n'a que 2 milliards de francs-papier de ventes, ce qui représente moins de 400 millions de francs d'or, c'est-à-dire 1/10ᵉ de l'Angleterre, 1/25ᵉ de la Russie.

Mais le total russe comprend les opérations faites par les organisations de tous degrés — et par conséquent sont comptées, pour la plupart, deux ou trois fois (1), tandis que dans le total anglais ne sont comptées que les sociétés locales de vente au détail.

D'autre part, la situation des coopératives russes n'est pas la même que celle des autres pays du continent. La proportion de la vente au public des coopératives russes y est énorme. On l'évalue à 56 %. Ce qui fait que des 4 millions de roubles ou 10 milliards francs d'or, il faut rabattre plus de la moitié si on veut avoir le chiffre des ventes faites aux coopérateurs proprement dits. Il est vrai que dans presque tous les pays coopérateurs on pratique aussi la vente au public, mais dans une bien moindre proportion.

Mais il y a surtout une grosse part de ces ventes qui est faite aux établissements de l'Etat pour les produits agricoles; par les coopératives de paysans; et aussi celles faites aux Unions centrales, et au Centrosoyus, ce qui fait double emploi dans l'addition.

Si donc on fait toutes ces déductions, il ne doit rester guère qu'un tiers des 4 milliards de roubles pour la coopération proprement dite, pour les sociétaires, et alors nous arrivons à des chiffres qui sont à peu près ceux de l'Angleterre.

En Angleterre la vente au public ne représente qu'une pro-

---

(1) Le total se décompose ainsi :

Sociétés locales...	2.230	millions roubles.
Unions régionales	1.167	— —
Unions centrales .	330	— —
	3.727	

portion infime et par conséquent modifie beaucoup moins les calculs.

§ 2. — Vie de la Coopération russe.

Laissant de côté la statistique, voyons maintenant quelle est la vie et quels sont les caractères de ces sociétés coopératives russes.

Faut-il voir dans les Coopératives russes un type nouveau, original, et opposé au type classique de Rochdale ? Les coopérateurs communistes l'affirment et l'opposent dédaigneusement au programme « individualiste » des coopératives anglaises et françaises.

Voici ce que disait récemment dans un discours un des principaux leaders de la coopération russe : « Dans les autres pays d'Europe (dans les pays d'Occident) la coopération est tombée sous l'influence de l'idéologie bourgeoise en devenant un instrument de la classe dominante, sous une forme voilée ou ouverte.

« Chez nous, c'est le prolétariat qui domine et la coopération porte l'empreinte de l'idéologie prolétarienne. Elle est l'instrument de la politique prolétarienne. Ce sont les principes de la dictature prolétarienne et d'alliance étroite entre le prolétariat et les paysans qui dominent le mouvement coopératif russe. »

Il est vrai qu'entre le type de Moscou et le type de Rochdale il y avait de notables différences durant la période étatiste qui a suivi immédiatement la Révolution. Cependant la Coopération russe est restée plus prolétarienne que celle de tout autre pays, même que celle de Belgique. Elle affirme sa solidarité complète avec le syndicalisme. C'est un sujet de querelle permanent dans le sein de l'Alliance Coopérative Internationale qui veut rester fidèle au principe de neutralité (1). Mais depuis lors les coopératives russes tendent à revenir vers la forme classique, la forme rochdalienne, celle que l'expérience de tous les peuples avait consacrée. Elles ont fait comme le gouvernement soviétique lui-même qui, depuis trois ans, évolue assez rapidement de la forme communiste à la forme capitaliste.

Je rappelle quels étaient les caractéristiques des coopératives

____

(1) C'est ainsi que lors de la grande grève qui a lieu en Angleterre (d'abord générale, puis localisée chez les mineurs) le Centrosoyus s'est montré beaucoup plus ardent à soutenir les droits des grévistes que les coopérateurs anglais eux-mêmes.

au moment où elles sont sorties de la période étatiste, où elles n'étaient que des agences de l'Etat :

1° Elles étaient fermées, c'est-à-dire qu'elles vendaient exclusivement aux prolétaires, à l'exclusion des rentiers, des industriels, de tous ceux qui vivaient d'un autre revenu que de leur travail.

Mais déjà cette première caractéristique s'est beaucoup affaiblie ; aujourd'hui, on laisse entrer à peu près tout le monde, sauf les marchands, les fabricants, les industriels ; mais ceux-là, en aucun pays, ne vont guère dans les coopératives puisqu'elles leur font concurrence.

2° Un autre trait distinctif des sociétés c'est qu'elles ne distribuaient pas de ristourne à la fin de l'année et qu'elles donnaient simplement à leurs sociétaires l'avantage d'une réduction de prix.

Mais ceci commence également à changer et un grand nombre de sociétés coopératives russes donnent à la fin de l'année des bonis, des ristournes, moins élevés que les sociétés anglaises, généralement limitées à 3 %, mais il faut dire que beaucoup de sociétés françaises ne donnent pas davantage.

3° Nous avons vu aussi que l'existence de coopératives spécifiquement ouvrières, c'est-à-dire professionnelles, commence à trouver des adversaires et même en la personne du président de l'U. R. S. S. Kalinine.

Dans les statuts je ne vois guère qu'un trait distinctif qui subsiste encore : c'est que le droit d'entrée est quasi gratuit, insignifiant ; on peut être sociétaire tout de suite, avant que l'action soit libérée, on a voulu ainsi rendre la coopérative accessible aux plus pauvres. Mais aussi la Coopérative russe souffre-t-elle de l'insuffisance de capital, et la Direction du Centrosoyus demande que le montant des actions soit porté à 5 roubles au minimum et à 15 roubles maximum (13 et 40 francs-or). Ici encore on fait comme dans la coopération dite bourgeoise.

Mais ce qui est vraiment caractéristique c'est la vie intense de la coopération russe qui malheureusement ne se trouve pas au même degré dans les coopératives des pays de l'Europe occidentale, même dans ceux où elle est le plus avancée.

Cette vitalité, la coopération russe la révèle par une foule de traits. C'est ainsi que dans nul pays du monde la fête de la coopération internationale, qui est le premier samedi de juillet, n'est célébrée avec le même éclat, le même enthousiasme qu'en Russie. Aucun de vous sûrement ici, ne sait que le 3 juillet sera la fête internationale de la coopération; les 99/100 des coopérateurs français l'ignorent. On a beau, dans nos petits journaux, battre le rappel pour dire qu'il faut faire quelque chose pour la fête internationale, personne ne s'en soucie — et la manifestation se borne généralement à la publication d'un numéro spécial du journal de la Fédération Nationale. Mais en Russie, la fête de la Coopération a pris les mêmes proportions que la fête de la Révolution, qui se célèbre le 6 novembre. L'année dernière, il y a eu 125 meetings rien que dans la ville de Moscou. Dans toutes les écoles il y a des conférences, des distributions de cadeaux; même dans les régiments on célèbre la fête de la coopération. La ville de Sébastopol a changé à cette occasion le nom d'une de ses principales rues pour l'appeler « la rue de la Coopération »; j'ai même ouï dire qu'on a lancé un beau navire de la flotte de la Mer Noire, auquel on a donné le nom du président du Centrosoyus, Kintchouk. Le jour où en France on lancerait un navire en lui donnant le nom du président de la Fédération Coopérative, il y aurait quelque chose de changé !

Il faut voir aussi ce que sont les congrès annuels de la Coopération russe !

J'ai dit déjà que même avant la Révolution l'organisation russe était très compliquée, à trois ou quatre étages superposés : les coopératives locales élisant des délégués pour les Unions régionales ; les Unions régionales en élisant à leur tour pour les Unions nationales, car l'U. R. S. S. — que vous pouvez prononcer l'Ourse, nom facile à retenir puisque c'est celui de l'animal symbolique qui sert généralement à représente la Russie, comme le coq la France — comprend 27 républiques qui vont de la grande Russie proprement dite, comprenant 70 millions d'habitants, jusqu'à de petites républiques qui ne compte que quelques milliers d'habitants.

Les délégués sont élus non pas, comme chez nous, d'après le nombre des coopérateurs, mais d'après le chiffre de la population, — ce qui est un souvenir du temps où, la coopération étant obligatoire, il n'y avait pas de distinction entre habitants et coopérateurs. On nomme, en Russie, un délégué par 250.000 habitants.

C'est pourquoi on voit dans ces congrès les représentants de 37 nationalités, qui viennent depuis le Turkestan jusqu'au Caucase et du fond de la Sibérie, dont quelques uns avec leurs costumes nationaux, et qui offrent un spectacle imposant. C'est un événement dans la vie nationale russe; les pouvoirs publics et même le président de la République de l'Union, Kalinine, y assistent. C'est une solennité nationale qui est ouverte et fermée au chant de l'Internationale, qui, vous le savez, est devenu l'hymne national de l'U. R. S. S.

Quand on compare ces augustes manifestations, si j'ose dire, avec nos Congrès nationaux auxquels je participe depuis bien des années, on se sent un peu humilié. Le Congrès national français se réunit tous les ans, mais pas un journal ne le mentionne, sinon les journaux locaux de la ville où se tient le Congrès. Naguère les municipalités s'abstenaient, de crainte de se mettre mal avec les commerçants de la ville.

Aujourd'hui il y a progrès : la municipalité de la ville où se tient le Congrès reçoit généralement le Congrès et lui offre un verre de champagne, mais assurément le président de la République, ni même un. modeste ministre, n'aurait l'idée d'assister au Congrès et au reste on n'aurait pas l'idée de l'inviter. Notre humilité comporte plus d'indépendance vis-à-vis des pouvoirs publics.

Tel qu'il est actuellement, et sans préjuger de l'avenir, le mouvement coopératif russe possède une ampleur qu'il n'a dans aucun autre pays. Dans la ville de Moscou, l'Union coopérative de Moscou groupe 600 sociétés de Moscou ou de la banlieue, et 700.000 familles; ces sociétés font pour 200 millions de roubles d'affaires (ce qui fait 500 millions de francs d'or ou près de 3 milliards de notre monnaie actuelle de papier); l'Union coopérative de Moscou entretient 200 cercles d'étude et de propagande, elle occupe une grande place dans la vie de Moscou.

On va commencer à Moscou la construction d'une Maison Coopérative qui servira de centre à toutes les formes de la coopération, avec salle de conférences, bibliothèque, etc., et dont le coût est évalué à 15 millions de roubles (40 millions francs-or).

En un mot, on sent que la coopération est entrée dans l'âme russe, tandis qu'on ne peut pas en dire autant de tous les autres pays, tant s'en faut. Elle est un des principaux facteurs de la vie nationale.

Et à quoi la coopération russe doit-elle cette vitalité ? Elle la doit à différents facteurs.

§ 3. — L'Enseignement de la Coopération.

D'abord, à l'importance donnée à l'enseignement de la coopération. Il existait avant la Révolution et il ne faudrait pas faire bénéficier uniquement les nouveaux coopérateurs communistes de ce mérite ; avant la guerre, l'Allemagne déjà, mais, plus encore la Russie, avaient ouvert dans les établissements d'enseignement supérieur des cours sur la coopération ; on y traduisait et on y reproduisait à des centaines de milliers d'exemplaires les ouvrages russes et étrangers sur la coopération. Mais cet enseignement a pris depuis la Révolution russe une plus grande ampleur, et cette observation ne s'applique pas seulement à l'enseignement coopératif mais à l'enseignement général tout entier ; c'est une des grandes préoccupations du gouvernement soviétique. Il prétend, je ne garantis pas ces chiffres, qu'avant la Révolution il y avait 18 millions de Russes qui ne savaient ni lire ni écrire, et que ce chiffre serait actuellement réduit de moitié. C'est possible, parce que, dans tous les régiments de l'armée rouge, on veille avec soin à l'enseignement tout au moins celui de la lecture, d'autant plus que le gouvernement soviétique cherche à faire de chacun de ces soldats un propagandiste pour apporter la doctrine communiste dans son village quand il sera démobilisé.

Et ce n'est pas une tâche facile de répandre l'enseignement en Russie, si l'on songe qu'il y a plus de 30 nationalités et langues différentes. Il faut rendre cette justice au gouvernement actuel que la question des minorités, si aiguë dans les autres pays où elle provoque partout des réclamations et des plaintes — en Italie, en Allemagne, en Pologne, en Roumanie, en Yougoslavie — n'existe pas en Russie (1). On laisse à chacun, même aux minorités les plus petites, la liberté de parler et de publier leurs revues ou leurs tracts dans leur langue.

______

(1) Peut-être faudrait-il faire une exception pour la Géorgie. Cependant même dans ce pays, si les Géorgiens se plaignent d'être opprimés politiquement par les Soviets, et si les coopérateurs eux-mêmes se plaignent d'avoir été communisés contre leur gré, je ne sache pas qu'ils aient subi aucune entrave à l'emploi de leur langue.

Mais il est difficile de suffire à cet enseignement, avec une telle multiplicité de langues, et c'est une dépense considérable d'imprimés.

Pour en revenir à l'enseignement coopératif proprement dit, il y a en Russie un grand nombre d'écoles professionnelles pour former des coopérateurs, de même que dans les autres pays on forme des ingénieurs ou des militaires. On compte aujourd'hui 75 institutions où la coopération est enseignée régulièrement à plus de 5.000 élèves — et, en outre une dizaine de mille suivent des cours temporaires.

Je ne parlerai que d'une école que j'ai visitée, l'école de Moscou, qui est subventionnée par le Centrosoyus. Elle comptait environ 200 étudiants, dont 27 femmes ; bon nombre étaient âgés de 30, 40 et même 43 ans; beaucoup étaient mariés et avaient laissé leur femme et leurs enfants à leur village. Ce sont pour la plupart des paysans, sans aucune culture, qui ont été envoyés par la coopérative de leur village, à laquelle ils retourneront quand ils auront fini leurs études. Les études durent trois années à Moscou.

La première année, celle de la culture générale, est indispensable puisque les nouveaux venus ne savent rien. Seulement, j'ai eu quelques doutes sur l'efficacité de cette culture générale quand j'ai vu qu'on leur enseignait dans cette première année une trentaine de sciences et qu'ils avaient 34 cours par semaine, ce qui fait six leçons par jour ! Il est vrai qu'on a réduit ce nombre à une vingtaine.

La seconde année est consacrée à l'enseignement de l'économie sociale et de la théorie de la coopération ; la troisième année à l'organisation pratique de la coopération.

Il est question d'ajouter une quatrième année, durant laquelle on enverrait les élèves faire des stages d'administrateur ou d'inspecteur dans différentes sociétés coopératives.

Ces élèves sont tous des boursiers. La bourse est de 500 roubles, ce qui ne suffit pas pour subvenir aux frais et ne représente guère que la moitié des dépenses. L'autre moitié est fournie soit par le Centrosoyus, soit par les coopératives locales pour les élèves qu'elles ont envoyés.

On demande aux coopératives locales de prendre à leur charge l'entretien des femmes ou des enfants des étudiants, qui restent au village ; mais il semble que ce devoir soit très négligé et que les étudiants mariés soient dans l'obligation de travailler après leurs cours pour envoyer quelque argent à leur famille.

Cette école n'est pas très brillamment installée ; il n'y a pas de place pour les laboratoires ; il y a une salle pour la bibliothèque, mais qui est de petite dimension.

Ce qu'on peut dire c'est que ces étudiants de tout âge apportent à leur travail une attention passionnée. D'ailleurs, ayant eu l'occasion, avant la guerre, de parler dans une école russe à Paris, qui n'a malheureusement duré que peu de temps, j'ai gardé un vif souvenir de l'attention religieuse des étudiants russes et j'ai eu l'occasion de la constater à nouveau à l'école de Moscou, où elle était d'autant plus méritoire qu'ils ne comprenaient pas grand' chose à ce qu'on leur disait et attendaient, avec une patience admirable, la traduction.

Il sort chaque année des écoles russes pour la coopération plusieurs centaines d'administrateurs qui vont dans les 100.000 sociétés (en comptant les coopératives de production et les coopératives agricoles) enseigner à leur tour, ou mettre en pratique, ce qu'ils ont appris dans ces écoles — et cela non seulement dans la Russie d'Europe, mais par delà le Caucase, au Turkestan, dans toute l'Asie sibérienne.

§ 4. — Les femmes coopératrices.

Il faut reconnaître aussi comme un important facteur de la vitalité de la coopération russe, l'action des femmes. Les femmes russes ont toujours joué un rôle de premier plan, et souvent héroïque, dans les mouvements révolutionnaires de la Russie. Bien des fois, sous le régime tzariste, des femmes ont été emprisonnées, déportées, pendues aussi, pour avoir tué tel ou tel personnage officiel ; les noms de quelques-unes sont entrés dans l'histoire.

Eh bien, elles ont apporté le même enthousiasme au service de la coopération. En France non seulement les femmes ne sont presque jamais sociétaires en leur nom et ne vont à la coopérative que parce que leur mari en fait partie, mais même il est généralement difficile de les intéresser à la coopération. En Russie, au contraire, on compte plus de 1.400.000 sociétaires femmes, parmi les 8 millions de coopérateurs dont je parlais tout à l'heure, et parmi elles il y en a 33.000 qui sont membres

des conseils d'administration, tandis qu'en France on en trouverait, je crois, que deux ou trois ; on en trouve même, en
Russie, 274 qui sont présidentes de conseils d'administration !
Elles créent des « comités de ménagères », dont le rôle
ressemble un peu à celui des fameuses « cellules » ou
« noyaux » que les communistes cherchent à former dans les
coopératives et les usines.

La plupart des femmes coopératrices se trouvent dans les
villes ; dans les coopératives de campagne il y en a cependant
déjà 500.000, mais on ne trouve qu'un petit nombre de villages
dans lesquels les femmes soient membres du conseil d'administration, et moins encore auxquelles aient été dévolues les
fonctions honorables de présidentes. Cependant c'est un fait
remarquable que dans les villages russes les femmes ont des
opinions beaucoup plus avancées que les hommes et ne crai-
gnent pas d'entrer en lutte avec eux pour aller assister aux
réunions coopératives ou politiques. D'après le journal *Izvestia*,
nombreux sont les villages où les maris ont donné des coups
de bâtons aux femmes qui participaient aux élections (on sait
que les femmes ont droit de suffrage en Russie) ou qui voulaient assister à ces réunions. L'essor des coopératrices rurales
va fournir un nouvel aliment à ces querelles conjugales.

Les femmes, en dehors même de celles qui sont membres
des conseils d'administration, prennent une part active à
l'enseignement et à la propagande dont je parlais tout à l'heure.
Elles s'occupent de tout ce qui concerne les femmes : la mater-
nité, l'hygiène sexuelle; elles vont dans les clubs, font des
conférences, coopèrent de façon active à la rédaction et à la
publication de tracts et de revues. Espérons qu'elles lutteront
aussi contre l'alcoolisme qui est en train de renaître depuis
que le gouvernement soviétique a rétabli la vente de l'alcool,
abolie par le tzar. Elles s'occupent aussi des enfants.

C'est un des plus douloureux problèmes de la Russie actuelle
que celui des enfants. On évalue à 400.000 le nombre des
enfants qui sont absolument abandonnés parce que leurs
parents ont disparu. Ces enfants sont les lamentables épaves
laissées par ces trois cyclones qui dans la période de six années
ont successivement ou simultanément balayé toute la Russie :
la guerre, la famine et la révolution. Et sur ces 400.000 enfants,
on évalue à plus de 40.000 le nombre de ceux qui sont des
vagabonds proprement dits, qu'on ne sait où saisir et qui,

quand ils sont pris, s'échappent aussitôt, voyageant soit isolément, soit par bandes, de préférence sur les chemins de fer où
ils grimpent sur les wagons de marchandise, ou s'installent
même sous les wagons. On trouve partout dans les gares russes
de ces gamins déguenillés, venus on ne sait d'où, allant où le
hasard les mène, et qui naturellement sont contaminés par
tous les vices et toutes les maladies. Ils vivent uniquement de
mendicité, de vol et de pillage ; ils sont évidemment un grand
danger pour l'avenir même de la Russie. Cependant il ne
faudrait pas croire qu'on ne s'occupe pas d'eux.

Voici une page détachée d'un journal russe, quoiqu'elle ne
vise pas spécialement l'œuvre des femmes coopératrices.

« Il y a, rien que dans Moscou, 1.500 jeunes filles, ouvrières
ou membres des jeunesses communistes, qui ont pour mission
d'aller le soir donner la chasse aux enfants. Quand un train
arrive en gare, elles l'encerclent, elles ouvrent les portières
des wagons, et voilà qu'un petit paquet sombre saute, se cache
sous les roues, s'enfuit à travers les voies. A sa poursuite
s'élance une jeune communiste.

— Attends-moi donc, eh ! camarade !

— Laisse-moi tranquille, s'écrie l'enfant. Va-t-en au diable !...

On aperçoit des lumières dans les wagons ; ce sont des
jeunes filles qui, avec une lampe, inspectent les wagons, regar-
dent sous les banquettes et dans les filets.

En voilà un qui a été pris :

— Comment t'appelles-tu ?

— Ivan, ou peut-être Alexis.

— Ton nom de famille ?

— J'en ai quarante de familles, je te les citerai toutes, si tu
veux ; tu choisiras.

— Quel âge as-tu ?

— Mille ans et quelque chose.

— Et où sont tes parents ?

— A Pétersbourg, au Palais d'Hiver.

— Qui sont-ils tes parents ?

— C'est Nicolas Romanoff (le nom de famille de l'ancien
tzar): peut-être quelqu'un l'a-t-il aidé... je ne me souviens pas !

Et, à la fin de cette conversation, une des femmes surveil-
lantes s'écrie : « On m'a volé ma montre ! C'est évidemment
quand je leur caressais la tête, là-bas, à la gare ! »

§ 5. — Les tares de la coopération russe.

Cependant, après ce que je viens de dire des coopératives, je ne voudrais pas laisser l'impression qu'elles sont à l'abri de toute critique. Il s'en faut de beaucoup. Il y a des plaintes très fréquentes et très graves sur l'organisation et l'administration des coopératives russes. Il y en a dans tous les pays, mais il y en a plus encore en Russie qu'ailleurs.

Voilà par exemple le témoignage d'un ouvrier :

« Le défaut des coopératives c'est la cherté des marchandises et leur mauvaise qualité. Le savon est vendu sur le marché 17 kopeks, tandis qu'au magasin coopératif il es*, vendu 22 kopeks. Au marché, on peut acheter tout ce dont on a besoin et à des prix modiques ; les coopératives n'ont au contraire qu'un choix restreint de marchandises de mauvaise qualité qu'elles vendent à des prix inabordables ; le beurre est sale, le saucisson congelé, les souliers tombent en morceaux à la moindre épreuve ; on trouve souvent des vers et des cafards dans les produits alimentaires. »

Sans doute il ne faut pas attacher trop d'importance à des récriminations qui ont lieu dans tous les pays mais ce qui indique qu'elles doivent être fondées et qu'il y a non seulement mauvaise administration mais souvent aussi des malversations, ce sont les précautions qu'on a été obligé de prendre.

On a dû instituer en Russie des gérants responsables, c'est-à-dire qu'on a rendu le directeur du magasin responsable des marchandises qu'il est chargé de vendre. En France aussi peut-on dire ! Oui, mais la France est un pays capitaliste et il semble qu'en pays communiste les choses devraient se passer différemment. Et cela n'a pas suffi ; cette responsabilité du gérant n'a pas paru suffisante et on voudrait l'étendre à tous les employés du magasin coopératif :

« La responsabilité du gérant devrait être fortifiée par la responsabilité collective de tout le personnel et pas seulement du gérant. Ce sont tous les employés de la coopérative qui devront être responsables des dégâts ou des manquants constatés à l'inventaire. »

Voilà ce que dit un journal. Un autre journal recommande de mettre les scellés sur la serrure du magasin chaque jour après la fermeture et de déposer les clefs chez le chef du magasin ou chez le président du conseil d'administration.

Il semble même que ces exploiteurs soient assez nombreux pour former une catégorie spéciale à laquelle on donne le nom de « les rongeurs de la coopération ».

Au point de vue de l'organisation technique, il semble aussi qu'elles présentent de graves défauts. J'ai signalé, comme une des caractéristiques de l'organisation coopérative russe, son système hiérarchique à plusieurs étages : au rez-de-chaussée les sociétés locales, puis, au-dessus, les unions provinciales, puis au-dessus encore les Unions Nationales — il y en a autant que de nationalités en Russie et vous savez qu'elles sont nombreuses — au sommet enfin, l'Union Centrale, le Centrosoyus.

Or au point de vue du bon marché et de l'économie à réaliser dans l'échange, ce système va à l'encontre du but même de la Coopération. Il aboutit à reconstituer une double série d'intermédiaires, alors que le but de la coopération est précisément de les supprimer.

Qu'est-ce qui en résulte ? Les produits agricoles sont d'abord vendus par les sociétés locales à l'Union régionale, qui les vend à l'Union provinciale, laquelle les revend au Centrosoyus. Et quant aux objets manufacturés, ils ont à redescendre par les mêmes degrés, du Centrosoyus jusqu'à la société locale.

Vous comprenez que dans ce double va-et-vient les produits sont grevés de majorations plus nombreuses et plus fortes que celles qui auraient été subies du fait des nombreux intermédiaires du commerce privé.

Les circulaires du Centrosoyus affirment pourtant que les produits vendus par les coopératives russes le sont à meilleur marché que ceux du commerce privé, et que la part de celui-ci dans le mouvement général des échanges va diminuant.

S'il en est ainsi c'est qu'il faut croire que les majorations résultant de la mauvaise organisation des coopératives se trouvent encore inférieures à celles résultant des profits que veulent réaliser les marchands.

L'expérience nous renseignera. Il faut espérer que ces défectuosités seront corrigées. On s'y efforce, mais il y a certainement de grands progrès à réaliser (1).

---

(1) Le Centrosoyus vient d'élaborer un règlement d'après lequel les frais généraux ne doivent plus dépasser 7 % du chiffre d'affaires dans les petites sociétés et 5 p. % dans les grandes. La majoration des prix ne doit pas dépasser 10 p. 100. Et quant au taux du bénéfice

En tout cas, si nous nous demandons, pour terminer, quel pourra être l'avenir du mouvement coopératif russe, il n'y a pas lieu, croyons-nous, d'avoir la moindre inquiétude à cet égard — ni même de penser que cet avenir soit lié à celui du gouvernement soviétique lui-même.

Il n'entre pas dans le cadre de ce cours de faire une étude politique de la République Soviétique, mais je puis constater que si les communistes ont eu jusqu'à présent la majorité dans les élections, cette majorité semble diminuer. Elle existe encore dans les villes. Mais dans les campagnes, ce ne sont plus les communistes qui ont la majorité, ce sont ceux qu'on appelle les sans parti ; et pourtant on sait que les paysans n'ont qu'un tiers de vote, c'est-à-dire qu'à population égale les campagnes n'ont qu'un député contre trois des villes.

Dans les conseils d'administration des coopératives et même dans celui du Centrosoyus les communistes ne sont plus en majorité.

On sait aussi que dans le domaine économique beaucoup d'institutions de l'économie capitaliste ont été restaurées : l'héritage, le prêt à intérêt, le commerce privé et même le salariat.

Cependant c'est à tort que l'on dit souvent que la Russie est retournée au capitalisme. Elle présente encore trois caractéristiques collectivistes de première grandeur :

1° — La propriété de tous les terrains, bâtis ou non bâtis appartient à la nation ;

2° — Toutes les grandes usines sont entre les mains de l'État, ou sont concédées par lui à des entreprises qu'il contrôle ;

3° — Tout le commerce extérieur, importations et exportations, est entre les mains de l'État, ou des coopératives et autres sociétés auxquelles il l'a concédé (1).

La plupart des économistes pensent que de tels caractères sont suffisants pour entraîner à bref délai la ruine du régime soviétique. Cependant, quoique cette ruine ait été annoncée

---

il ne devra pas dépasser 2 p. 100 pour les petites sociétés et 1 p. 100 pour les grandes. Mais reste à savoir si ces prescriptions seront observées — et même si elles peuvent l'être.

(1) D'après les dernières nouvelles (avril 1926) il serait question d'abolir le monopole du commerce extérieur et de rétablir là aussi le commerce privé. Ce serait la plus grave brèche faite au régime collectiviste depuis la Nep.

régulièrement, à trois ou six mois d'échéance, depuis huit ans, elle ne s'est pas encore réalisée. Il y a même un relèvement incontestable, quoique lent, de l'Economie Nationale. Si dans son ensemble la production industrielle n'est encore que la moitié de ce qu'elle était avant la guerre, il y a pourtant un progrès notable sur le niveau catastrophique de 1917-1920. C'est ainsi que pour certaines industries, la métallurgie, les filatures, le rendement est remonté à 90 p. 100, et même pour le fer et le naphte le niveau d'avant la guerre a été dépassé. Quant à la production agricole, elle est remontée à 70 p. 100 environ du rendement ancien (1)

D'après la correspondance mensuelle du Centrosoyus, le rendement de la production agricole serait même remonté à 89 p. 100.

On dira que l'amélioration de la production est due précisément au retour graduel au régime capitaliste, et c'est assez probable. Qu'on nous permette cependant de croire qu'elle est due aussi, dans une certaine mesure, à la généralisation des entreprises coopératives qui a corrigé et atténué les rigueurs du programme communiste, en sorte que si la République Soviétique survit, elle le devra non à ses origines marxistes, mais à ce qu'elle est devenue la République Coopérative.

---

(1) Voir le rapport présenté à la Conférence Internationale de Genève en juin 1926 par le Directeur du Bureau International du Travail, M. Albert Thomas.

APPENDICE

Page 90. — L'impression de ce livre était déjà presque achevée quand a paru le premier numéro de *The Cooperative Review*. En le présentant au public, le professeur Hall dit : « C'est un fait remarquable que, malgré son énorme développement, notre presse coopérative contienne si peu d'informations sur le mouvement coopératif... La *Cooperative Review* n'a pas seulement pour programme de rassembler les informations sur le mouvement coopératif en Grande-Bretagne et aussi, quoique dans une moindre mesure, sur le mouvement à l'étranger, mais aussi de montrer comment toute l'économie extérieure s'imprègne peu à peu de l'idée coopérative. »

Ces remarques et ces promesses, tout en justifiant les réserves que nous avons cru devoir formuler discrètement sur la presse coopérative anglaise, donnent tout lieu d'espérer que la nouvelle revue va marquer une ère nouvelle.

Dans ce premier numéro, le professeur Hall marque avec raison la grande activité de l'Union Coopérative en ce qui concerne l'Education. Son *Educationel Department* a organisé des cours pour enfants et pour adultes, des cours par correspondance, des cours professionnels pour les employés et finalement un Collège Coopératif qui compte une trentaine d'étudiants permanents dont plusieurs viennent de l'étranger.

Page 190. — Nous venons de prendre connaissance d'un document sur le régime agraire que son auteur, M. Dombrowski, directeur de l'Institut agricole, a bien voulu nous communiquer.

D'après ce document l'affirmation, reproduite en note à la page 190, que le mir avait complètement disparu depuis la Révolution bolcheviste, serait absolument inexacte. La plus grande partie de la terre russe (65 à 99 p. 100 selon la région) serait encore sous le régime du mir (en russe on emploie plutôt le mot *obchtchine*). Voici par exemple la répartition des divers régimes agraires dans la région centrale, celle de Moscou. Sur 1.000 déciatines on en compte :

912 sous le régime du mir;
46 sous le régime de l'exploitation individuelle;
30 sous le régime de l'association coopérative;
12 sous celui de l'exploitation par l'Etat (sovhoz).

1.000

Dans les régions occidentales, les plus proches de l'Europe (Russie blanche), la proportion des terres sous le régime du mir n'est plus que des 2/3 (655), tandis que la part exploitée individuellement s'élève à 30 p. 100.

Toutefois, M. Dombrowski reconnaît que « l'obchtchine (le mir) d'aujourd'hui n'est plus celle d'avant la Révolution : elle n'est plus ni une institution créée par la contrainte, ou au contraire persécutée (comme après l'ukase de 1905), mais une société libre d'agriculture... » « Le gouvernement soviétique, à la différence du gouvernement tzariste, laisse aux intéressés eux-mêmes le soin de choisir telle forme d'exploitation qui répond le mieux aux conditions de chaque région. » Et quoiqu'il cherche à propager la culture collective, néanmoins il ne met nul obstacle à la création d'exploitations individuelles parce qu'il croit que celles-ci, étant donnée la nationalisation générale de la terre et l'impossibilité d'agrandir les lots et de faire de la terre un instrument de lucre, ne seront pas un obstacle à la socialisation de l'agriculture : « La machine, que ce soit un tracteur ou une charrue électrique, labourera aussi facilement les frontières entre les domaines individuels que ceux entre les domaines collectifs. »

Il est même à remarquer que les coopératives de culture formées entre exploitants individuels sont beaucoup plus nombreuses que celles formées entre membres du mir.

Page 201. — Les auteurs qui font la critique du régime bolcheviste allèguent généralement comme preuve de leur bonne foi que leurs citations ne sont prises que dans les journaux plus ou moins officiels de l'U. R. S. S. Mais ce n'est pas là une garantie suffisante, car, comme dit un proverbe français. on n'est trahi que par les siens. Qui voudrait, par exemple, démontrer que le parti au pouvoir en France est toujours détestable, ne serait pas en peine de trouver des preuves dans les journaux mêmes de ce parti.

Le Bureau International du Travail vient de publier (en 1926) un livre sur la Coopération en Russie, dont l'auteur (anonyme) est néanmoins bien connu et avait publié déjà d'autres livres intéressants sur la Révolution russe. Le livre n'est peut-être pas aussi objectif qu'on pourrait le désirer, mais il ne mérite pas les anathèmes qu'il a suscités chez les coopérateurs bolchevistes et dont la violence touche au comique : « Les auteurs de cet ouvrage, dit le rapporteur, ont donné au monde un exemple de la déchéance que peuvent subir les hommes de science qui se sont vendus aux ennemis de leur propre patrie ! »

TABLE DES MATIÈRES

LIVRE I.

LA COOPÉRATION EN ANGLETERRE

CHAPITRE I. — *Le Mouvement Prérochdalien. — Faux départ.*

CHAPITRE II. — *Les Equitables Pionniers de Rochdale.*

CHAPITRE III. — *La règle d'Howarth.*

CHAPITRE IV. — *Les influences socialistes.*

LIVRE II.

LA COOPÉRATION EN RUSSIE